# L'Arte Dei Mercanti Di Calimala in Firenze: Ed Il Suo Piú Antico Statuto

Giovanni Filippi

**Nabu Public Domain Reprints:**

You are holding a reproduction of an original work published before 1923 that is in the public domain in the United States of America, and possibly other countries. You may freely copy and distribute this work as no entity (individual or corporate) has a copyright on the body of the work. This book may contain prior copyright references, and library stamps (as most of these works were scanned from library copies). These have been scanned and retained as part of the historical artifact.

This book may have occasional imperfections such as missing or blurred pages, poor pictures, errant marks, etc. that were either part of the original artifact, or were introduced by the scanning process. We believe this work is culturally important, and despite the imperfections, have elected to bring it back into print as part of our continuing commitment to the preservation of printed works worldwide. We appreciate your understanding of the imperfections in the preservation process, and hope you enjoy this valuable book.

GIOVANNI FILIPPI

# L'ARTE
### DEI
# MERCANTI DI CALIMALA
### IN FIRENZE
### ED IL SUO PIÚ ANTICO STATUTO

TORINO

FRATELLI BOCCA Editori

Librai di S. M. il Re d'Italia

ROMA — FIRENZE
Corso, 216     Via Cerretani, 8

1889

PROPRIETÀ LETTERARIA

1775 — Tip. Guadagnini e Candelleto — Torino, via Gaudenzio Ferrari, 3.

AL PROFESSORE

# CARLO CIPOLLA

MIO MAESTRO CARISSIMO

# PREFAZIONE

L'Emiliani-Giudici, allorchè pubblicò in appendice alla sua Storia dei Municipî Italiani lo Statuto dell'Arte di Calimala di Firenze appartenente all'anno 1332, diede pure l'annunzio che negli archivi di Stato Fiorentini si conservava di quell'arte un altro Statuto anteriore, del principio cioè del sec. XIV. Per qual motivo egli non abbia preferito pubblicare quel codice più antico e più interessante, non sappiamo. Forse egli non vide neppure l'antico Statuto al quale accennava, e tenne quindi quelle poche notizie che altri per avventura poteva avergli fornito: per certo, se anche lo vide, non ne fece che una disamina imperfetta, perchè quel poco che egli ne dice, nella prefazione al terzo volume della sua storia, è inesatto.

Comunque sia di ciò, lo Statuto rimasto inedito, ora soltanto vede la luce. Lo faccio precedere da una non lunga illustrazione. E quanto a questa, perchè altri non abbia a ricercarvi quello che non v'ha, e che non ho inteso di introdurvi, dirò che essa si presenta unicamente con carattere storico. Il problema che si affaccia tosto a chi osserva per la prima volta questo codice di leggi, è certo questo di sapere, non solo il tempo della sua compilazione, ma ancora se altre redazioni l'abbiano cronologicamente preceduto, e quale possa essere l'importanza di queste ultime: quindi una parte dello studio fu diretta a risolvere tali quesiti. Altro punto da illustrarsi era la costituzione dell'arte nel tempo in cui questa promulgava tali leggi, poichè altri già hanno parlato più o meno a lungo ed esattamente dell'arte in altri momenti della sua esistenza. Ed anche questo punto fu trattato tanto minutamente quanto mi fu possibile. Si lasciò invece da parte del tutto ogni questione di diritto commerciale, perchè tali ricerche non siano le più consentanee allo scopo diretto del lavoro che è quello soltanto di pubblicare il documento, e di porre il lettore nel punto di vista opportuno per bene apprezzarne il valore. Del resto chi volesse avere notizie sopra di cosiffatte questioni potrebbe ricorrere al bel libro del Lattes, che citerò in seguito più volte, e che si intitola « *Il diritto commerciale nella legislazione statutaria delle città italiane* ».

Dello Statuto non si volle fare una pubblicazione paleografica, nel senso stretto di questa parola; quindi, pur mantenendo in generale scrupolosamente la grafia del codice, si ridussero ad unità di forma le diverse maniere di scrittura di taluni vocaboli, e così si introdussero nel testo, ma presentandole con carattere diverso, le note marginali, non piccole di numero e non sempre prive di valore. Si lasciarono in disparte le aggiunte e correzioni annuali che seguono, nel codice stesso, fino al 1309; fatta eccezione per le poche del 1302, che si possono riguardare sostanzialmente immedesimate con la redazione originaria del 1301, sebbene ancora se ne distinguano nettamente. Le rimanenti saranno in avvenire argomento di un altro breve lavoro.

In calce allo Statuto il lettore troverà una piccola raccolta di documenti. Alcuni compaiono nella loro interezza, e sono i più importanti, o quelli che in tutta la loro estensione riguardano l'arte; di altri fu dato solo un estratto, cioè la parte in che è ricordata la nostra corporazione.

L'elenco dei consoli di Calimala dalla fine del sec. XII al principio del XIV, che sta in fine ai documenti, non è senza lacune. Darlo completo è cosa forse possibile, certo non facile. Ad ogni modo, anche come è, esso porta un gran numero di consoli il cui nome associato all'anno in che quelli esercitarono il loro ufficio, può forse ad altri servire per la spiegazione di qualche dubbio.

Questo lavoro fu, nella sua massima parte, condotto or son due anni sotto la direzione dei professori senatore Pasquale Villari e Cesare Paoli, che io ricordo qui con riverenza ed animo grato, in un col mio carissimo maestro ed amico prof. Carlo Cipolla che mi fu guida sempre negli studi, ed il cui nome, con affetto vivissimo, impari tuttavia alla gratitudine che gli debbo, ho scritto in fronte a questo libro.

# I.

## Descrizione del Codice.

Il codice contenente gli Statuti dell'arte di Calimala dall'anno 1301 al 1309, venne agli Archivi di Stato di Firenze dalla Biblioteva Magliabecchiana, per la quale il prefetto della stessa Biblioteca, Vincenzo Follini, l'aveva comperato nel 1806 dal libraio Angelo Garinei, che alla sua volta l'aveva avuto acquistando la Biblioteca di Francesco Sassi. Questo almeno appare dalla dichiarazione posta in fine allo Statuto, e che si ripete colle medesime parole in tutti gli altri sei codici contenenti gli Statuti dell'arte (*).

Noi sappiamo che era uso generale nei Comuni italiani avere due esemplari di tali codici di legislatura, uno esposto al pubblico e l'altro gelosamente custodito, di elegante scrittura, e corredato delle variazioni ed aggiunte: che lo stesso avvenisse per le arti possiamo legittimamente supporre. In tal caso il codice che noi abbiamo non sarebbe stato probabi-

---

— Questa Memoria fu presentata all'Accademia dei Lincei nel febbraio dell'anno corrente (V. atti della R. Accad. dei Lincei. Rendiconti, Ser. 4, Vol. 4, pag. 179. Seduta del 19 febbraio 1888). Il 22 aprile il ms. venne rinviato all'A. accompagnato dalla seguente lettera del presidente della stessa accademia:

« Il lavoro da lei inviato a questa accademia, il quale porta il titolo — L'arte dei mercanti di Calimala in Firenze, ed il suo più antico Statuto — per quanto giudicato pregevole da insigni cultori degli studi storici, non può essere inserito nelle nostre pubblicazioni accademiche, tanto per la sua mole, quanto per la natura sua; come alla S. V. è noto esistono in Italia corpi speciali, le società o deputazioni di Storia Patria, le quali più particolarmente hanno per iscopo di offerire agli studiosi i mezzi per pubblicazioni di questa specie. Ed io ho fiducia che alcuna fra quelle società potrà accondiscendere al suo giusto desiderio di rendere pubblico un sì importante Statuto ».

(*) Emit pro publica bibliotheca Malliabecchiana Vincentius Follinius eiusdem praefectus x kal. sextilis MDCCCVI ab Angelo Garineo bibliopola Florentino, et bibliothecæ Francisci Saxii nobilis Florentini, ad quam pertinuit, emptore.

mente la copia esposta al pubblico; perchè la scrittura non si sarebbe altrimenti conservata così nitida e la pergamena così robusta nelle parti inferiori del foglio.

Nel nostro codice si debbono distinguere due parti diverse: la prima che termina col foglio 49° — compreso il foglio bianco iniziale — e si compone di sei fascicoli, è occupata dallo Statuto propriamente detto, e dalle prime aggiunte (1), scritte dalla mano dello amanuense che copiò lo Statuto. La seconda parte contiene le sette aggiunte posteriori che vanno fino al 1309, scritte da diverse mani, ed occupanti in tutto trenta fogli.

Il codice consta di 79 fogli di pergamena che misurano m. 0.26 × 0.35. Due, il primo e l'ultimo, ed alcuni pochi intermedii, non sono scritti. In complesso formano dieci fascicoli, composti di un diverso numero di fogli. Il I, il III, il IV, il V, il VI, l'VIII, il IX, il X contengono otto fogli ciascuno, il II nove fogli, il VII sei. Manca sempre la numerazione delle pagine: quella dei capitoli è fatta a margine, certo da una delle mani che scrisse le aggiunte; e talora irregolarmente, non in modo corrispondente alla numerazione del Rubricario, sebbene anche questa numerazione paia fatta dalla stessa mano. Anzi nel Rubricario mancano addirittura certe rubriche dello Statuto, come ve ne hanno anche di più (2). Pare quindi che l'amanuense copiasse anche questo da un codice più antico dal quale erano state tolte alcune rubriche. Quelle che mancano sono forse le ultime aggiunte, fatte nell'anno della completa rimanipolazione (1300?): difatti nel Rubricario mancano le prime aggiunte che seguono al vero Statuto, e che hanno con questo una numerazione progressiva.

Ogni capitolo ha la sua rubrica, in caratteri rossi, scritta sempre nel mezzo della linea, non mai nello spazio lasciato libero alla fine della linea dell'articolo precedente, come avviene in altri Statuti. Ogni rubrica poi e nel Rubricario e nello Statuto è preceduta dal solito segno ℂ ugualmente tracciato in rosso. Così è rossa pur sempre, nello Statuto, la prima lettera di ogni articolo; talora, specialmente nei primi libri, ornata di fregi e svolazzi: nulla di tutto ciò si osserva invece nelle aggiunte.

La scrittura dello Statuto è cancelleresca, calligrafica, nè offre molte dissomiglianze: meno bella è la scrittura di taluna delle aggiunte seguenti, sebbene tutte appartengano ai primi anni del sec. XIV, come appare dalle dichiarazioni dei notai (3).

---

(1) V. a pag. 3-4 la cronologia dello Statuto.
(2) Mancano al Rubricario: Rub. XIX, lib. I. Rub. XIII, lib. II: manca allo Statuto la Rub. 32, lib. I.
(3) V. *Collezione Fiorentina di Fac-simili paleografici Greci e Latini*, illustrati da G. VITELLI e C. PAOLI. Fascicolo III, tav. 26, dove trovasi un fac-simile di questo Statuto.

Lo Statuto è scritto di mano del notaio *Matteo Beliotti*, mentre l'approvazione fattane dal Consiglio generale è scritta di mano del notaio *Johannes f. q. ser Lapi*.

Seguono le aggiunte, non sempre dello stesso notaio:

a) An. 1303. « *Prime additiones* », copia, mano di M. Beliotti; approvazione, mano di Joannes f. q. ser Lapi.

b) » 1304. « *Secunde additiones* », copia id. approvaz. id.

c) » 1305. « *Tertie additiones* », copia id. approv. Bonacorso Geri di Ginestreto.

d) » 1306. « *Quarte additiones* », copia, mano di notaio che non si firma; approv. mano di Rodolfus Philippi de Bertasinis.

e) » 1307. « *Quinte additiones* », copia, mano di M. Beliotti; approvaz. id.

f) » 1308. « *Sexte additiones* », copia id. approvaz. mano di Belcanis q. Bonaiuti de Pongna.

g) » 1309. « *Septime additiones* », copia, mano di Giovanni di ser Bencivenni di Sesto; approvaz. id.

Gli errori manifesti di scrittura e le omissioni che spesso si incontrano in questo Statuto, se non ci possono dimostrare la poca coltura dell'amanuense, che, come abbiamo visto, è lo stesso notaio, ci provano però la sua poca diligenza nel copiare la redazione che a lui stava davanti.

La varietà delle scritture non ci impedisce di determinare il numero medio delle linee di ciascuna pagina del codice. Difatti lo Statuto ha quasi sempre 31 linea, di rado 32; e le aggiunte, sebbene con minore costanza, hanno anch'esse questa media di linee per ogni pagina.

Senza importanza sono in genere le brevi note marginali che troviamo non frequentemente nel codice. Alcune volte portano scritta o qualche parola od anche una linea intera dimenticata dall'amanuense, e sono della stessa sua mano; altre volte invece, in generale opera delle mani più tarde, indicano semplicemente che il capitolo fu cancellato dagli arbitri o statutarii, oppure hanno un richiamo alle aggiunte che vengono di poi. Soventi ancora sono come un riassunto fatto in due o tre parole della parte principale della rubrica, per fermare l'attenzione del lettore. Due o tre volte soltanto si presentano aggiunte di qualche importanza.

Altri segni o figure marginali non troviamo, se non tre dadi accanto alla R. xxxi lib. iii, perchè in essa si parla appunto di tal giuoco; e due uccelli in principio del libro iii e iv.

Ed ora ci sia permesso di dire due parole sui codici dei successivi Statuti dell'arte.

**N. 2.** Cod. membr.: sulla copertina ha la data 1316; ed all'indice dell'arte:

11 aprile 1315 — 4 maggio 1316. È in cinque libri, oltre a un sesto libro posteriore, fatto sotto altri consoli. I primi cinque libri non hanno nè autenticazione nè data: ma osservando l'età delle prime aggiunte, si ricava che lo Statuto non può essere posteriore al 1312.

Seguono XXVII Rub. scritte dalla stessa mano che copiò il codice; e l'approvazione dell'anno 1315 rogito *Michael f. Soldi de Gangalanda*. Seguono ancora altre aggiunte dello stesso anno e della stessa mano: l'approvazione è scritta sulla prima faccia dell'ultimo foglio, colla data 1316 maggio 4, per mano di *Bene q. Bencivenni de Rubina*. Nella seconda faccia dell'ultimo foglio sta la dichiarazione di compera di V. Follini, e che si ripete ancora negli altri codici che qui descrivo.

La scrittura è una cancelleresca assai bella: il codice manca quasi completamente di note marginali.

**N. 3.** Cod. membr. del 1317 secondo la indicazione che porta sulla copertina, e del 22 aprile 1317 secondo l'indice dell'arte. Consta di sei libri, senza aggiunte: dopo il sesto libro, sulla prima faccia dell'ultimo foglio, v'ha la confermazione e l'approvazione dello Statuto, dell'anno 1317, 22 aprile, di mano di *Jacobus f. magistri Salvi Medici de Florentia*.

Il carattere è cancelleresco esso pure, ma meno bello che negli altri due codici.

**N. 4.** Cod. membr., in volgare, in ubbidienza alla R. XXXVII lib. III. L'Emiliani-Giudici, pubblicandolo (*Storia politica dei Municipii Italiani.* Vol. III) gli attribuisce la data del 1332. Sulla copertina porta la data del 1338, e nell'indice dell'arte ha per limiti estremi gli anni 1334 ottobre 3 — 1337 marzo 17. È diviso in tre libri; al terzo segue immediatamente l'approvazione dello Statuto, fatta nell'anno 1334 ottobre 3, rog. *Johannes ser Jacobi de Sexto*. Segue nell'altra pagina un'altra approvazione del 1334 marzo 17. rog. *Maffeo di Lapo Rayneri di Firenze*.

V'hanno aggiunte del 1335, ed a margine di queste, aggiunte di altre mani, del 1336-37. Seguono poi le approvazioni del 1336 maggio 6. rog. *Franciscus q. ser Donati de Empoli*, e del 1337 maggio 16, rog. *Puccinus f. ser Lapi Puccini de Signa*. E nell'ultimo foglio leggonsi ancora altre aggiunte del 1337 marzo, rog. *Franciscus ser Bonaccursi vocatus ser Cursi Gherardi*.

Ha un numero considerevole di aggiunte marginali. Anche questo cod. è scritto in carattere cancelleresco calligrafico.

**N. 5.** Cod. membr. in volgare. Ha sulla copertina la data del 1339; nell'indice dell'arte invece le date 1339 giugno 15 — 1564 luglio 1. Precede un indice del contenuto dello Statuto, fatto da mano molto più recente, su piccolo registro cartaceo, di formato minore dello Statuto, foderato da una pergamena che è la copia di un pubblico strumento. Questo porta scritto

sulla prima faccia in caratteri molto sbiaditi: « *Stratto* ̖
*Statuti.* » Segue lo Statuto preceduto dal solito Rubricario. ̖
in tre libri; all'ultimo seguono le approvazioni del 1339 giugn̖
*Michael f. olim ser Petri ser Iacobi de Pontremo;* e del 1440 ag̖
rog. *Aczolinus Conluccini magistri buoni de Pupiglano.*

Le prime aggiunte e correzioni portano la data di approvazione d̖
1342 giugno 19: rog. *Gherardo f. olim Puccii de Montereggio,* e del 1344 giugno 10, rog. *Dietisalvi f. olim Micaelis de Gangalandi:* le ultime hanno la data del 1563 settembre 1.

**N. 6.** Cod. membr. col titolo « *Matricole dal 1361 al 1495.* »

**N. 7.** Cod. cart. intitolato « *Riforma del 1592.* » È diviso in due libri, preceduti da un proemio. Alcune sue rubriche si trovano pure nel Cod. Riccardiano del sec. XVII. N. 3113, intitolato « *Matricole dell'arte ed università dei mercanti di Calimala.* » Sta infine l'approvazione di S. Altezza [Ferdinando I], rog. *Cosmus q. Hieronimi de Melioratis,* 1592 luglio 31.

II.

# Progressivo svolgimento dello Statuto.

La più antica redazione, che a noi sia pervenuta, di Statuti appartenenti ad una delle principali fra le arti maggiori di Firenze, l'arte dei mercatanti di Calimala (1), non risale oltre ai primi anni del secolo XIV, e più precisamente, a detta di quei pochi che finora la conobbero (2), non

---

(1) In generale gli storici si accordano nel derivare questo nome da *callis malus*: così già scrisse il CANTINI in *Legislaz. Tosc.* I, pg. 94, e da ultimo il PERRENS, *Hist. de Flor.*, I, pg. 194, combattendo l'opinione di chi dava a questo nome un'origine greca. V'ebbe difatti (PERUZZI, *St. del comm. e banch. Fior.*, pg. 63) chi, dando specialmente valore all'importazione dei panni fini dalla Grecia, derivò questo nome da καλος bello e μαλος bianco (J. DEL LUNGO — *Dino Comp. e la sua cron.*, II, pg. 286, n. 2, da καλος bello e μαλλος lana), e volle che il nome della via derivasse dal nome dell'arte. Ma evidentemente tale congettura deve essere respinta. Ben dice il PERRENS che tale formazione del nome è troppo erudita pel popolo, troppo poco pei dotti. Di più il nome di Calimala non si riscontra solo in Firenze, ma soventi anche nel contado. Ciò prova che esso era un nome abbastanza comune in Toscana, e non derivato perciò da una peculiare particolarità della vendita di pannilani bianchi. V. REPETTI, *Diz. Geog. fis. st. della Tosc.*, dove parla a lungo del borgo Callemala o Callimala in Val di Paglia di cui si hanno ricordi anche nel sec. X. Quindi ragion vuole che l'arte pigliasse il nome della via, non questa da quella. Del resto così leggiamo scritto in un atto del 1422: l'arte dei mercatanti, che già si disse di callemala, e di callemala francese, dalla strada dove fu sua residenza... (doc. n. XVIII).

La grafia di questo nome si presenta in generale, specialmente nel nostro Statuto, nella forma di *Kallmala* (*Kallismala*). Abbiamo però esempi di altra forma:

*Callamala*. Arch. Diplom. Bigallo, 129... febbraio 13.
*Calamalla*. Archiv. Diplom. Mercatanti. 1278, maggio 9.
*Calamaria*. Id.    id.    id.    12[79], marzo 1.
*Canemala*. Carte di S. Gemignano: entrata ed uscita di M. Gianfante, an. 1230-31, f. 15.
*Challis malla*. Archiv. Diplom. Mercatanti, 1279, marzo 27.
*Chalis mala*. Id.             id.

(2) EMILIANI-GIUDICI, *Storia politica dei Municipi italiani*. Vol. III, App. Erroneamente lo dice diviso in tre libri.

PERRENS, *Hist. de Flor.*, III, pg. 222, n. 1.

LASTIG, *Entwickelungswege und quellen des handelsrechts*. Stuttgart, 1877, pg. 363: ripete l'errore del Giudici.

oltre l'anno 1302. Ma prima di questa si dovettero avere molte altre redazioni, che andarono perdute o per causa dei gravi rivolgimenti politici ai quali fu soggetta l'arte, o per altri motivi.

Le compilazioni di uno Statuto qualsiasi di un comune o di un'arte, dovettero essere ripetute ad intervalli più o meno lunghi, se non continuate e lente; perchè è impossibile che un codice di leggi resti cristallizzato per lungo tempo in mezzo alle vicende politiche e sociali. Nei primi tempi gli Statuti non contenevano altro che le regole degli uffici dei magistrati ed alcune norme per l'amministrazione del pubblico: solo più tardi si estesero sopra la giustizia civile e criminale, e sulle materie spettanti alla politica economia. Quindi possiam dire che tanti dovevano essere gli Statuti, quante le disposizioni che prendeva l'autorità legislativa; e che perciò si dovette avere dapprima una raccolta di leggi disposta in ordine cronologico unicamente, senza alcuna distinzione in libri o paragrafi (3). Le prime raccolte, infatti, che noi abbiamo, ci presentano spiccatissimo questo carattere di confusione, che pure non manca del tutto anche nelle raccolte posteriori di parecchi secoli al periodo delle origini, e che ritroveremo ancora nello Statuto dell'arte di Calimala (4). Ora questa progressiva codificazione doveva dar luogo ad un parallelo e rapido svolgimento. Sui margini del codice, o in fondo al medesimo, ogni anno (5) vengono scritte le modificazioni od aggiunte, che a poco a poco bene spesso trasformano addirittura e cambiano radicalmente la primitiva ordinazione; finchè per la quantità ed importanza di queste aggiunte si

---

(3) Gli antichissimi Statuti di Genova, che ancora ci rimangono, dell'an. 1143, altro non sono che la raccolta di quegli articoli che erano stati giurati dai consoli del comune (Prefaz. RAGGIO, in *Monumenta Hist. Pat.* Leges municip. Torino 1838).

(4) La prima raccolta di Statuti flor. è solo del 1285. V. SALVETTI, *Antiquitates flor. jurisprudentiam Etruriae illustrantes*, MDCCLXXVII, Dis. I, § LV. ... Florentini... anno MCCLXXXV... primum collegerunt codicem, cuius potissimum obiectum fuit popularis libertatis iacere fundamenta, publicumque potius nationis quam ius privatorum continuit... Il *Lastig* (op. cit., pg. 385) volle mettere in dubbio l'esistenza di questi Statuti che il Salvetti dice conservati in S. Maria Novella, perchè di essi non trova più nessun ricordo, ma questo argomento non prova forse abbastanza. V'ebbe chi dichiarò di conoscere tale raccolta; nel registro di Spogli, n° 14, dell'archivio Florentino, *Diplomatico, Prov. Bonifazio*, accanto alla pergamena indicata sotto la data *1290, febbraio 12*, ma in realtà appartenente al *marzo 2*, troviamo scritta dalla mano dello spogliatore questa osservazione: « Si noti che in questa cartapecora sono più volte enunciati gli Statuti di Firenze... ». Questa carta fa vedere chiaramente la maniera di sentenziare nelle cause civili, tenuta avanti *la più antica raccolta di Statuti da noi conosciuti, che si conserva in S. Maria Novella*.

(5) G. VILLANI, *St. Fior.*, VII, cap. XVII. — RIC. MALESP., cap. 193. — Cfr. PERTILE, *St. del dir. It.*, II, p. I, pg. 150, n. 136. — HEGEL, *St. dei Municipi It.*, pg. 504.

rende necessaria una nuova redazione dello Statuto. « Dobbiamo adunque riconoscere che non siamo in presenza di una forma cristallizzata, immobile, immutabile, ma che sotto i nostri occhi è invece un organismo vivente, che si svolge secondo una legge determinata » (6).

Venendo al nostro Statuto, argomenti diretti ed argomenti indiretti ci permettono di credere ad una serie sufficientemente lunga e complessa di redazioni anteriori a quella che è a noi pervenuta. La stessa forma, ad esempio, colla quale esso ci si presenta, l'ordine col quale sono distribuite le diverse parti dello Statuto, il metodo lontanamente, se vogliamo, ma pur sempre nelle sue linee generali, sistematico, che regola la disposizione delle singole ordinazioni, ci dicono che noi siamo in presenza di uno Statuto molto meno rozzo e molto più complesso che non possa essere dato da una delle prime redazioni.

Lo Statuto di fatti è diviso in cinque libri, dei quali ognuno, in generale, tratta una sola parte. Il primo, è detto « *tratta di tutte cose pertinenti a Dio et ad anima* », e quindi, a somiglianza degli Statuti del comune, incomincia colla rubrica « *De fide cattolica* », e continua presentando diversi ordinamenti relativi alla religione ed al culto. Se così erano formati ancora gli Statuti del Podestà, non ci meraviglieremo di trovare questa parte, della religione, molto sviluppata in uno Statuto di parte Guelfa, di una società mercantile che e per interessi commerciali, e per ragioni politiche, fu in generale affezionata e fedele alla Santa Sede. Seguono quindi le regole per l'amministrazione dell'opera di S. Giovanni Battista, ed alcune ancora per il governo dell'ospedale di S. Eusebio, entrambi affidati alla tutela dell'arte di Calimala.

Il secondo libro « *tratta di piatora et de l'ordine de la ragione civile* »: ci presenta in una lunghissima rubrica, nella quale si possono certo ravvisare varie successive aggiunte, la procedura civile, ed in seguito gli obblighi commerciali che intercedevano fra mercante e mercante, fra maestri e lavoratori, ecc.

Il terzo libro « *tratta de le buone usanze di Calimala* », vale a dire delle norme che regolavano il commercio. Era universale e vivo il desiderio — come meglio vedremo più tardi — di mantenere ferma la fama di onestà e di probità di cui godevano i mercanti: quindi lo Statuto non è parco di disposizioni legali perchè i rapporti dei componenti le diverse società non si rompessero per causa di litigi, perchè ciascun compratore potesse avere garanzia della bontà e della qualità del panno che comprava, e

---

(6) P. VILLARI, *La famiglia e lo Stato nella St. It.* — Politecnico, 1868. Vol. VI, fasc. I, pg. 7.

quindi si usasse il massimo rigore nella ispezione dei torselli appena venuti di Francia, nella misura del panno che vendevasi dopo la lavorazione ed il raffinamento che si faceva in Firenze, nel punire le frodi dei tintori quanto quelle dei mercanti, i ladronecci e gli spergiuri.

Il quarto libro « *tratta dei consoli e del consiglio e del camerario e del notaio e di tutti gli offici di Kalimala e di quelle cose che propriamente toccano a' consoli ed agli loro ufficiali* », ci presenta cioè l'ordinamento interno dell'arte. Perciò parla della elezione dei consoli e dei singoli ufficiali, del giuramento al quale ciascuno di loro era tenuto, dei vari consigli, dell'autorità loro, delle correzioni dello Statuto e della procedura penale.

Il quinto libro finalmente « *tratta dei sensali e di tintori e delli affettatori rimendatori, tonditori, et colenatori* », di quegli operai cioè, che, senza costituire un'arte speciale, erano però nettamente distinti dai mercanti venditori di panni, dei quali in special modo si componeva l'arte di Calimala, alla cui obbedienza quelli erano sottomessi. E questo libro ci dà, con parecchie altre disposizioni, come una regola alla quale dovevano uniformarsi i tintori, perchè una sola fosse la legge dalla quale l'arte era governata.

Il nostro Statuto adunque, se pure non può dirsi sistematicamente e perfettamente ordinato, se serba ancora in ogni sua grande divisione non solo, ma soventi ancora in molte delle sue leggi, quella confusione alla quale non potevano sfuggire certamente le prime raccolte di Statuti, è già tale che ci permette di credere che esso venga in seguito a non poche redazioni più antiche, fatte ad intervalli più o meno lunghi, ma tutte mutate e corrette col mutarsi e col progredire dell'arte. Saremo più facilmente indotti a crederlo, quando pensiamo che alcune redazioni di Statuti che ci sono pervenute, di parecchi anni più antiche della nostra, ci si presentano senza distinzione di libri (7), forse senza altro ordine nella collocazione degli articoli di leggi, che l'ordine cronologico secondo il quale essi venivano emanati.

Del resto noi abbiamo pure prove dirette; in molti capitoli dello Statuto vediamo ripetersi dopo le prime disposizioni, una delle solite formole generali, che valgono a riunire alla parte più antica, l'aggiunta più recente: ad esempio « *salvo quod* » (8) e più soventi ancora « *additum*

---

(7) Statuti ant. dei mercanti di Piacenza (Parma 1860). Statuti volgari Senesi, pubblicati da Polidori (*St. dei Lanaiuoli*). Statuti dei mercanti di Roma, redatti nei secoli XIII, XIV, XV, pubblicati da G. Gatti. Statuto dell'arte del cambio, an. 1299, n. 1, Arch. St. Fir.

(8) Lib. II; R. II; R. XIII; R. XXIV; R. XXXI; R. XXXII; R. XLI. Lib. III; R. XIV; R. XVI; R. XX; R. XXV; R. XXXII; R. XLIII. Lib. IV; R. I; R. VII.

*est* » (9). Senza dubbio è cosa molto difficile il voler stabilire con esattezza la distinzione delle varie parti di una rubrica: però sembra che questa possa argomentarsi in qualche modo dall'indole delle disposizioni medesime. Così in alcuni casi l'aggiunta traspare dalla natura stessa della clausola, che essendo una limitazione giuridica, o chiarimento importante alla prima parte dell'articolo, rivela di per sè una più sviluppata coscienza del diritto. Non è neppur facile segnare nettamente il fine di una redazione ed il principio di quella immediatamente seguente. Però noi possiamo nel nostro caso, in termini generali, stabilire che nello Statuto dell'arte troviamo, strane ed appariscenti anche nel disordine che abbiamo notato, alcune disposizioni lontane dal luogo in cui noi ci attenderemmo di vederle (10). Di più le deliberazioni del nostro Statuto cominciano in generale colle solite formole « *Statutum et ordinatum est* », « *provisum est* », o iniziali, o immediatamente dopo alcune poche parole; quindi l'ordine è dato non da una persona sola nè da più, in nome loro diretto, ma è sempre emanato impersonalmente, come in generale negli Statuti dei comuni e delle arti posteriori al secolo XIII (11). Ora noi troviamo altre volte deliberazioni emanate dai consoli dell'arte in nome loro e del camerario, senza che preceda, come al solito, la formola generica che incomincia le disposizioni statutarie (12). Non possiamo quindi dubitare che queste rubriche non appartengano ad una redazione diversa da quella alla quale appartengono le altre precedenti e seguenti. Così due volte ci incontriamo nella formola « *Expedit* » iniziale (13) invece che in quella più comune e di cui abbiamo ora parlato. La conseguenza che ne deriviamo è la stessa, sebbene sia meno sicura. Perocchè gli Statuti emanavano direttamente dalle università raccolte in parlamento: alla loro correzione e compilazione erano delegati i così detti « *statutarii, o arbitri* », esperti dei bisogni dell'associazione e delle consuetudini del luogo; ma era sempre l'università che li pubblicava in suo nome. Ora questi arbitri nella limitatissima serie di formole adatte all'enunciazione di un ordine potevano ben preferire talora « *expedit* » a « *Statutum est* »; non mai potevano rendere diretta e personale la disposizione

---

(9) Lib. I; R. XXII; R. XXIII; R. XXVIII. Lib. II; R. II; R. VI; R. X; R. XVII; R. XLI. Lib. III; R. V; R. XIV; R. XXI; R. XXIX; R. XXXI; R. XXXIII; R. XLII; R. XLIII; R. XLVIII. Lib. IV; R. XIV; R. XXVIII; R. XLVII; R. XLVIII.

(10) Lib. II; R. XXXIX. Lib. III; R. XXXV, XXXVI, XXXVII.

(11) V. LATTES, *Il diritto commerciale nella legislazione statutaria delle città italiane.* Hoepli 1884, pg. 62, n. 5.

(12) Lib. IV; R. XXXII. Lib. V; R. V.

(13) Lib. II; R. XII; R. XXXII.

che doveva sempre essere indiretta ed impersonale. Un'altra osservazione. Nei primi due libri troviamo in generale consigliato il giuramento come garanzia del vero e dell'onestà, sebbene ad ogni momento si incontrino — come al solito avviene negli Statuti Medio-Evali — minacciate pene pecuniarie.

Alla fine del terzo libro, ultima delle disposizioni, sta quella che impone una pena in denaro là dove prima si richiedeva la pena del giuramento; e questa disposizione emanata dallo stesso potere dal quale le altre erano state emanate, ma rappresentante le nuove condizioni morali della Società dei mercanti, non è come quella ugualmente antica. Noi possiamo da questo tenue indizio distinguere come due periodi dell'arte, nei quali diversamente si manifesta la natura del mercante già riverente alla santità del giuramento, e da ultimo collo svilupparsi del suo commercio, più che da quello colpito dalla minaccia di una pena pecuniaria (14).

Ma non mancano nello Statuto indicazioni chiarissime di riforme, correzioni, deliberazioni precedenti: così in un luogo è detto: « i consoli, prestato giuramento, facciano approvare nel consiglio dell'arte, i capitoli dello Statuto *come è costume* » (15); ed altrove, come a restrizione di un ordine emanato, si dice: « Salve le pene che possano essere imposte da *qualche Statuto* » (16); il quale non si suppone certo posteriore, ma anteriore a quello nel quale noi leggiamo quest'ordine: poichè nel continuo rinnovamento degli Statuti non si compieva sempre una nuova ed intera rimanipolazione delle disposizioni statutarie; ma, pur modificando alcune leggi ed aggiungendone delle nuove, per molte altre invece gli statutari rimandavano agli antichi Statuti, i quali così continuavano ad aver valore anche dopo le correzioni e le aggiunte, nei luoghi soli però nei quali non erano stati modificati. Ne sono prova gli Statuti delle arti non solo, ma ancora quelli del comune, che duravano quali leggi senza essere nuovamente compilati e rifusi, ma con aggiunte in fine, e correzioni interlineari e marginali che non potevano certo cancellare che una parte non grande del fondo anteriore. E questo appare dal nostro Statuto, dove in una rubrica del libro IV (17) è ordinato che « *siano cancellate le riforme finora fatte, ed il notaio faccia scegliere nel consiglio quelle che debbono passare nello Statuto: quelle che si faranno d'ora in poi abbiano valore fino al gennaio seguente* ». Da ultimo, prima di passare ad un altro ordine di osservazioni, notiamo la disposizione della Rub. IV, lib. II, la quale

---

(14) Lib. III; R. XXXII. Lib. IV; R. XXV. — V. pure RONDONI, op. cit., doc. XI, § XXXIX.
(15) Lib. IV; R. VII; R. XVI.
(16) Lib. IV; R. XXIV.
(17) Lib. IV; R. LVIII.

rimanda ad un articolo di Statuto che comincia « *quicumque voluerit agere* » e che manca nella relazione che a noi è pervenuta. Evidentemente questo doveva trovarsi in redazioni anteriori, già formanti uno Statuto completo, e dal quale per un processo di svolgimento continuo derivò quello che noi stiamo studiando.

Vediamo ora di determinare qualche punto cronologico che fissi i limiti estremi nella formazione dello Statuto.

In un luogo è detto a proposito del divieto dato ad ogni ostelliere fiorentino, dimorante oltr'alpe, di far mercanzia: « *additum est quod ipsum capitulum pendeat quamdiu duraverit defensa regis francorum per quam defenditur quod moneta non trahatur de regimine francorum* » (18). Or quando avvenne questa proibizione del re di Francia? Ricordiamo la lotta combattutasi tra Filippo il Bello e Bonifacio VIII, negli ultimi anni del sec. XIII. Indebolita e spossata la Francia per le guerre continue, Filippo a rinvigorirla ricorse a misure di varia natura; impose balzelli sulle derrate, aggravò i tributi dei comuni, sollevò il valore delle monete, perseguitò — per averne riscatto adeguato — i mercanti fiorentini (19). Anzi dopo la promulgazione della Bolla « *Clericis laicos* » (1296 agosto 18) che vietava ai sacerdoti di pagare imposte al re, inibì addirittura il soggiorno in Francia a tutti gli stranieri (per poter così espellere dal regno i sacerdoti di Roma ed i messi che avevano recata la bolla pontificia), e proibì di portare denaro fuori del suo Stato, perchè così fosse defraudato l'erario papale di quanto dalla Francia gli veniva ogni anno di decime o contribuzioni. Ora a questa legge si riferisce evidentemente la nostra rubrica, la quale rimonta perciò agli ultimi anni del sec. XIII.

In un'altra rubrica, relativa al trasporto dei panni dalla Francia in Italia, v'hanno disposizioni di legge speciali, da osservarsi pel tempo che durerà la guerra di Monaco: « *durante guerra de Monaco* » (20). Da documenti testè pubblicati (21) appare che una guerra si combattè verso il 1297 tra i Grimaldi di Monaco e Genova: la quale guerra fu chiusa colle convenzioni dell'11 giugno 1300 e 10 aprile 1301.

La nostra rubrica è di certo anteriore al primo accordo del 1300, perchè con quello già si dovevano lasciare libere le vie al commercio: può forse

---

(18) Lib. III; R. XXI.
(19) G. VILLANI, *St. Fior.*, VII, cap. 146.
(20) Lib. III; R. XXII.
(21) E. CAIS DE PIERLAS, *Documents inédits sur les Grimaldi et Monaco, et leurs relations avec les Ducs de Savoie, suivis des Statuts de Menton*. Bocca, 1885, pg. 21 e segg.

anche appartenere all'anno 1297, perchè già allora si assalivano in special modo le navi mercantili, e si faceva guerra nel contado (22).

Abbiamo ancora un altro accenno a fatti storici che noi conosciamo; nella rubrica che riguarda il trasporto dei panni inglesi, è detto: « *Additum est quod dictum capitulum totum pendeat et suspensum sit quamdiu guerra de Flandria cum rege Francie duraverit* » (23). Si allude alla guerra biennale di Fiandra, che, secondo il Villani, finì nel 1299 (24).

La rubrica contenente l'accenno a questa guerra deve dunque considerarsi come anteriore al 1299, e forse anche al 1297, perchè evidentemente l'ultima parte dell'articolo, composta delle parole riferite più innanzi, appare un'aggiunta più tarda, ed una limitazione alla legge preesistente.

Questi sono i punti cronologici ai quali lo Statuto ci permette di arrivare per mezzo di accenni a fatti storici: altri invece ci presenta esso stesso chiaramente indicati, tanto che a noi non resta che raccoglierne la testimonianza. In un luogo, ad esempio, accenna alla rinunzia che può farsi all'arte, dall'anno *1299 kal. Jan. in antea* (25); altrove, nel lungo capitolo che riguarda la procedura, è fatta menzione di cause e litigi che si agiteranno davanti ai consoli, a cominciare dal gennaio dell'anno prossimo *1285 in antea* (26). Siccome sappiamo che le riforme degli Statuti si facevano in dicembre, e che l'anno fiorentino incominciava col 25 di marzo, noi possiamo, senza tema di errare, assegnare la data del 1285, se non a tutta nè a gran parte di questa rubrica, certo a quella che evidentemente appare come staccata ed emanata tutta dalla stessa autorità legislatrice. Poco dopo è detto chiaramente che certe formalità da seguirsi nella vendita dei panni debbono aver valore di legge dal *1236 kal. Jan. in antea* (27). E così queste dichiarazioni, nettamente enunciate, che non ci danno occasione alcuna a discussione od a commento, ci permettono già di stabilire come limite estremo superiore, nella compilazione del nostro Statuto, l'anno 1236. Vedremo più tardi il limite inferiore.

Però noi possiamo ancora per altra via arrivare ad altre determinazioni, coll'esame cioè dei documenti comprovanti le singole disposizioni

---

(22) CHRON. ASTENSE, R. I. S., T. XI, cap. 18, col. 182 B. — Cfr. MURAT, Annali d'It., an. 1297.

(23) Lib. III; R. XXXI.

(24) G. VILLANI, *Stor. Fior.*, VIII, cap. 32. — Cfr. FERRETO, *Hist.* R. I. S., T. IX, col. 997 B — 98 B.

(25) Lib. III; R. XLIII.

(26) Lib. II; R. II.

(27) Lib. II; R. XIX.

dello Statuto e con precisione indicanti l'esistenza di un codice di leggi. Vediamone alcuni, procedendo per ordine cronologico.

Nel 1279 il comune di Firenze ricevette una lettera (28) da Matteo Rossi e Niccolò di Conte, Senatori di Roma, per patrocinare la causa di un tal Nicolò Raynerio mercante Romano che non aveva potuto tingere in Firenze certi suoi panni, essi dicono: « *propter quoddam iniquum Statutum quod factum esse dicitur per consules mercatorum de calamarie, quo cavetur quod extraneorum et aliis partibus panni portati ibidem, nullus audeat tingere vel aliter procurare.* » E noi troviamo nel nostro Statuto, appartenente al libro V, dove sono regolati i tintori e mestieri affini, una rubrica che vieta nessun panno sia tinto di « *scarlatta o di oricello* » se non a chi « *teneatur sub consulibus et arte mercatorum Calismale de Florentia* » (29). La restrizione ai due colori non serve ad infirmare l'osservazione, perchè noi sappiamo per altre fonti, che questi due colori indicati nello Statuto, erano quelli appunto più difficili a prepararsi e più eleganti, dei quali manteneva come un segreto la nostra arte. Evidentemente il mercante romano aveva in Firenze cercato di tingere in questi colori i suoi panni. Del resto quand'anche così non fosse, un'altra disposizione dello Statuto ci permette di spiegare questa lettera dei senatori Romani, quella cioè che stabilisce una pena al tintore che tingerà a persone forestiere panni che non siano stati comperati dai mercanti di Calimala (30). Ora nella lettera da Roma si parla appunto di panni *portati* a Firenze. Se non per la prima disposizione di legge, certo per quest'ultima noi possiamo dunque stabilire una data non posteriore al 1289.

In un codice Riccardiano del secolo XVII, contenente una *matricola dell'arte dei mercatanti di Calimala dall'anno 1235 fino al 1495*, e che riferisce come in estratto alcune rubriche appartenenti a Statuti dell'arte (31), troviamo scritta all'anno 1237 intera la formola del giuramento che doveva prestarsi da chi entrava nell'arte. Esso doveva giurare obbedienza per dieci anni ai consoli, al priore, al nunzio, od a chi in loro nome lo avesse comandato; obbedienza e sottomissione completa a tutto ciò che era contenuto negli *Statuti dell'arte di Calimala*, ecc. (32).

---

(28) V. doc. n. I.

(29) Lib. V; R. XVI. — V. pure VILLARI, *Il commercio e la politica delle arti maggiori* (Politec., ser. IV, vol. III, fasc. VI, 1867, pg. 580).

(30) Lib. III; R. L.

(31) Lib. I; R. I. « De' consoli e del loro ufficio. » R. XVIII. « Delle matricole; » ed altre ancora e lo stesso proemio, tratti dal cod. n. 7 dell'an. 1592, « *Riforma*, » del quale abbiamo parlato.

(32) N. 3113. V. doc. n. XVI.

Non dissimile da questo doveva essere il giuramento dei consoli al loro entrare in ufficio, perocchè essi pure, anzi possiam dire essi specialmente, erano tenuti a dare garanzia all'arte della loro probità ed assicurarla che avrebbero seguito sempre scrupolosamente le leggi della società. Ed il giuramento dei consoli che noi troviamo nel nostro Statuto, è tale che ci fa certi di questa rassomiglianza (33). Se non con sicurezza, con qualche probabilità almeno, noi possiamo credere dell'anno 1237 anche questa rubrica: in ogni modo poi siamo assicurati della esistenza di Statuti dell'arte anteriori a quell'anno.

Ed ora un'ultima osservazione. Le rubriche XVI e XIX del libro I che riguardano i diritti dell'arte sopra l'opera di S. Miniato sembrano abbiano attinenza con un documento 16 maggio 1228, che si riferisce appunto a quell'opera e ne dispone uniformemente alle dette rubriche (34).

In conclusione, siamo risaliti per la storia della compilazione dello Statuto che ora studiamo fino al 1236, con assoluta certezza, e con qualche probabilità fino al 1228. Il che significa che andò perduto non piccolo numero di relazioni anteriori allo Statuto presente.

---

(33) Lib. IV; R. III.
(34) V. doc. n. IX. — Abbiamo ancora altri accenni a Statuti di Calimala anteriori al 1302. V. doc. n. XVIII.

## III.

## Prime testimonianze sull'esistenza dell'arte. (1)

Il Cantini ricava i primi accenni dell'esistenza dell'arte nostra, che egli certo erroneamente crede più antica dell'arte della lana (2), da un documento, da lui pubblicato, dell'anno 1199, nel quale è fatta menzione dei consoli dell'arte dei mercatanti (3), e da un altro documento contenente alcune convenzioni fatte dal comune di Firenze con i signori del castello di Trebbio, dell'anno 1193, dal quale apparisce che a quelle con-

---

(1) V. CANTINI, *Leg. Tosc.*, I, pg. 107-8. — PAGNINI, *Della decima, ecc., della moneta e della mercatura dei Fiorentini fino al sec.* XVI. MDCCLXV, II, pg. 10. — SCLOPIS, *St. leg. it.*, I, pg. 178. — VILLARI, *Il Comune italiano e la storia civile di Firenze* (Politecnico, 1866, fasc. III), pg. 300. — PERTILE, *Storia del diritto it. dalla caduta dell'impero Romano alla codificazione*. Padova 1880, II, pg. 10-11, 30. — LASTIG, op. cit., pg. 240. — PERRENS, *Hist. de Flor.*, I, pg. 187. V. ancora pg. 194. « L'origine première de cette industrie raffinée remonte probablement au onzième siècle et ses développements au douzième. »

(2) CANTINI, *St. leg. Tosc.*, I, pg. 93; illustrazione all'« Ordine sopra i panni forestieri del 5 maggio 1534. » — Non meno antica la crede il PAGNINI, op. cit. II, pg. 98. Ma l'arte della lana è certo più antica in Firenze dell'arte di Calimala. Il PAGNINI (op. cit., II, pg. 83) trova il primo accenno a quest'arte nel doc. che riporta il trattato di pace conchiuso nell'an. 1204 tra i Fiorentini ed i Senesi. In realtà la sua origine si deve collocare più alto. — Il PERUZZI (op. cit., pg. 61) la crede del sec. XI, vedendone rammentati i consoli in attività nella repubblica fino dal 1100 (?) e trasmessi i nomi di questi dal 1138. Il suo pieno sviluppo non si vide però che nel secolo di poi, quando essa giunse ad emulare l'arte di Calimala, che già era diventata forte in Firenze. E questa sua prosperità avveniva per opera degli Umiliati.

La sua costituzione era simile a quella dell'arte di Calimala. L'arte era governata da consoli che provvedevano ai bisogni della loro associazione, giudicavano delle cause civili e criminali fra i sottoposti, ecc. — Il CANTINI crede che questi consoli fossero dapprima in numero di otto, e che verso il 1300 si dividessero in tre magistrati distinti; il primo detto dei *consiglieri*, il secondo dei *regolatori*, il terzo dei *provveditori degli ordini;* che ciascuno avesse determinate incombenze, e che in comune deliberassero nei casi più gravi. Secondo lo stesso scrittore, l'arte durò così fino al 1581 (op. cit., *Leg. Tosc.*, I, pg. 298-301). Abbiamo menzione dei suoi Statuti fin dall'anno 1280. V. *Diplomatico, Certosa*, 1285, marzo 29.

(3) CANTINI, *Saggi storici di antichità toscane*. Firenze 1796, II, pg. 56.

venzioni intervennero i sette rettori delle arti (4). In esso difatti sono ricordati il Podestà di Firenze, i suoi consiglieri, ed i sette rettori « *qui sunt super capitibus artium* ». Da ciò il Cantini arguisce che l'arte della lana non avesse un suo particolar magistrato che la rappresentasse, ma che in quei tempi primitivi un sol magistrato composto di sette cittadini, chiamati quando *rettori* e quando *priori*, delle arti, avesse la sopraintendenza e regolamento delle arti tutte della città; e conferma questa sua opinione osservando che nei documenti degli anni successivi si trova fatta distinzione delle arti, ed ognuna vien denominata coi suoi speciali rappresentanti (5). Questo dimostra che a lui non era noto un altro documento di quello stesso anno (1193), nel quale sono nominati soltanto i consoli dell'arte di Calimala, quali rappresentanti l'ospedale di S. Eusebio (6), nè un altro documento, a quello' similissimo, dell'anno precedente, dove compaiono sotto lo stesso titolo, i consoli dell'arte nostra (7). Il Perrens, che conobbe ed inserì nella sua storia un estratto del primo di questi documenti (8) non conobbe neppur egli il secondo, che pure si trova legato con quello da strettissima relazione. Ma per noi questo non è il più antico ricordo che i documenti conservati negli archivi di Firenze facciano dei consoli della nostra arte: poichè in una carta dell'anno 1182 (st. c. 1183), febbraio 3, che è copia dell'istrumento col quale il comune di Empoli giurava di osservare i patti conchiusi col comune di Firenze, sono nominati i consoli dei mercatanti. « Ogni anno, si dice, daremo nel dì della festa di S. Giovanni ai consoli, o ai rettori, o al rettore di Firenze, cinquanta lire della moneta che sarà in allora in corso, *et si consules vel rectores non essent in civitate dabimus consulibus mercatorum ut eam recipiant pro comuni Florentie.* » Questa carta, che ci offre notizia interessante anche per la costituzione del comune Fiorentino, ci permette di risalire con certezza parecchi anni più avanti nella storia dell'arte, di quanto finora non si sia fatto. Perchè non è dubbio che sotto il nome di mercatanti siano appunto indicati i consoli di Calimala (9), quest'arte essen-

---

(4) Pubblicato in *Sag. st. di ant. tosc.* II, pg. 124, e ricordato in *Leg. Toscana*, I, pg. 295 e seg.

(5) Id. *Leg. Tosc.*, I, pg. 300.

(6) V. doc. n. II.

(7) V. doc. n. I.

(8) Perrens, *Hist. de Flor.*, I, pg. 195.

(9) Cantini, *Sag. st.*, II, pg. 65. « Presente potestate... consiliariis eius et presente Stoldo Muscati, tertio consule mercatorum flor. » — Perrens, loc. cit., dove porta a spiegazione un altro doc. pubblicato da Cantini, id., I, 153 (an. 1235) «... De voluntate consulum suprascriptorum cum consulibus mercatorum, cum prioribus artium, atque decem bonis viris cuiuscumque sexus. »

dosi chiamata sempre coll'uno o coll'altro nome, forse per riguardo alla estensione che prese subito il suo commercio, ed anche nei secoli più tardi del suo svolgimento. Di più in questo documento — ed avremo occasione di riparlarne più tardi — abbiamo pure notizia sull'organizzazione dell'arte, già regolare, e non più certamente nei suoi primi principî allora, se già compaiono i consoli suoi non solo, ma come stipulatori di un patto tra il comune di Firenze ed un altro comune, e quel che è più come rappresentanti del governo della città durante la mancanza degli ufficiali del comune, e riceventi quindi in suo nome quelle offerte che in certo tempo dell'anno dovevano farsi alla chiesa di S. Giovanni. Non tanto ristretto il commercio, nè poca l'importanza dell'arte nella città dovevano essere in quel tempo, se in quel modo che abbiam veduto troviamo fatto ricordo di questa associazione mercantile.

E per conseguenza, poichè una società organizzata ed ordinata in tal guisa, presuppone naturalmente uno Statuto che la regoli, prima del 1183 è probabile che l'associazione dei mercanti dettasse un codice di leggi (10).

---

(10) Il LAMI nella sua opera « *Memorabilia ecclesiae florentinae* » ci dà notizie dell'arte come amministratrice della chiesa di S. Giovanni fin dall'an. 1150: se ciò è vero, possiamo argomentare all'esistenza di Statuti anche in tal anno. Ma non ne abbiamo prove, nè altre testimonianze.

IV.

## Cronologia dello Statuto.

Ed ora cerchiamo di determinare la data della compilazione di questo Statuto, perchè tutti quelli che finora lo conobbero e ne diedero notizia, stabilirono la sua cronologia in modo certamente inesatto (1). Esso non appartiene al 1302, ma è anteriore per lo meno di un anno.

Vediamo le ragioni. Colla rubrica xx del libro v termina il vero corpo dello Statuto: con questa difatti finisce il rubricario che precede al primo libro, e che l'amanuense copiò evidentemente dallo Statuto anteriore: le poche disposizioni quindi che seguono, in numero di nove rubriche, non fanno più parte del primo Statuto, ma già ne costituiscono la prima aggiunta. Difatti ad esse precede la solita invocazione, l'indicazione dei consoli sotto i quali essi vengono redatte, e che debbono, secondo la stessa dichiarazione, terminare il loro ufficio nelle calende di gennaio del 1302 (st. c. 1303). Seguono quindi i « *nova capitula* » fatti dagli arbitri « *Super Statuto dicte artis pro anno futuro a Kal. Jan. initium habituro proximis accessuris* ». Evidentemente dunque queste aggiunte furono fatte nel secondo semestre del 1302, se i consoli allora in carica scadevano col primo gennaio del 1303: e difatti infine alle stesse si legge la dichiarazione del notaio Matteo (Biliotti) che dice « *lecta sunt.... in domo opere Sancti Ioannis de Florentia die* xv *mensis decembris anno domini MCCCII ind. prima* ». Queste sono dunque aggiunte fatte di già allo Statuto, e che con molte altre che verranno di poi, non sono ancora introdotte nel corpo del codice, il quale continua così per parecchi anni quale esso è, modificandosi per mezzo di aggiunte unite col solo ordine cronologico. Nella redazione del 1316 tutte queste furono poi fuse nello Statuto, il quale alla sua volta cominciò subito un nuovo ciclo di correzioni e mutamenti. Ora quando fu compilato lo Statuto nostro? Certo esso ebbe l'ultima mano nell'anno precedente alle prime aggiunte. La rubrica II del libro IV, par-

---

(1) EMILIANI-GIUDICI, op. cit., III, pg. 2. — LASTIG, op. cit., pg 363. — PERRENS, op. cit., III, pg. 222, n. 1. « Les plus anciens (stat.) remontant à 1302. » Ma questo è falso.

lando della elezione dei consoli e del camerario dell'arte, regola anche le attribuzioni degli statutari. I consoli, come è noto, duravano in carica sei mesi, eleggevansi cioè nel dicembre e nel giugno, perchè incominciassero l'ufficio loro nel gennaio e nel luglio successivo, nè potevano essere riconfermati perchè avevano divieto di un anno (2). Ora l'elezione da farsi nel mese di dicembre doveva venir dopo l'emendazione e correzione dello Statuto dell'arte, mentre in giugno questo non poteva avvenire. I consoli uscenti di carica non avevano facoltà di modificare le loro leggi: « *non tamen fiat tunc mutatio vel correctio constituti, sed seruent vetus statutum ut tunc est* » (3). Quindi se ad onta della duplice elezione dei consoli, lo Statuto non si rivedeva che una volta solo nell'anno, e precisamente nel mese di dicembre, non v'ha dubbio che nel mese di dicembre dell'anno 1301 lo Statuto dell'arte di Calimala quale è a noi pervenuto, senza le sue prime aggiunte, abbia ricevuta l'ultima modificazione. La causa dell'errore fatto finora da tutti è facile a riconoscersi. Nel complesso delle leggi che vanno fino al 1309 e che troviamo man mano unite alle redazioni anteriori, si notano parecchie scritture, diverse firme di notai, quindi anche le aggiunte che vanno sotto il nome di *prime additiones* si riconoscono facilmente e si separano tosto dal corpo dello Statuto. Quelle aggiunte di che abbiamo parlato noi, compilate nel dicembre del 1302, non si riconoscono invece osservando superficialmente il codice, e cercando i diversi limiti delle addizioni nella variazione delle mani degli amanuensi. La stessa mano che da un codice più antico copiò il vero Statuto, aggiunse pure alcune poche rubriche, premettendo però — come doveva avvenire — la nuova invocazione, la determinazione dell'anno, i nomi degli arbitri, e facendo seguire la dichiarazione del notaio.

Svoltosi così in un periodo di oltre un secolo il nostro Statuto non potè certo formarsi su di un schema o tipo di codice, e nemmeno aver molto imitato da altri Statuti. Senza dubbio esso dovette sempre tenersi in correlazione colle leggi municipali: i molti richiami che in esso troviamo a queste leggi bastano a farci persuasi che l'uno servì sempre a sostegno dell'altro. Ma noi non abbiamo contemporanea a quella della nostra arte alcuna redazione dello Statuto di Firenze: quindi non possiamo vederne gli elementi comuni. Quale sia la relazione che passa tra quello dell'arte e quelli del Podestà e del capitano del popolo, che ci sono pervenuti, noi vedremo analizzando lo Statuto nostro per esaminare l'organizzazione della società mercantile, e studiando quindi comparativamente

---

(2-3) Lib. IV; R. II.

le singole disposizioni di leggi. Il nostro codice nel suo svolgimento deve pure aver tenuto conto degli elementi che gli erano forniti dagli Statuti di altre arti, e questo per causa « della prossimità delle città, della somiglianza delle condizioni commerciali ed industriali, di tutta la vita economica in generale, e finalmente per l'opportunità riconosciuta fin da quei tempi, di provvedere a che i mercanti non trovassero grande differenza di trattamento giuridico dall'uno all'altro comune (4). Però, come abbiam detto, nel nostro Statuto tale imitazione non è molto spiccata, e se pur tuttavia troviamo tra questo ed altri frequenti relazioni, ciò non ne impedisce di credere che anche in molte di queste parti esso abbia avuto uno svolgimento suo proprio, e che a quello dell'arte di Calimala, presto sviluppatasi, abbiano in seguito attinto le corporazioni di arti di altre città. La estensione dei commerci e potenza di quest'arte fiorentina presto si conobbe dovunque, anche dove essa non faceva pervenire direttamente le sue mercanzie; quindi è naturale che spinte dal bisogno comune di non allontanarsi di molto dalle leggi più generali del commercio, le arti abbiano attinto più specialmente allo Statuto di Calimala, la quale arte dovunque esercitava una grande influenza. Comunque, quale esso è, lo Statuto che noi abbiamo risulta senza dubbio da un corpo di leggi sorte nel seno della società, perchè regolanti i bisogni di essa sola nei suoi rapporti col comune e colle opere che a lei erano sottomesse, al quale nucleo si attaccano, o modificandolo o ampliandolo solamente, alcune norme derivate da altri Statuti, alla cui obbedienza obbligavano le relazioni commerciali con altre città o corporazioni di mercanti.

---

(4) LATTES, op. cit. — V. pure dello stesso autore in « Studi di diritto statutario » Hoepli 1887, cap. I: « Nuovi esempi di identità statutaria. »

## V.

## Sintesi delle disposizioni Statutarie
## e degli ordinamenti dell'arte di Calimala.

### 1) Attribuzioni degli ufficiali.

Lo Statuto nostro non ci parla che al quarto libro « *degli officii di Kalimala* »: i libri che precedono riguardano le opere alla giurisdizione dell'arte, la procedura civile ed il diritto commerciale. Ma evidentemente da quello noi dobbiamo pigliar le mosse, perchè esso ci mostra come l'associazione dei mercanti fosse governata.

**Consoli.** — Primi in potere ci si presentano i consoli (1), che l'arte mantenne anche quando nell'ordinamento comunale erano stati sostituiti con altra dignità: essi difatti vediamo ricordati dai primi documenti del sec. XII, fino alle ultime riforme del sec. XVI. In numero di quattro, sono eletti ogni sei mesi, nel giugno e nel dicembre, dall'assemblea dell'arte, che i consoli uscenti convocano prima di rimettere l'uficio (2), ed alla

---

(1) Lib. IV, R. II. PERRENS, *Hist. de Flor.*, I, pg. 207, dice che i capi che stavano alla testa delle arti avevano nel 1193 il nome di *rettori*, perchè trova riportato dal CANTINI (I, 124, 25) un doc. (Archiv. rif. lib. XXVI dei cap.) in cui si legge: « Septem rectores qui sunt super septem capitibus artium », che essi poi nel 1204 ricevettero il nome di *priori*, ed un po' più tardi quello di *consoli* delle arti. Ma noi troviamo invece già nel 1193, nel 1192, e prima ancora nel 1182 il nome di « consoli delle arti ». Ancora nel 1272 sono usati promiscuamente i due nomi. — V. Ordin. di Giustizia (E. GIUDICI, III), R. I, « infra il tempo che sarae assegnato ai rettori, ovvero consoli di ciascheduna delle arti ».

(2) Libro IV; R. II. — V. pure *St. cap. pop. 1321*. Lib. I; R. LI. « De electione novorum consulum et capitudinum artium facienda. » Quoniam per capitudines vigintiunius maiorum artium in ordinem iustitiae nominatarum omnia magna negotia civitatis ex-

quale i rappresentanti dell'arte, in numero di uno per ogni bottega (3), sono obbligati ad intervenire sotto pena di multa. La loro elezione però non è fatta direttamente dall'assemblea, la quale invece nomina, a maggioranza di voti, tre mercanti di diverse botteghe e società, i quali dopo di aver giurato che non si accordarono anteriormente per l'elezione dei consoli, che anzi non sapevano neanche che sarebbero stati chiamati a tale ufficio, eleggono i quattro consoli ed il camerario dell'arte: ma questi non possono essere socii di alcuno dei tre che li eleggono, nè dei consoli uscenti. Ove questo ordine non fosse stato rispettato, e l'elezione dei consoli nuovi non fosse avvenuta regolarmente la si considerava come nulla, e le nuove nomine erano affidate ad altri arbitri, nuovamente eletti dall'assemblea. Quando tutti i cittadini tendevano al potere, e — come è noto — per tener lontano il pericolo di una tirannide, gli Statuti mettevano un divieto agli uscenti di carica, è evidente che dovevano di frequente avvenire gare e lotte pel conseguimento del consolato, e che la scelta doveva riuscir malagevole specialmente in tempo di rivolgimenti politici. Tra gli altri mezzi per evitare pericoli, anche questo sistema di elezione poteva essere molto opportuno.

Così ogni artigiano aveva diritto di partecipare all'amministrazione dell'arte; ma tale diritto si convertiva poi in un dovere, poichè la corporazione non lasciava facoltà di esercitarlo o no: il mercante come era obbligato ad intervenire all'assemblea, così era tenuto ad assumere la carica ogni qualvolta fosse stato eletto (4). Lo Statuto di Calimala vietava quindi quella rinuncia alle cariche che altri Statuti commerciali permettevano.

---

pediuntur et fiunt, et ideo convenit circa electionem eorum deliberare et salubriter faciendum cautius provideri, ideo provisum et ordinatum est quod electio dictarum capitudinum fieri debeat octo diebus ante kal. julii et octo diebus ante kal. januarii de melioribus et magis ydoneis dictarum artium et qui sint veri amatores et devoti de parte eclesie et diligant puro corde presentem statutum civitatis et populi Florentie ita quod in felici statu et prospero perseveret..... Lo Statuto nostro dice che i consoli dovevano essere quattro, rinnovabili ogni sei mesi. Questo non sappiamo se avvenisse già nei primi tempi in cui l'arte fu costituita. Incominciamo a trovare otto consoli all'an. 1254; nulla però ci dimostra che allora questo succedesse per la prima volta.

(3) *St.* 1332, lib. I; R. VI. « Alla elezione... dei consoli possono dare voce due per fondaco e uno per bottega. » Da questo il PERRENS (III, pg. 223, n. 3) ricava che *fondaco* non è uguale a *bottega*. Il che appare pure altrove nel nostro Stat. Lib. III; R. XLV. « Quod apothece et fundaci claudantur quando aliquis de arte decederet. »

(4) Perciò nessuno poteva aver cariche in due arti. *St. cap. pop.*, 1321. Lib. I; R. LII. « Quod nullus possit esse rector vel camerarius uno eodemque tempore duarum artium. » Nullus possit esse rector vel camerarius uno eodemque tempore duarum artium vel hominum quorum aliqui unam artem exerceant, et alii aliam, et qui essent electi vel erunt in futurum cassentur.

Gli eletti dovevano essere guelfi, e ligi alla Chiesa romana (5); dovevano essere mercatanti (6), oriundi della città di Firenze o del contado (7), essere in età non minore di 30 anni, nè avere divieto dall'arte.

Appena eletti (8) prestavano giuramento di tener lealmente il loro ufficio, ad onore dell'arte, di non abbandonarlo per qualsivoglia motivo; e di osservarne e farne osservare senza eccezione lo Statuto. Scaduti

---

(5) Lib. IV; R. II.

(6) *St. cap. pop. 1321*. Lib. I; R. L. « De non eligendo ad offitium consulatus nisi illum qui fecerit artem ». Quoniam indecens esse videtur quod aliquis sit consul alicuius artis nisi ipsam artem exerceat, statutum et ordinatum est quod nullus sit vel esse possit consul seu rector alicuius artis seu mercantie nisi ipsam artem et mercantiam exercuerit continue ipso anno quo eligeretur in consulem vel rectorem; si aliquis fecerit non valeat..... Più tardi si richiese un'assai lunga iscrizione nell'arte. SPOGLIO STROZZIANO, vol. I. « *Riformazioni dell'arte dall' an. 1322 al 1323*. 1323, giugno 2. » « Non potendo essere dei consoli chi non era stato matricolato cinque anni nell'arte, si sospende il detto Statuto per Dardano Acciaiuoli e per Cenni di Nardo, deliberando che possano essere dei consoli ogni volta che saranno eletti. »

(7) *St. cap. pop. 1321*. Lib. V; R. LIV. « Quod nullus possit esse consul sue artis nisi sit oriundus de civitate vel comitatu. » Item stabilitum et ordinatum est quod nullus possit esse consul aliquarum artium nisi sit guelfus fidelis et devotus sancte romane eclesie oriundus de civitate vel comitatu flor. et nisi fuerit habitator et allibratus in civitate ipse vel eius antecessores in civitate jam sunt decem anni et nisi fuerit approbatus pro Guelfo per dominos priores et vexilliferum iustitie et gonfalonerios sotietatum et duodecim bonos viros vel per duas partes ipsorum ad secretum scruptinium...

(8) Lo Statuto non dice che la loro elezione dovesse essere approvata dai magistrati del comune. Di questo però parla lo *Statuto del Podestà del 1324*. Lib. V; R. LXXXVIII. « Quod capitudines et consules artium non eligantur absque licentia priorum et vexilliferi. » Item volentes providere in posterum circa statum civitatis Flor. et maxime circa capitudines artium viginti unius provisum statutum et ordinatum est ad hoc ut comune flor. cautius et melius regatur in statu pacifico et parte guelfa quod nulla ex dictis artibus viginti unius de quibus sit mentio in ordinamentis iustitie non obstantibus statutis suarum artium aprobatis vel in posterum aprobandis vel consules vel consiliarii vel aliquis de ipsis artibus audeat, vel presumat eligere aliquem in consulem vel rectorem sue artis vel ad aliquam electionem suorum consulum procedere absque expressa licentia et mandato dominorum priorum et vexilliferi tunc existentium et tunc ad ipsam electionem novorum consulum et rectorum procedere secundum provisionem dominorum priorum et vexilliferi iustitie tunc existentium et non aliter... Lo *Statuto cap. pop. 1321* li obbliga a dar cauzione prima di entrare in carica. Lib. I; R. XIV. « Quod officiales teneantur satisdare ydoneae ante quam incipiant eorum officium exercere ». Statutum et ordinatum est quod omnes et singuli officiales qui electi fuerint ad aliqua officia comunis Florentie teneantur et debeant ydoneas securitates prestare et dare tempore iuramenti eorum et ante quam incipiant officium exercere secundum conditionem et qualitatem sui officii.....

dopo sei mesi, non potevano più essere rieletti per un anno (9), nè poteva in questo tempo essere nominato console un mercante appartenente alla loro società. Questa brevità dell'ufficio diminuiva l'efficacia di molti provvedimenti che dovevano durare oltre i sei mesi. Nè il nostro Statuto ci dice che a questo riguardo i consoli nuovi si accordassero coi consoli uscenti: solo ci dice che quelli si impegnavano di continuare le questioni pendenti (10). Però i documenti dell'arte ci assicurano che talora e vecchi e nuovi consoli operavano di comune accordo (11).

Primo fra di loro era il *priore*, alla quale carica ogni mese veniva eletto uno dei consoli allora in ufficio, ed al quale tutti, e mercanti ed ufficiali, dovevano prestare obbedienza (12). Indistintamente però ricevevano i consoli come paga per i sei mesi lire 10 dei denari dell'arte, più i proventi di alcune piccole gabelle ed una parte delle multe.

Lo Statuto poneva limiti alla loro autorità. Essi difatti non potevano eleggere ad alcun ufficio dell'arte persona che appartenesse alla loro bottega od anche solo alla loro società; non potevano allontanarsi dalla città se non in certi casi speciali (13); dovevano rispondere sempre all'invito del notaio che li convocava a consiglio in determinati giorni della settimana, nei quali essi dovevano render ragione ai membri dell'arte (14).

---

(9) I primi doc. dell'arte ci danno ripetuto il nome dello stesso console in due anni consecutivi. V. doc. II, III.

(10) Lib. IV; R. XXVI. Pare dunque che tale divieto si introducesse più tardi; ma fu presto stabilito dai Priori e Gonfaloniere di giustizia che i consoli delle arti maggiori dovessero decidere e terminare durante il loro ufficio tutte le cause e differenze dei cittadini, specialmente se mercatanti. V. *Diplomatico; Prov. mercatanti*, 1311, ottobre 15.

(11) V. doc. n. II. La nomina del magistrato detto dei « Priori delle arti maggiori » avvenne nel 1282, e fu fatta dai consoli dell'arte della lana e di Calimala: questa ebbe eletto a tal carica un Bardi, quella un Girolami. V. PERUZZI, op. cit., pg. 36.

(12) Lib. IV; R. XXII.

(13) Lib. IV; R. III... nisi esset causa orationis divine vel pro negotiis huius artis vel comunis Flor.

(14) SPOGLIO STROZZIANO, vol. I. « *Deliberazioni e partiti dei consoli dall'an. 1522 al 1528* », 1525, maggio 10. Il Console perde l'ufficio per essersi allontanato più di 50 miglia dalla città e per non aver preso parte ai consigli almeno una volta al mese. — Così pure ha lo *St. del cambio, an. 1299*. « Quibus diebus ad minus consules et notarius debent stare ad iura reddenda. » Statutum et ordinatum est quod notarius huius artis teneatur qualibet die lune et die veneris requiri facere per nuntium huius artis omnes consules huius artis quod veniant ad morandum ad iura reddenda et duo ipsorum consulum ad minus esse debeant ad iura reddenda. Et si quis ipsorum consulum requisitus non venerit, notarius artis teneatur et ad penam sol. viginti pro quolibet die aliis futuris consulibus denuntiare illos qui requisiti erunt et non venerint, et illi futuri consules teneantur eorum predecessores qui non steterint ad ipsa iura reddenda condemnare in duos bononinos grossos.....

Però la loro autorità sopra i mercanti doveva esercitarsi largamente ed in modo severo (15). Come i consoli della città reggevano il comune con un potere legislativo, politico, amministrativo e militare, così essi avevano ad un tempo sull'arte funzioni politiche, legislative, esecutive, giudiziarie. Perocchè non v'era divisione alcuna di potere, che continuava a mantenersi nella sua unità primitiva ed indivisibile (16).

*Funzioni politiche.* — I consoli dovevano curare gli interessi personali e commerciali dei mercanti; quindi erano tenuti a provvedere alla sicurezza di tutti i soggetti all'arte anche quando per ragioni di commercio questi si trovassero oltre monti (17); prestare loro aiuto nella riscossione dei crediti (18), soccorrerli quando fosser vittima di furto o di inganno (19), e quando avessero impegnate le loro mercanzie (20), o quando si fossero trovati in terre contro le quali fosse stata concessa rappresaglia (21). In tal caso i consoli dovevano interrogare il consiglio speciale o il generale; e poi d'accordo colle capitudini delle altre arti dare opera efficace perchè del tutto si sedassero tali rappresaglie, e quei fiorentini che ne erano stati causa compensassero i danni a quelli che ne avevano sofferto. E così colle capitudini delle arti maggiori assistevano al consiglio del comune nell'accordare rappresaglia in favore de' cittadini di Firenze,

---

(15) *St. pod. 1324.* Lib. v; R. xxviii. « Quod qui operantur de arte lane subsint consulibus dicte artis. » Statutum et ordinatum est quod cum per artem lane et pannorum que fit in civitate Flor. multe familie homines et persone tam civitatis quam districtus Flor. substententur et per eam et ipsa civitas augeatur decens est ut comune Flor. ipsam artem honore et gratia prosequatur ipsamque augeat et in bono statu conservet quod omnes et singuli qui faciunt dictam artem seu de dicta arte faciunt vel exercent se sub dicta arte et consulibus qui pro tempore fuerint respondeant et consistant.....

*St. cambio, 1299.* « De pena tollenda cessanti stare cum consulibus. » Quicumque campsor cessaverit esse et stare sub consulibus huius artis et cum eis causam fecerit, teneantur consules illi tali tollere pro pena libr. decem..... Id. « De pena tollenda non observanti precepta consulum. » Si aliquod preceptum vel aliqua precepta iusta et honesta et non contra capitula constituti comunis flor. et ad honorem potestatis alicui campsori pro honore huius artis nos omnes vel maior pars nostrum aut unus cum concordia aliorum fecerimus et non fuerit ab eo cui factum fuerit observatum, teneamur ei tollere solid. decem et quotiescumque.....

(16) Cfr. le osservazioni di Villari: « *Le prime origini e le prime istituzioni della repubblica fiorentina* » (Politecnico, 1866, ser. iv, vol. ii, fasc. i, pg. 6).

(17) Lib. iv; R. xxxii.
(18) Id.; R. xxxv.
(19) Id.; R. xxxvi, xxxvii.
(20) Id.; R. xxxix.
(21) Id.; R. xxx.

poichè quella non avrebbe avuto valore quando fosse stata concessa senza il loro intervento (22).

In generale poi i consoli dovevano provvedere all'utile ed all'onore dell'arte, anche nei consigli che tenevano con altre capitudini, col procurare specialmente che venissero introdotte nello Statuto del comune quelle disposizioni che potessero essere utili all'arte.

*Funzioni legislative.* — Lo Statuto dell'arte nella maggior parte della redazione che noi abbiamo, non procede direttamente dall'autorità consolare, ma dall'assemblea generale dei mercanti, che approva e dà valore di legge all'operato degli statutari. Tuttavia — e noi già l'abbiam fatto osservare — anche in questo Statuto rimangono traccie di redazioni più antiche alle quali appartenevano ordinamenti emanati dai consoli stessi in loro nome. Il quale fatto poi, più ampiamente svolto, vediamo in altri Statuti di mercanti, e di arti florentine (23).

*Funzioni esecutive.* — I consoli erano vincolati con giuramento ad osservare e fare osservare « *sine fraude* » lo Statuto dell'arte (24), e quindi anche le provvisioni dei consigli della medesima, purchè queste non fossero contro i suoi Statuti o contro quelli del comune (25). Eleggevano essi stessi i consoli dell'associazione residenti in Francia (26), quello residente in Pisa (27), eleggevano ancora, d'accordo con un consiglio di dodici mercanti, i nunzii dell'arte, che loro dovevano sempre obbedire (28), i sindacatori degli ufficiali uscenti di carica (29), gli arbitri o statutari, delegati

---

(22) V. per questo *St. pod. 1324.* Lib. II; R. LXVII. « De represaliis. » ..... Si post binam citationem predictam satisfactionem non fecerint tunc dictus potestas recepta probatione summarie a tali cive vel comitatino suo debente recipere vel iniuriam passo vel dannificato vel iniuriato veritatem dicente convocatis consulibus septem maiorum artium et in eorum presentia tali civi et comitatino det licentiam et potestatem de eo quod ostensum fuerit se debere recipere vel dannificatum esse capiendi et detinendi sequestrandi et inframittendi personas bona et res civium civitatis et hominum et locorum et castrorum qui sic requisiti fuerint et citati usque ad valutam rerum et extimationis debite quantitatis prius recepta securitate ydonea a tali petente licentiam capiendi de representandis rebus et ostendendis quas contingent eum ob hanc causam tollere vel extaggire coram consulibus mercatorum Kallismale et de rebus sic ablatis infra mensem facere fieri publicum instrumentum ne aliqua fraude celentur alique ex eis quam scriptam teneant consules mercatorum Kallismale.
(23) St. merc. Piacenza. St. cambio 1299. Firenze, ms.
(24) Lib. IV; R. III.
(25) Id.; R. I.
(26) Id.; R. VIII.
(27) Id.; R. IX.
(28) Id.; R. X.
(29) Id.; R. XI.

annualmente alla riforma dello Statuto (30); un procuratore per ricevere le stipulazioni dell'arte (31), un sindaco « *pro pecunia artis deponenda* » (32), dovevano provvedere a che non si usasse altra misura che quella di Calimala (33); nè si adoperassero pesi falsi o colori guasti dai tintori (34), sorvegliare scrupolosamente perchè non si perdessero le buone abitudini dell'arte, nè venisse meno la fama di onestà che godevano i mercanti (35); da ultimo dovevano provvedere all'amministrazione delle opere che erano sotto la giurisdizione dell'arte, e specialmente all'opera di S. Giovanni (36).

*Funzioni giudiziarie*. — I consoli giudicavano senza appello (37) le cause commerciali che si agitavano tra mercanti sottomessi all'arte (38), ovvero tra questi ed altri che liberamente esercitassero la loro professione, giudicavano poi qualunque lite che fosse sorta invece tra i membri della corporazione: eseguivano le sentenze e le condanne proprie e quelle dei loro predecessori (39) con piena autorità di far grazia, di rimettere la pena (40), e di richiedere su ciò gli officiali del comune di Firenze e delle altre capitudini. I condannati per sentenza dei consoli dovevano pagare

---

(30) Id.; R. xiv.
(31) Id.; R. lii.
(32) Id.; R. liii.
(33) Lib. iii; R. xxxviii.
(34) Lib. v; R. ii.
(35) Lib. iii; R. xxxi.
(36) Lib. i, passim.
(37) Lattes, op. cit., pg. 38, dice in prima istanza; ma anche lo st. del 1332 conserva la R. xlii, lib. i. « Che dalle sentenze dei consoli non si possa appellare. » *St. podestà, 1324*. Lib. ii; R. lxxxv. « Quod a sententiis consulum infrascriptarum artium appellari non possit. » Statutum et ordinatum est quod a sententiis vel pronuntiationibus consulum iudicum et notariorum, mercatorum Kallismale, campsorum, artis lane, mercatorum porte S. Marie, medicorum et spetiariorum et pellipariorum ferendis super questionibus et differentiis vertentibus coram eis inter alios qui sponte litigaverint coram eis appellari vel de nullitate opponi non possit aliquo modo vel iure cuiuscumque et quantecumque quantitatis fuerint nec etiam a sententiis seu pronuntiationibus consulum artis beccariorum ... Sed teneatur potestas et capitaneus et omnes ad iustitiam constituti eorum sententias facere inviolabiliter observari et executioni mandare.....
(38) Lib. ii; R. xii. V. pure *St. cambio 1299*. « Quod quilibet conqueratur coram consulibus de facto artis. » Quilibet de arte et sotietate campsorum civitatis Flor. volens aliquem de arte et sotietate campsorum convenire de re pertinenti ad ipsam artem teneatur et debeat conqueri sub consulibus artis ipsius, et non alibi ad aliam curiam... Pubbl. da Lastig, op. cit., pg. 405.
(39) Lib. ii; R. xvii. Lib. iv; R. xxiv, xxvi. — St. 1332, lib. i; R. xxxiii.
(40) V. St. 1332, lib. i; R. lxii, dove dice lo stesso. Quindi a torto il Lattes vuole dalla dichiarazione della R. xxi, lib. i di questo Statuto ricavare che i consoli non potevano rimettere la pena.

entro breve termine; ed era severamente punito chi tentasse di impedire la esecuzione delle condanne (41), anzi, per disposizione di legge, lo stesso capitano del popolo, doveva prestare aiuto, se richiesto, ai consoli dell'arte, e fare eseguire i loro decreti (42).

Questi dunque erano i poteri dei consoli dell'arte di Calimala, oltre ad alcune altre attribuzioni che essi avevano in comune coi consigli dei mercanti a loro soggetti: poteri però dei quali essi non potevano in alcun modo abusare, perchè lo Statuto stesso con molti ordinamenti obbligava sotto pena di multa, i consoli all'adempimento esatto del loro ufficio (43). Essi — come è detto avanti — erano in numero di quattro, e tutti insieme dovevano deliberare e giudicare, tranne in casi particolari e specificati nel codice; nei quali essi potevano dividersi in due gruppi, non già per operare indipendentemente l'uno dall'altro, o tanto meno uno contro l'altro, ma per rappresentare l'arte gli uni in certi consigli della repubblica, mentre gli altri stavano a giudizio nel seno stesso della loro corporazione, responsabili però tutti a vicenda di ciò che da loro si sarebbe deliberato (44).

E del loro operato essi dovevano render conto all'uscir di carica, a certi ufficiali a ciò eletti, detti *Sindaci*, dai quali potevano essere condannati quando fossero stati rei di cattiva amministrazione, o di disubbidienza agli ordinamenti del loro codice di leggi (45).

**Consigli.** — L'autorità che abbiam veduto essere negata ai consoli, spettava ai consigli dell'arte. Essi erano due: *generale* e *speciale*, a somiglianza di quelli del comune. Quello era composto dalla rappresentanza

---

(41) *St. podestà*, *1324*. Lib. III; R. CXXV. « De corruptione officialium. » Pubblicato da RONDONI, op. cit., doc. XI, all'an. 1284.

(42) *St. cap. pop.*, *1321*. Lib. II; R. XIIII. « Quod condemnationes consulum vel rectorum artium executioni mandentur per dominum capitaneum ad instantiam consulum. » Quia parum esset condemnationes et sententias proferre nisi posset sortiri effectum, statutum et ordinatum est quod omnes artifices teneantur subesse consulibus sue artis, et quod si rectores vel consules alicuius XII maiorum artium civitatis Florentie fecerint aliquas condemnationes de aliquo vel aliquibus eorum artis vel qui sub eis tenerentur, teneantur d. cap. et d. potestas et eorum et cuiuslibet eorum iudicis ad requisitionem ipsorum consulum et rectorum facere ipsas condemnationes exigi ad voluntatem ipsorum consulum vel rectorum.....

(43) Nota però l'importanza che avevano acquistato i consoli come rappresentanti dell'arte. Nel 1398 alcuni cittadini fiorentini, in lite coll'arte di Calimala, ricorrono al papa Bonifacio IX per timore di non poter trovare giustizia in Firenze contro i consoli dell'arte oramai troppo potenti. V. *Diplomatico; Prov. Mercatanti*, 1398, febbraio 24.

(44) Lib. II; R. I. Non è qui indicato se il Priore dovesse stare in curia od andare ai consigli del comune.

(45) Lib. IV; R. XI.

di tutti i mercanti, come è detto, in ragion di uno per bottega; questo era invece di soli dodici mercanti, di dodici diverse botteghe (46). Entrambi erano convocati dai consoli (47); e, riuniti insieme, approvavano gli Statuti quali erano loro presentati dagli arbitri, o le correzioni che a quelli annualmente venivano fatte (48). Il generale partecipava alla nomina dei consoli, ed a quella degli altri ufficiali, e poteva, a semplice richiesta del priore dei consoli, deliberare e giudicare su questioni di interesse generale per l'arte. Il consiglio speciale trattava invece questioni di interesse particolare: ma, sebbene pigliasse parte col generale all'approvazione degli Statuti, non poteva mutarne di per sè alcun ordinamento (49). Ogni proposta che dovesse presentarsi nel consiglio generale, se riguardava in genere gli interessi dell'arte, doveva tre giorni prima essere dai consoli esposta nel consiglio speciale; dopo le due approvazioni essa aveva valore di legge, e dovevano al nuovo ordine obbedire e i mercanti ed i consoli stessi dell'arte. Così pure prima che tra loro, nei consigli dell'arte riuniti, — il che si diceva consiglio *generale-speciale* — si fossero accordati i consoli di Calimala su ciò che fosse più opportuno di patrocinare, non potevano nei consigli del comune portare la loro parola come rappresentanti dei mercatanti (50). Col solo consiglio generale si consigliavano invece i consoli dell'arte prima di stabilire qualunque nuova imposta, di domandare od accordare prestiti od altro che con ciò avesse relazione (51). Non sappiamo come questi consigli venissero convocati, nè quale maggioranza occorresse per vincere un partito. Possiamo però giustamente credere che anche per le associazioni queste assemblee fossero diventate un peso, se sentivasi il bisogno di venire in aiuto alla volontà, e di violentarla con mezzi estremi quali erano le multe.

Ma i consoli non stavano soli al governo dell'arte: essi erano circondati

---

(46) Lib. IV; R. I. Più tardi fu ridotto a metà. SPOGLIO STROZZIANO, vol. I. « *Partiti dal 1347 al 1350* », 1348, ottobre 21. « Essendo morti molti mercanti dell'arte, sì che si durava fatica a radunare il consiglio e a fare gli ufficiali, è deliberato che il consiglio sia solo di sei consiglieri. »

(47) Lib. IV; R. XXI.

(48) Id.; R. XVI.

(49) Id.; R. I.

(50) Id.; R. III. *St. cambio 1299*. « De non consulendo in consilio comunis sine licentia campsorum. » Teneantur consules eorum iuramento expresso quando iurant eorum offitium quod quando interfuerint consiliis civitatis non prestabunt consilium ut consules pro ipsa arte et universitate nec consulere debeant nisi prius proponerent coram campsoribus ... vel coram viginti quatuor magistris dicte artis campsorum ...

(51) Lib. IV; R. XXVII.

da parecchi officiali, loro soggetti, ai quali spettavano varie attribuzioni di natura essenzialmente diversa da quella dei consoli.

**Camerario.** — La sua importanza non era certamente ristretta perchè lo vediamo quasi costantemente accanto ai consoli nel disbrigo delle sue delicate attribuzioni. Nel consiglio dell'arte, in quel modo e da quei medesimi che eleggono i consoli, è pure eletto il camerario, che deve anch'esso essere guelfo, non aver divieto dell'arte (che durava un anno) nè essere in età minore di anni 30 (52). Egli è eletto però solo nel mese di dicembre; dura quindi un anno in carica; ed ha per paga lire 8. È il tesoriere dell'arte (53): quindi entrando in carica è tenuto a giurare che non commetterà alcuna frode nel dare o nel ricevere dei denari della medesima, che renderà conto della sua gestione, e che consegnerà esattamente al nuovo camerario ciò che a lui sarà rimasto. Per garanzia intanto è tenuto a dare cauzione di 500 lire. Riscuote le tasse e le multe; vende in gennaio i pegni che gli furono consegnati dai consoli e dal camerario uscenti di carica, se i proprietari non si presentano o rifiutano di riscattarli; però non ha diritto di fare alcuna spesa senza l'autorizzazione dei consoli e del consiglio speciale. Altre piccole attribuzioni e doveri del suo ufficio si riscontrano qua e là nello Statuto.

Il camerario ha nello stesso tempo la carica importante e delicata di custode del sigillo dell'arte (54). Lo Statuto non è parco di disposizioni a questo riguardo. Il sigillo deve stare presso questo officiale, chiuso in una borsa, nè può essere adoperato per sigillare alcuna lettera od alcun istrumento, se non dopo che sono state adempiute certe formalità di legge, minutamente indicate (55). Per conseguenza non può essere imprestato a persona, e neppure agli stessi consoli dell'arte.

---

(52) Id.; R. II.

(53) Id.; R. V. Però non può tenere presso di sè che lire c.; il resto sta presso il cassiere (sindaco). R. LIII.

(54) Id.; R. XII. Nel Museo nazionale del Bargello in Firenze si conservano due sigilli dell'arte (Sigilli civili; casella n. 13), di cui uno porta intorno la leggenda: + S. DE LA DRAPERIA DI CHALIMALA (sig. n. 482); l'altro invece: — MERCATORUM — ARS — FLORENTIE: la quale leggenda corre intorno a S. Giovanni, che tiene in mano una croce ed ha dietro di sè un'aquila; in basso davanti sta il giglio di Firenze (n. 488).

(55) Id. *St. cambio 1299.* » De non sigillandis licteris sine consilio campsorum. » Non possint consules nec eis liceat nec alteri eorum nec camerarius nec notarius eorum nec aliquis pro eis sigillare vel sigillari facere vel permictere cum sigillo dicte artis aliquas licteras vel scripturas vel ipsum sigillum alicui commodare, vel concedere absque consilio et deliberatione duodecim bonorum et legalium campsorum vel duarum partium aut plurium ipsorum qui sint de diversis tabulis.....

E queste disposizioni di legge, che ci dimostrano la delicatezza di tale incarico, e l'importanza che si annetteva al sigillo, sono in tutto simili alle cautele che usava a questo proposito il comune di Firenze (56).

**Sindaco.** — Sotto la immediata dipendenza del camerario sta il sindaco, o cassiere, il quale ha la custodia dei denari dell'arte, che non possono essere direttamente custoditi da quello (57). Sopra di lui hanno obbligo di vigilare i consoli, col consiglio dei dodici mercanti.

**Notaio.** — A somiglianza del Podestà, il notaio dell'arte doveva essere forestiero; e veniva dai consoli dell'arte col consiglio speciale eletto per un anno, nel dicembre (58). All'entrare in carica, al pari di ogni altro officiale, doveva giurare nelle mani dei consoli, se questi ne lo richiedevano, « *si voluerint consules*, » che avrebbe esercitato onestamente il suo ufficio. Le sue attribuzioni erano svariate. In generale egli doveva favorire ed aiutare i consoli dell'arte, e procurare, d'accordo con essi, che i mercanti inscritti ubbidissero agli ordinamenti dello Statuto; libero poi di fare un'inchiesta contro qualunque persona, che da tale osservanza si fosse allontanata. La quale inchiesta, perchè potesse aver valore, doveva essere approvata dai consoli nel consiglio di sette mercanti da eleggersi ogniqualvolta se ne presentasse occasione. Il notaio poteva andar ambasciatore, come rappresentante dell'arte, quando a questo ufficio fosse delegato dal consiglio speciale (59). Però il suo ufficio si esercitava specialmente convocando a consiglio i consoli in quei giorni nei quali dovevano risiedere nella curia dei mercatanti (60); redigendo gli atti dei consigli, le deliberazioni prese, autenticando e documenti e Statuti (61).

Ma nel tempo al quale si riferisce il nostro Statuto, il notaio non era semplicemente deputato all'officio di rogare gli atti: colle funzioni notarili egli cumulava generalmente anche quelle di « *iudex ordinarius*, » come ci provano le autenticazioni della maggior parte dei documenti rogati da notai, dello stesso Statuto che esaminiamo, anche nelle sue varie aggiunte successive. Quindi non è meraviglia che nella organizzazione dell'arte avesse tanta importanza, e che nella scelta sua si procedesse con cautela e discernimento, come nella elezione del primo magistrato del comune.

---

(56) G. VILLANI, *Hist. Fior.*, VIII, 95, an. 1308. « Di Firenze essendo fuggito il podestà col suggello del comune, si ordinò che nè podestà nè priori tenessero suggello del comune, ma fecionne guardiani e cancellieri i frati conversi di Settimo. »

(57) Lib. IV; R. LIII. — *St. podestà 1324*. Lib. V; R. I. « Quod quilibet sindicus habere debeat mandatum fideiubendi pro quolibet sue universitatis. »

(58) Id.; R. VII.

(59) Id.; R. VI.

(60) Id.; R. IV.

(61) Id.; R. XX.

Egli era poi, come gli altri ufficiali, soggetto a sindacato.

**Consoli dei mercanti fuori di Firenze.** — Vari erano questi rappresentanti dell'arte nelle città d'Italia ed all'estero. Più importanti naturalmente erano quelli di Francia, dove l'arte di Calimala aveva esteso commercio di compra e vendita, e dove perciò aveva stabili ed autorevoli rappresentanti.

*Consoli in Francia* (62). — Essi erano in numero di due; eletti nel dicembre, per mezzo di pubblico strumento, dai nuovi consoli dell'arte residenti in Firenze. Uno di essi doveva avere stabile domicilio in Francia; l'altro invece doveva essere uno dei mercanti girovaghi per le fiere. Entrambi, assunto l'ufficio, ne giuravano l'esatto adempimento davanti ai mercanti che allora si trovavano su quelle fiere: si obbligavano a proteggerne e difenderne gli interessi, ed in ispecial modo a vigilare sulla bontà della merce acquistata in Francia e da condursi poi in Italia, ma nello stesso tempo a richiamarli all'osservanza dello Statuto ogni volta che se ne fossero allontanati.

Sotto la giurisdizione di questi consoli stavano gli *ostellieri* o albergatori che l'arte aveva in Francia, presso i quali si ricoveravano i mercanti fiorentini, ed erano depositate le mercanzie. Questi però, potendo pregiudicare il commercio dei veri mercanti, dovevano, sotto minaccia di pena rigorosa, astenersi dal « comperare o far comperare o in altro modo acquistar panni » a mandarsi di qua dai monti (63); per questo erano tenuti a dar garanzia di 200 fiorini d'oro all'arte, la quale poi vietava severamente ai mercanti suoi di alloggiare negli alberghi di quelli che avessero contravvenuto a tale ordine. I consoli stessi di Firenze, per disposizione statutaria, erano obbligati a curare, d'accordo con quelli che dimoravano in Francia, l'osservanza di questa importante disposizione di legge.

*Console in Pisa*. — Ogni anno era pure eletto un console dell'arte nella città di Pisa, tra i mercanti colà dimoranti per causa di commercio; il quale, rappresentando la sua corporazione, aveva diritto come gli altri che già abbiam visto, all'obbedienza di quelli che all'arte erano sottoposti (64).

Il nostro Statuto non parla di consoli di Calimala in altre città. Forse, avuto riguardo allo sviluppo che sul principio del secolo XVI il suo commercio aveva pigliato anche in Italia, non è improbabile che altri

---

(62) Lib.....; R. VIII.
(63) Lib. III; R. XXI. V. pure PAGNINI, op. cit., II, pg. 102.
(64) Lib. IV; R. IX.

rappresentanti ancora essa avesse qua e là. Però già nello Statuto del Podestà di Firenze, dell'anno 1324, troviamo una speciale disposizione di legge, che permette ai mercanti domiciliati fuori della loro città di eleggersi, purchè in numero di dodici, un console locale. Ecco nella sua semplicità, questa rubrica: « Statutum ed ordinatum est quod in quacumque terra mercatores, seu qui occasione mercantie vel cambii seu libri faciendi morabuntur, possint et debeant habere consulem uel rectorem uel quomodolibet nominandos de se ipsis pro eorum et aliorum florentinorum utilitatibus procurandis, et possint tales mercatores et debeant tali consuli uel rectori aut alio modo quomodolibet nominando secundum ordinamenta facta ab eis, a comuni florentino approbata subesse » (65).

Così lo Statuto non fa ricordo dei soprastanti alla moneta, sebbene abbia disposizioni che ne riguardano la emissione (66). Eppure già nel 1251 l'Università dei mercatanti (piuttosto che il comune di Firenze) aveva ordinato che si coniasse una moneta d'oro; che fu il fiorino di 24 carati e che portò da una parte il giglio, dall'altra S. Giovanni Battista (67). Ad ogni modo è interessante notare che già fin dal 1321, e prima anche forse, tra quelli officiali eletti a questo scopo dal comune ogni sei mesi, in numero di due, uno dovesse essere dell'arte di Calimala, l'altro dell'arte del Cambio. Questo ci dice lo Statuto del Capitano del popolo (68).

---

(65) Lib. v; R. LIIII. « Quod mercatores flor. numero duodecim vel ab inde supra existentium extra civitatem Flor. possint habere consules ex se ipsis et constitutum. »

(66) Lib. IV; R. XLV.

(67) G. CAPPONI, *St. di Fir.* I, pg. 38. — V. pure RONDONI, op. cit., doc. n. VII, 1279, luglio 14. De cursu monete auree; ed anche: *Diplomatico; Badia Fiorentina*, 1280. Gennaio 15: si ricevono « libras quadringentas tredecim bonorum denariorum in florenis auri quolibet soldos viginti novem ad florenum argenti secundum usum et consuetudinem Kallismale. » Id. *S. Pier Maggiore*, 1297, giugno 18. — *Badia di Firenze*, gennaio 15.

(68) Lib. I; R. XLVI. « De duobus dominis monete eligendis per capitudines septem maiorum artium. » Statutum et firmatum est quod domini monete auri et argenti sint duo, silicet unus Mercatorum Kallismale et alius sit Campsorum et eligantur per capitudines septem maiorum artium civitatis Florentie et eorum officium duret per sex menses tantum et habeant salarium triginta lib. f. p. pro quolibet eorum, et campsor sit dominus una vice de campsoribus existentibus in foro novo, et alia vice de campsoribus existentibus in foro veteri, nec possint ipsi domini vel aliquis eorum stare sive morari cum sententiatoribus quando fricatur sive sententiatur dictum aurum in moneta mictendum, et ipsi sententiatores teneantur non pati quod ipsi domini monete nec aliquis eorum seu aliqua alia persona morentur sive moretur cum eis tempore fricationis et sententiationis predicte, et quod dominus defensor ydoneam cautionem ad minus de mille marchis argenti recipiat a predictis dominis monete et sententiatoribus et quod predicti domini monete nihil possint accipere de aliquo flor. inciso vel aliquo modo ultra dictum salarium pro iure sui salarii. » — Ancora nel sec. XV continua questo diritto dell'arte,

**Nunzii.** — Erano due, e venivano eletti dal Consiglio speciale. Ad essi spettava l'esecuzione delle sentenze dei consoli, all'obbedienza dei quali dovevano sottostare per obbligo di legge (69).

**Sindacatori.** — Nello stesso giorno in cui davanti all'arte leggevasi il nuovo Statuto, erano eletti nel Consiglio tre mercanti a sindacare l'operato dei consoli, del camerario, e di tutti gli altri officiali allora usciti di carica; e punire quelli che avessero trovati colpevoli di fronte alle leggi. Dovevano terminare il loro còmpito, sotto pena di multa, entro 15 giorni (70).

**Statutari.** — Alla carica importante di rivedere e correggere gli Statuti dell'associazione erano annualmente eletti nel mese di dicembre, dai consoli uscenti di Calimala, dodici mercanti inscritti nell'arte, i quali dovevano, al pari degli altri ufficiali, essere veri guelfi e ligi alla Santa Chiesa (71). Nel codice di leggi stava, per dir così, la vita dell'associazione: non poteva quindi essere chiamato a legislatore chi avesse aspirazioni contrarie a quelle dell'università dei mercanti. Il loro ufficio durava cinque giorni, duranti i quali essi dovevano stare riuniti a mensa comune; alla quale, dopo tal tempo, l'arte cessava di provvedere. Lo Statuto nostro non ci dice se essi fossero pagati: pensando a questo però, che i riformatori dello Statuto comunale ricevevano una ricompensa per l'opera loro, deter-

---

Spoglio Strozziano, vol. I: « *Deliberazioni dei consoli dall'an. 1462 al 1468* », 1464, gen. 23: « L'arte è coinvolta nel fallimento di Luca Pulci, maestro della Zecca. » — « *Libro di partiti dall'an. 1477 al 1481* », an. 1479, sett. 15; e « *Deliberazioni dei consoli dal 1482 al 1484* », an. 1483, febb. 10. L'arte dà con quella del cambio parecchi ordini alla zecca.

(69) Lib. IV; R. X.

(70) Lib. IV; R. XI. Qui i Sindacatori sono veri giudici. V. Forti, op. cit., I, pg. 312, dove parla del sindacato che talora era riservato al consiglio generale, sicchè le parti dei sindacatori erano quelle di giudici semplicemente istruttori.

(71) Lib. IV; R. XIV. *Riforma 1592.* Lib. I; R. III. « *Dei riformatori.* » La conditione delle cose humane porta che a nessuna si dia perpetuità et però secondo che alla giornata vanno variando i costumi, et mutandosi i tempi, assieme che l'ordini che tal hora sono stati buoni restino col tempo o imperfetti o nocivi o superflui, però è necessario che di tempo in tempo sia chi possa far nuovi ordini, corregger o mutare i vecchi che bisogno si havessero. Però i consoli quando parrà loro che lo richiegga l'opportunità facciano raunare il consiglio... et proponendo se sia necessario fare riforma, la mettano a partito. » Lo St. dice che la riforma è annuale. Forti, op. cit., I, pg. 381, crede invece che le riforme degli Statuti venissero fatte solo due o tre volte per secolo. V. anche St. cambio 1299. « De renovando hoc constituto ». Teneantur consules de mense Januarii de novo facere scribi totum constitutum... et ordinare capitula cassa et cancellata et omnes interlineaturas et correctiones et notas et adictiones... Public. da Lastig., op. cit., pg. 409.

minata già con legge del 19 giugno 1290 (72), siamo indotti a credere che non completamente gratuita fosse l'opera di questi statutari. Ma quale era il limite alla loro autorità? Questo non ci è detto nè dallo Statuto nostro, nè, e più conta, da quello del comune, il quale pure con grande frequenza si occupa a regolare le relazioni tra le singole arti, e tra queste e la repubblica. Però troviamo ordinato che gli Statuti di ognuna delle corporazioni, « que statuta solite sint habere », debbano venir approvati da sette officiali, eletti ogni anno nel mese di gennaio dal capitano del popolo, e che l'operato loro prenda valore di legge. Così difatti troviamo scritto: « quicquid per eos factum fuerit in cassando, corrigendo, emendando, improbando, vel approbando, dicta Statuta seu capitula in eis contenta obtineat plenum robur et duret per annum... » (73). Ogni proposta degli statutari dell'arte doveva essere appoggiata almeno dai due terzi di loro (74). Terminato poi il loro ufficio, chiudevano e sigillavano lo Statuto, che, conservato in diligente custodia fino alla elezione dei nuovi consoli, veniva nel consiglio dei mercanti approvato e giurato da tutti (75). I consoli poi, come quelli che per le loro attribuzioni dovevano più che ogni altro averne precisa cognizione, erano tenuti a farsene leggere il contenuto ogni due mesi (76). Quando fosse stato opportuno, si doveva

---

(72) *Provvisioni, n. II*, pg. 69, 1290, giugno 19, ind. tertia.....

(73) *St. cap. pop. 1321*. Lib. i; R. x. « De officialibus eligendis super approbationibus et correctionibus Statutorum artium. » Teneatur dominus capitaneus et priores artium et vexillifer iustitie de mense Januarii quando eis placuerit et visum fuerit convocare ubi eis visum fuerit capitudines infrascriptarum artium videlicet artem iudic. et notar. artem mercat. Kall. artem campsorum, artem lane, artem mercat. porte S. Marie, artem medicorum et spetiariorum, et artem pellipariorum, et una cum eis eligant septem viros bonos legales et discretos eo modo quo eis videbitur dum modo non sit de dictis septem viris plusquam unus de una arte nec plusquam duo in uno et eodem sextu dum modo in quolibet sextu sit unus ad minus, qui electi debeant se congregare et morari simul ad requisitionem et mandatum dicti domini capitanei in eo loco ubi prioribus et vexillifero iustitie videbitur qui electi sint offitiales super correctione emendatione cassatione improbatione et aprobatione omnium statutorum et capitulorum artium que Statuta solita sint habere, et quicquid per eos factum fuerit....... REZASCO, op. cit., alla voce *Collegio*. — FORTI, op. cit., i, pg. 376. — LATTES, op. cit., pg. 65, n. 12. — V. a commento di ciò le due approvazioni che stanno in fine allo Statuto, delle quali la seconda è fatta dai rappresentanti delle arti.

(74) Lib. iv; R. xiv. V. pure *St. cambio 1299*. « De electione arbitrorum. » Arbitri non possint esse ultra sex quorum electio annuatim fiat ante kal. decembris..... qui arbitri teneantur emendare et corrigere hoc constitutum et stare arbitratui constituti... et quicquid arbitri omnes vel maior pars ipsorum numero ordinaverint et fecerint stet firmum et ita debeat observari et fieri.....

(75) Lib. iv; R. vii, R. xiv, R. xvi.

(76) Lib. iv; R. iii. V. ROSA, *St. di Vertova*, pg. 89.

ricopiare intieramente lo Statuto. Ma questo evidentemente non poteva avvenire se non quando per un lungo periodo di tempo si erano aggiunte correzioni a correzioni, oppure quando l'opera degli statutari non si fosse limitata soltanto ad aggiunte allo Statuto precedente, ma l'avesse profondamente corretto, e quindi prodotto come un nuovo codice di leggi, assai diverso dal precedente. Il codice che ne dà argomento a questi studi, ci porge di ciò una prova luminosa, perocchè dopo lo Statuto che porta per ultima data nel suo rifacimento l'anno 1301, ha, come abbiam veduto, le aggiunte di vari anni consecutivi, che poi nella redazione più tarda e più complessa si fusero collo Statuto nostro, formando un sol corpo di leggi.

Nella seconda parte della Rubrica che ci parla della correzione degli Statuti — e che appartiene senza dubbio a redazione più tarda di quella che dobbiamo accettare per la parte che precede — è ordinato che lo Statuto sia tradotto in volgare, perchè più facile se ne renda l'intelligenza alla gran parte dei mercanti che è illetterata. I nuovi consoli, è detto, eleggano perciò, appena assunto il loro ufficio, tre uomini dell'arte capaci, i quali in accordo col notaio attendano a tale traduzione: oltre a ciò ogni deposizione di testi ed ogni petizione, venga pure scritta in volgare: solo le sentenze siano scritte in latino. Però lo Statuto e le sue aggiunte fino al 1309, ed anche i due Statuti più tardi del 1316 e del 1317, sono ancora scritti in latino: dobbiamo discendere fino all'anno 1332, per trovare una redazione di Statuti di Calimala, scritta in volgare (77). Questo ci induce a credere — e fu già detto — che esistessero contemporaneamente negli uffici dell'arte due Statuti: uno in volgare per i mercanti, l'altro in latino per gli officiali e che i consoli dovevano tenere sul tavolo quando sedevano a giudizio. Il che ci spiegherebbe il modo col quale il codice, a noi pervenuto, sfuggito, perchè scritto in latino, alla lettura giornaliera e ripetuta dei mercanti, abbia potuto conservarsi in buonissimo stato.

**Sensali.** — Nel nostro Statuto essi hanno una parte degna di attenzione (78). Che al tempo di cui noi parliamo, essi non costituissero ancora una corporazione speciale, non ci dice chiaramente lo Statuto: da certe parole però possiamo argomentare che essi già tentassero di riunirsi fra di loro come in una società, alla quale per un certo tempo fu negata la legalità: « non faciant simul societatem de sensaria »; finchè poi più tardi fu ammessa e riconosciuta anche nello Statuto (79). Sappiamo in-

---

(77) Di questo Statuto non esiste che la redazione volgare.
(78) Lib. v; R. i.
(79) St. 1332, lib. ii; R. i.

vece che erano tenuti a dar giuramento di esercitare lealmente ed onestamente l'arte loro, di ubbidire ai consoli ed alle leggi, sotto pena di essere divietati dall'arte. Nè ogni cittadino poteva liberamente esercitare questa professione: ne era impedito chi per qualsiasi ragione avesse avuto divieto dell'arte; tantochè era punito per legge il mercante che avesse trattato con tali sensali, e così pure ne era impedito chiunque avesse avuto parte in società di mercanti o di tintori, o di qualunque artefice all'obbedienza di Calimala. Essi poi non potevano favorire uno piuttostochè un altro mercante, nè danneggiare in genere il commercio dell'arte indirizzando i compratori alle botteghe dei mercanti che non erano alla giurisdizione di Calimala; non potevano nè dare nè ricevere ad imprestito denaro da nessun mercante, ecc. Sciolti così da ogni vincolo verso i membri dell'arte, esercitavano sopra di essi come una specie di sorveglianza, dovendo, ad es., denunziare segretamente ai consoli chiunque trasgredisse agli ordini dello Statuto. Ed all'osservanza di tutti questi obblighi erano tenuti oltre che dal vincolo del giuramento, anche da garanzia per fideiussore, di lire quattro. Lo Statuto poi fissa a soldi dodici, in ragione di ogni pezza di panno, la provvigione che essi potevano avere per causa di senseria.

Gli stessi obblighi avevano quelli che facevano senseria di denaro (80).

Ogni mese i consoli dovevano fare un'inchiesta per mezzo di mercatanti a ciò delegati, sull'opera dei sensali, e punire quello che fosse accusato da due degli inquisitori.

**Corrieri.** — L'arte aveva corrieri tra Firenze e la Francia, e Firenze e Roma.

Due erano i primi (81); uno detto di *caparra (de ara)*, che fissava le caparre tra i contraenti; l'altro di *pagamento,* che interveniva all'esecuzione dei patti. Entrambi avevano epoche fisse per le loro operazioni; quindi erano obbligati, sotto vincolo di giuramento, ad andare e tornare dalla Francia entro un tempo stabilito, per non danneggiare gli interessi del commercio (82). Essi dovevano pure portare le citazioni, le lettere dei mercanti; solo quelle però, che loro fossero consegnate ufficialmente dal camerario dell'arte. Il quale perciò con due mercanti, in certi giorni, raccoglieva dagli artigiani che contribuivano con una tassa alla paga del corriere, le lettere dirette alla Francia: in certi casi speciali si doveva ancora pagare una piccola somma per tale trasporto, dalla quale però

---

(80) Lib. v; R. xx.
(81) Lib. iv; R. xxviii.
(82) Peruzzi, op. cit., pg. 69-70.

erano sempre esonerati il notaio e il camerario. Nè tali somme raccolte dai mercanti potevano altrimenti essere spese che per la paga dei corrieri.

Il giorno della partenza era fatto noto pubblicamente, e così il giorno dell'arrivo dalla Francia, perchè tosto potesse accorrere ogni mercante interessato.

Uno o più corrieri per Roma erano, nei primi dieci giorni dopo che i consoli avevano assunto la loro carica, eletti dai mercanti che avevano affari commerciali in quella città tale elezione dovevasi senza condizione approvare dai consoli, sotto pena di multa (83). Il che ci dimostra che davanti agli interessi dell'arte e del commercio, tutto doveva cedere, anche l'autorità degli ufficiali.

**Altri officiali.** — Fra i minori officiali dell'arte di Calimala dobbiamo ancora ricordare:

*a)* i tre mercanti che ogni anno nel mese di gennaio erano eletti per stabilire il prezzo della tintura e della varia lavorazione di un determinato numero di panni, le deliberazioni dei quali avevano valore di legge, sebbene — come è evidente — non potessero entrare a far parte dello Statuto (84);

*b)* due officiali eletti anch'essi ogni anno nello stesso mese di gennaio, tra i mercanti inscritti nell'arte, per misurare quei panni sui quali fosse questione tra il venditore ed il compratore; i quali erano tenuti in tal caso a compensare entrambi il misuratore, secondo le disposizioni dello Statuto (85).

**Chiavari.** — Ciascuna delle molte società mercantili delle quali risultava composta l'arte di Calimala — e lo vedremo in seguito — aveva un cassiere, che riceveva i denari appartenenti alla società (86). Or bene anche questo dipendeva per l'esercizio delle sue attribuzioni, direttamente dai consoli. Davanti a questi difatti nel mese di gennaio doveva giurare che egli non avrebbe giuocato se non ai giuochi permessi dallo Statuto; che a tale giuramento avrebbe alla sua volta obbligato ogni mercante che uscisse per affari di commercio fuori di Firenze; che avrebbe cercato in ogni modo di difendere e tutelare gli interessi della sua società. Lo Statuto non ci dà altri ragguagli che ci dicano se essi fossero pure i depositari delle carte e registri riguardanti la loro società, quali si sa essere stati in certe città, come ad esempio a Milano; essi erano tenuti, come

---

(83) Lib. IV; R. XXIX.
(84) Lib. V; R. XIV.
(85) Id.; R. XVIII.
(86) Lib. III; R. XXXII.

ogni altro officiale, a speciale giuramento di obbedienza allo Statuto, da farsi in presenza dei consoli (87).

## 2) Rapporti reciproci dei mercanti.

Abbiamo studiate le attribuzioni degli ufficiali che avevano l'amministrazione e la direzione dell'arte di Calimala. Ma quali erano i governati? Come poteva un cittadino qualunque diventare socio dell'arte? E fatto tale, quali erano i suoi diritti, quali i suoi doveri?

Lo Statuto nostro stabilisce che si ritenga come appartenente all'arte (e con lui i suoi fratelli non divisi ed i discendenti in linea mascolina), colui il quale pagò per avere tale diritto la tassa di S. 100 d'entrata (88), ed esercitò pubblicamente tale arte; senza indicare di quale durata debba essere stato tale tirocinio, il quale è poi limitato ad un anno in Statuti posteriori (89), e pone come tassa annuale la somma di S. 30 (90). L'arte poteva dunque, doveva anzi avere certamente un elenco, detto *matricola*, dei mercanti che la componevano (91), dalla quale, dice il Pagnini (92), oltre ad assicurarsi della perizia di chi esercitava questo mestiere, poteva ricavare il comune un altro importantissimo vantaggio, quello di saper se il numero delle persone ed artefici che vi si impiegavano fosse proporzionato alla quantità del traffico, e se non pregiudicasse le altre manifatture ugualmente utili e necessarie. Del resto che questa matricola fosse di grande importanza nella vita dell'associazione ci dimostrano gli ordini emanati da alcuna arte perchè i loro consoli invitassero il capitano del popolo a curarne la formazione anche presso le altre arti (93).

---

(87) Lib. IV; R. XLIX.

(88) Lib. III; R. XLIII. Una nota marginale di mano più tarda corregge in S. 25 la tassa di ingresso: però lo Stat. del 1332 conserva ancora la tassa di S. 100. V. *Stat. cambio 1299*. « De cogendo per consules solvere solidos centum f. p. arti ». Statutum et ordinatum est quod quicumque venit ad artem cambii ab anno millesimo ducentesimo nonagesimo quinto kal. Januarii citra et non solverit arti solidos centum nisi legiptimam defensionem habuerit quod consules teneantur et debeant cogere ad posse illum qui non solverit ut solvat arti solidos centum f. p.

(89) St. 1332, lib. II; R. XXVI... coloro che pubblicamente hanno fatta la detta arte per un anno o più.....

(90) Lib. IV; R. XXXIV.

(91) *St. cambio 1299*. « Quod consules non substineant aliquem habere honorem pro arte qui non sit in matricula ».

(92) Op. cit., pg. 91-2.

(93) *St. cambio 1299*. « Quod consules procurent quod fiat matricula per septem maiores artes ».

Solo quelli che erano immatricolati potevano esercitare la mercatura dei panni francesi. Quindi comprendiamo l'obbligo fatto a tutti i cittadini che attendevano a tale commercio, di vincolarsi con giuramento all'arte, sotto pena di divieto dalla mercatura, ed il diritto dato ai consoli di invocare l'aiuto del podestà e del capitano del popolo per costringere quelli che si rifiutassero da tale giuramento a cessare dall'esercizio dell'arte (94), ed ancora la proibizione fatta ai membri di Calimala, di vendere o tenere in deposito panno di altro mercante non dell'arte, senza espressa licenza dei consoli (95). Chi rinunziasse alla sua associazione, doveva cessare tosto dalla mercatura (96), nè più era tenuto a comparire davanti ai consoli di quella (97). Ma in faccia allo Statuto era cosa di molta gravità la rinunzia. Si invitava perciò il notaio dell'arte a leggere a quelli che si fossero ritirati, tale capitolo dello Statuto, e poi si lasciavano ancora loro tre giorni di tempo a deliberare intorno a ciò che credessero conveniente di fare. Nè questa importanza data dallo Statuto alla iscrizione nei registri dell'arte ci deve parer strana, perchè noi sappiamo che pochi anni avanti negli ordinamenti di giustizia si sanciva la legge che per essere ammessi, a parte del governo era necessario essere inscritti ad una delle arti (98) e si volgevano quindi verso la mercatura — che formava una delle più importanti associazioni — quegli animi che non inclinati ad essa per amore di guadagno, potevano esservi spinti, in certo modo, dall'ambizione (99).

---

(94) Lib. III; R. XXXIV. Anche lo Statuto di Calimala doveva essere in questo punto violato: ed in Firenze si contavano forse in numero non piccolo i mercanti di panni francesi, non matricolati. Gli Statuti del comune favorivano piuttosto la libertà: e quelli delle arti lasciati soli non avevano forza sufficiente. V. quanto dice su questa generale infrazione delle leggi statutarie *Lattes*, op. cit., pg. 80-1.

(95) Lib. III; R. XII.

(96) Lib. III: R. XLIII. *St. cambio 1299.* « De renuntiatione artis ». Quicumque hanc artem noluerit exercere debeat ipsam coram consulibus renuntiare, de qua renuntiatione notarius consulum facere debeat publicum instrumentum ad eorum consulum voluntatem.

(97) Lib. II; R. XLI.

(98) *Ord. Giust. 1292* (Em. Giud. III); R. III. Non era però necessario esercitare effettivamente l'arte; bastava essere inscritti « in libro overo matricula d'alcuna arte de la città di Firenze ». V. pure Muratori, *Antiq. It.*, III, 160-1 (diss. 53). « Quum olim in Italiae urbibus regimen apud populum et artes foret coactos fuisse ipsos nobiles nomen dare eisdem artibus ut officiorum in republica participes fierent ».

(99) Pochi anni dopo, nel 1302, il comune concedeva ai mercanti uno speciale privilegio, che fosse cioè vietato imprigionare in Mercato Nuovo sull'ora del mercato e per tre ore dopo alcuno che fosse stato matricolato nell'arte di Calimala; e per contrario stabiliva che i mercanti falliti, oltre al perdere tanto essi quanto i figli e tutti i loro discendenti per linea mascolina ogni benefizio e dignità dal comune, do-

Però non era escluso per sempre dall'arte quegli che se ne fosse una volta allontanato: egli poteva rinnovare ancora la sua iscrizione a patto che pagasse la tassa dovuta pel tempo trascorso dalla sua rinunzia (100). Poteva accadere che alcuno non iscritto nell'arte si facesse credere ad essa appartenente, e che altri invece, contro il fatto, negasse di appartenervi. Per ovviare al primo male perciò lo Statuto ordinava che ogni singola società registrasse e consegnasse al notaio i nomi dei soci onde essa era composta (101); per impedire il secondo aveva stabilito che bastasse la testimonianza di tre o quattro uomini degni di fede, i quali dichiarassero che quegli aveva appartenuto all'arte, perchè egli dovesse rispondere ai consoli del suo operato (102). Lo Statuto non dice se vi fossero limiti nell'accettazione: tutti potevano entrare a far parte di questo sodalizio, purchè si assoggettassero alle sue leggi: ci dice però che era possibile l'espulsione, quando alcuno si fosse reso indegno di appartenere alla corporazione dei mercanti per disubbidienza alle leggi o per azioni disonoranti. Basti ricordare l'allontanamento di Uberto e Ristorino, mercanti, avvenuto per causa di frode e furto commesso nella vendita dei panni (103). E così non ci dice lo Statuto se fosse permesso ai forestieri di iscriversi nell'arte. Sappiamo che non da pertutto era concessa tale facoltà: per Calimala possiamo con qualche probabilità crederla non ammessa, ove pensiamo alla proibizione imposta ai tintori di tingere panni non comprati da' mercanti dell'arte (104), che ci permette di credere ad una specie di monopolio preso da tale associazione (105).

---

vessero anche soffrire la vergogna di battere certa parte del corpo sulla pietra bianca e nera, che è posta nel mezzo della loggia del Mercato Nuovo (PAGNINI, op. cit., II, pg. 13). Ma i Fiorentini sentivano anche senza i privilegi amore alla mercatura, poichè era credenza molto diffusa che la loro città fosse stata fondata sotto il segno dell'Ariete (MALESPINI, cap. 106).

(100) Lib. III; R. XLIII.
(101) Lib. III; R. LII.
(102) Lib. III; R. LIV.
(103) Lib. III; R. LV. I nomi di coloro che fossero fuggiti senza soddisfare i loro creditori dovevano essere scritti sulle pareti del palazzo del podestà. *St. cap. pop. 1321.* Lib. II; R. LIIII. — Cfr. ivi Lib. II; R. LV. « Quod mercatores fugitivi possint offendi impune ».
(104) Lib. V; R. XVI — III; R. L.
(105) Non nel senso dato dalla R. IIII; Lib. III. *St. cap. pop. 1321.* « Stabilitum est quod nulla ars vel universitas aut membrum seu consules vel singulares homines alicuius artis civitatis vel districtus Flor. possit audeat vel presumat facere vel fieri facere seu servari facere clam seu palam conspirationem aliquam seu convenctionem posturam pactum monopolium vel doghanam de rebus vel super rebus aut negotiationibus ad artem suam vel alterius ullo modo pertinentibus ». V. pure « *Ordin. Giust.* » (E. GIUDICI, III; R. II).

Tre erano i gradi dei mercanti: *sotii, fattores, discipuli;* e questi tre nomi riunisce sempre il nostro Statuto per indicare il complesso dell'associazione (106). Gli ultimi due gradi però erano in condizione di dipendenza dal primo: non potevano adire ad altro tribunale se non a quello del loro maestro (107) ed a questo dovevano render conto, ad ogni sua richiesta, della loro gestione, sotto pena di grave castigo (108). Ma tale inferiorità degli uni di fronte agli altri era talora causa di discordia e di lite nel seno stesso dell'associazione. Fattori e discepoli, come a dire esperti operai ed apprendisti, ricevevano dal loro maestro una paga annua: e questa diventava sovente l'oggetto della querela, la quale si doveva trattare davanti ai consoli dell'arte (109). Poteva pure avvenire che un discepolo entrasse in qualche ordine religioso, portando con sè denari del suo maestro. In tal caso l'ordine stesso era obbligato alla restituzione del denaro ingiustamente avuto, sotto pena di essere privato della elemosina che riceveva regolarmente alle botteghe di Calimala ed alle opere a quella soggette, e ciò fino alla estinzione del debito (110).

Lo Statuto imponeva dunque ai vari individui componenti l'associazione degli obblighi reciproci, ai quali nessuno poteva contravvenire. Altri, e di altra natura, erano imposti all'arte, considerata come corpo, nei suoi rapporti col resto della cittadinanza fiorentina e coi poteri del comune. Essi si possono raggruppare ad un di presso sotto i punti seguenti:

1°) obbligazioni di natura politica,
2°)         »            »       religiosa,
3°)         »            »       economica,
4°)         »            »       sociale.

Nella esposizione di questi punti si usufruiranno gli Statuti dei comuni, in quanto in effetto si applicavano anche ai mercanti. Così detti Statuti completeranno le notizie dateci da quelli particolari dell'arte.

1°) Legge suprema e generale era l'obbligo di obbedienza all'autorità

---

(106) Lib. II, R. XXI, XXII, XX.II, XXIV, XXVI, XXVII, XXXIII. LATTES, op. cit., pg. 102.
(107) *St. cap. pop. 1321.* Lib. II; R. XIII. « Quod discipulus sequatur forum magistri sui ». Statutum est quod quilibet discipulus in qualibet arte et ministerio sequatur forum magistri sui et debeat subesse et respondere sub consulibus sub quibus subest magister talis discipuli.
(108) Lib. II; R. XXVI.
(109) Lib. II; R. XXVII.
(110) Lib. II; R. XXVIII. E questo non era piccolo castigo: le botteghe erano assai numerose; le opere pie, come risulta dallo Statuto, parecchie, ed in continuo aumento: nello Statuto del 1332 occupano quasi tutto il libro III. V. PERRENS, op. cit., I, pg. 229.

del comune (111), e — come abbiam già visto più volte — agli Statuti suoi e dell'arte (112). Quelli dovevano essere eseguiti contemporaneamente a questi, perchè non erano mai fra di loro in contraddizione, ma piuttosto si completavano ed illustravano a vicenda. Ma allora correvano tempi di continue agitazioni: era necessario che da tutti i poteri costituiti si provvedesse a che nell'interno dei fondaci non si formassero congreghe politiche o si macchinassero congiure. Quindi già nell'anno 1292 è fatto a questo proposito un solenne divieto (113), ripetuto poi, e più nettamente definito nello Statuto del podestà dell'anno 1324 (114). Così erano proibite le riunioni di molte persone appartenenti alla stessa arte e specialmente a quella della lana; e la formazione di nuovi sodalizi coi relativi regolamenti, senza che prima i consoli ne avessero concessa la facoltà. Anzi, per allontanare quanto più fosse possibile il pericolo, e rendere forte il potere centrale, era decretato che le arti stesse dovessero in ogni evento soccorrersi reciprocamente, e tutte poi accorrere in aiuto « cum armis et sine armis » alle autorità del comune (115). Così il

---

(111) *St. cap. pop. 1321.* Lib. III; R. XIII. « De puniendo qui non servaverit precepta domini capitanei et defensoris ».

(112) Nè si dovevano dimenticare gli Ordinamenti di Giustizia. *St. cap. pop. 1321.* Lib. v; R. LXV. « Quod vexillifer faciat observari ordinamenta iustitie. » — *St. podestà 1324.* Lib. v; R. LXVIII. « De observatione ordinamentorum iustitie et quod ceteris prevaleant ».

(113) V. CANTINI, *Leg. Tosc.*, I, pg. 106-7, legge 1292.

(114) *St. podestà 1324.* Lib. v; R. LVIII. « Quod persona seu membrum alicuius artis civitatis Florentie non possit congregari simul in aliquo loco ». Cum frequenter sub pretextu liciti commictatur inlicitum et omne collegium seu gentium collectio de iure reperiatur inhibita nisi auctore publico vel suorum maiorum institutionibus comprobetur, ideo provida deliberatione sancimus quod persone alicuius artis seu etiam membrum alicuius artis civitatis Flor. et maxime artis lane sub qua diversitas gentium diverse conditionis et status diversi mode operantur non possint congregari simul in aliquo loco occasione quacumque nec constitutiones vel statutum facere sub quocumque nomine fraternitatis vel alio etiam sub religionis pretextu vel velamento nec funerorum vel oblationum causa vel nomine dici possit nisi de spetiali licentia consulum illius artis cui subessent.

(115) CANTINI, *Leg. Tosc.*, I, legge del 1292, pg. 106. «... etiam prebebunt dicte artes et vexilliferi et homines ipsarum artium, et dabunt consilium, auxilium, adiutorium et favorem dominis potestati, capitaneo, prioribus et vexillifero iustitie quoties et quando expediens fuerit, vel requisiti fuerint a predictis parendo et obediendo cum armis et sine armis eisdem, et cuilibet eorum pro eorum offitiis liberaliter et viriliter et favorabiliter exequendis, et pro infrascriptis ordinamentis, et eis que continentur in eis et quolibet ipsorum inviolabiliter observandis, et effectualiter adimplendis, cui etiam iurent et promittant inter se ad invicem, ut dictum est, quod dicte artes et homines ipsarum artium se ad invicem defendent ». Lo stesso è detto in Ordin. Giust. (EM. GIUDICI, III, R. I).

potere, che nella costituzione fiorentina era tanto largamente distribuito, di modo che non era sempre necessario il magistrato del comune perchè la repubblica procedesse regolarmente, bastando a questo scopo i magistrati delle diverse associazioni, veniva a riunirsi nel momento del pericolo appunto nelle mani dei pochi officiali del comune.

Talora, per evitare rappresaglie o per altre ragioni, si proibiva ai cittadini di Firenze di recarsi in certe terre più o meno lontane. Questo divieto riguardava naturalmente più che altri i mercatanti, i quali per la natura della loro arte erano obbligati a correre frequentemente per le diverse provincie dell'Italia. Ed essi pure dovevano sottostare alla legge del comune (116).

2° Le obbligazioni di indole religiosa erano molteplici. E prima dovevano anche i mercanti ubbidire alla legge che prescriveva la esatta obbedienza dei capitoli papali, e di tutti i regolamenti relativi alla fede. Erano frequenti le condanne che la chiesa scagliava contro gli eretici; e numerose le bolle pontificie ed i decreti imperiali contenenti le pene comminate contro di quelli: ogni comune anzi era obbligato ad inserirli nei proprii Statuti; quindi nessun fiorentino poteva dimenticarli: doveva anzi.... « *ea servare et servari facere* » (117). Ed a questa legge si richiamava appunto la prima rubrica dello Statuto dell'arte, che prescriveva ai dipendenti di seguire ed onorare la fede cattolica. A tali doveri di indole generale si aggiungevano altri di natura più speciale. Ciascuno era tenuto a rispettare le feste, indicate con rubrica speciale, le quali certo non erano in piccol numero (118); e fra tutte in modo particolare la festa di S. Giovanni Battista, la cui chiesa era alla dipendenza dell'arte, ed alle cui solennità pigliavano parte coi consoli di Calimala anche il podestà ed il capitano del popolo (119). Tanto più che il comune stesso provvedeva a

---

(116) *St. podestà 1324*. Lib. v; R. iii. « Quod mercatores non vadant ad terram vetitam ». Potestas requisitus a consulibus Callismale porte Sancte Marie campsorum et artis lane et omnium mercatorum faciat micti bannum quod mercatores non vadant ad locum quem dixerint esse vetitum.

(117) *St. podestà 1324*. Lib. v; R. vii. « Quod observentur Statuta de statu fidei ». Statuimus et ordinamus quod potestas teneatur servare et servari facere Statuta et capitula que sunt ordinata de statu fidei et capitula papalia et imperialia edita contra hereticos et ipsa scribi facere in Statuto comunis Florentie et scripta tenere et non removere.

(118) Lib. i; R. ii. *St. cambio 1299*. « De festivitatibus custodiendis ». Teneantur consules et omnes campsores civitatis Flor. custodire et custodiri facere omnes festivitates..... et teneantur consules facere legi hoc capitulum coram arte bona fide congregata.

(119) Lib. i; R. v.

che il contado di Firenze offrisse regolarmente i ceri annuali a tal chiesa, raccolti poi dai deputati dell'arte (120), e per sè riteneva poi la spesa necessaria pel palio « bonum, ydoneum et apparens » (121). L'infrazione di tali ordini era severamente punita. E così erano punite molte altre colpe di carattere religioso. Basti ricordare la pena inflitta a chi bestemmiasse Dio, la Vergine o i Santi; pena più o meno severa a seconda della persona che si rendeva colpevole, appunto perchè la condizione della persona era criterio per determinare la gravità della colpa (122). Con multa in denaro era parimenti punito lo spergiuro: colpa tanto più biasimevole nel mercante, dice lo Statuto, perchè a lui specialmente conviene osservare la legalità in ogni cosa, e dir sempre la verità pura e semplice (123).

Qui può pure trovar luogo il divieto più volte ripetuto ai mercatanti,

---

(120) *St. podestà 1324*. Lib. IV; R. I. « De cereis offerendis in festo Sancti Johannis Baptiste ». Teneatur potestas cogere unamquamque personam et locum que hactenus sive retro dare et prestare consuevit cereos in festivitate beati Johannis Baptiste, ut de mense Junii reddat et restituat seu prestet eosdem cereos festo predicto. Et teneatur potestas octo diebus ante dictum festum mandare consulibus mercatorum Kallismale et operariis opere Sancti Johannis quod eligant sex bonos et legales homines de arte Kallismale qui predictos cereos recipiant et recipi faciant et gubernent eos et vendant et de ipso pretio faciant fieri solummodo picturas in ipsa eclesia et omnes rectores et consules omnium et singularum artium teneantur et debeant quilibet eorum dare in vigilia beati Philippi ob eius reverentiam unum cereum.....

*St. podestà 1324*. Lib. IV; R. XIII. « De cereis offerendis in festo beati Johannis Baptiste ». Ad honorem et reverentiam Dei omnipotentis et beati Johannis Baptiste et ad honorem comunis Florentie ut Deus precibus beati Johannis Baptiste defendat et manuteneat et conservet in bono et felici statu et semper de bono in melius augmentet comune Florentie, statutum et ordinatum est quod omnes et singuli plebatus et spetialia comunia que sunt de plebatibus comitatus flor. teneantur et debeant singulis annis in vigilia Beati Johannis Baptiste reducere et offerre ad ecclesiam Sancti Johannis de Flor. unum cereum libr. duodecim ad unius cere nove.....

Così lo *St. cambio 1299*. « De offerendo cereos ecclesie Sancte Cecilie ».

(121) *St. podestà 1324*. Lib. IV; R. VII. « De palio emendo ».

La forma con cui è emanata la legge, che viene qui non dal comune ma dall'individuo, ci dice che questa rubrica appartiene ad una redazione assai anteriore al 1324. Questo possiamo anche argomentare da una postilla marginale che dice: « Et salvo quod ab anno domini MCCLXXXIIII citra et in futurum ».

(122) RONDONI, op. cit. doc. XI, 1284, gennaio 15. *St. del podestà*. La troviamo pure riferita da *Provvisioni*, I, 1, pg. 12... « Qui contra fecerit, si miles fuerit, puniatur in libris viginti, si popularis in libris decem f. p. et quotiens ». V. su ciò FORTI, op. cit., I, pg. 318, dove dice che « generalmente pare prevalesse la idea di proporzionare la pena alla gravità del danno, al bisogno dell'esempio, ed alla sperabile emendazione del reo ». Invero era comune la formula: « inspecta qualitate criminis et persone ». V. ad es.: « *Ordinamenti di Giustizia* » (pubbl. da E. GIUDICI, III; R. II).

(123) Lib. III; R. XXXIII.

di astenersi dal giuoco; fossero essi semplici artigiani o ufficiali dell'arte; e particolarmente dal giuocare di notte nelle botteghe (124).

3°) Le obbligazioni di indole economica erano tutte dirette a mantenere ed a favorire il buon andamento dell'arte. Il mercante fiorentino godeva una fama di grande onestà, della quale si vantava (125), e che era uno dei più potenti fautori della sua prosperità: « hactenus inviolabiliter per longeva tempora serbata, » aveva quindi interesse a mantenerla illibata nel suo stesso utile economico (126). Da ciò l'ordine che ciascuno dovesse osservare i patti conchiusi con altri per ragione di commercio (127); ed altri ordinamenti di simile natura. Siccome poi era incessante il trasporto dei panni dall'estero a Firenze, e continuo in conseguenza il pericolo che altri si impadronisse dell'avere del mercante, lo Statuto provvedeva alla difesa di questo, concedendo facoltà ai consoli di richiedere, ed ottenere ad ogni modo, la restituzione della merce rubata (128). Nè ciò era senza importanza: tant'è vero che tale ordinazione si doveva rendere nota pubblicamente e trasmettere per iscritto anche ai soci residenti fuori della città.

È noto l'ordine che nessuno vendesse se non panni oltramontani od inglesi (129). Fuori di questi limiti l'arte di Calimala non avrebbe potuto esercitare il suo commercio se non a danno di altre, e specialmente di quella della lana. Nè del resto per oltramontano si poteva presentare e vendere qualunque panno: questo aveva un prezzo speciale, più elevato, quale richiedeva la maggior spesa pel trasporto dalla Fiandra e dall'Inghilterra, e la più fine lavorazione e coloritura che riceveva in Firenze. E tal prezzo doveva sempre essere indicato sulla pezza di panno, non mai maggiore

---

(124) Lib. III; R. XLI. V., fra gli altri, il giuramento dei clavari, che avevano nelle loro mani denaro delle Società. Lib. III; R. XXXII.

(125) Lib. III; R. XX.

(126) V. App. PERUZZI, op. cit., pg. 155. « Quello che deve avere in sè il vero e diritto mercante », riportato dal « Manuale di mercante fiorentino » di BALDUCCI PEGOLOTTI, ms. della Bibl. Riccard. — V. pure SER LAPO MAZZEI, Lettere di un notaro ad un mercante del sec. XIV (pubbl. da C. GUASTI), Firenze, 1880, vol. I, pg. 325, lett. CCXXVIII, 22 gennaio 1400; ancora si conservava questo buon nome: « non ho ancor letta [la lettera] a quella buona gente di mercatanti ».

(127) Lib. II; R. IV.

(128) Lib. II; R. IX.

(129) Lib. III; R. VIII. Nel 1334, con provisione fatta dai priori delle arti e gonfaloniere di giustizia di Firenze, a forma dell'antica consuetudine, viene rinnovato questo ordine che i panni oltramontani non possano essere tenuti e venduti se non dai mercanti di Calimala. Diplom. Mercatanti, 1334, aprile 12. Questo conferma quanto si è detto alla n. 7.

del reale, « minore » ove il mercante l'avesse voluto (130). Questa rubrica avrebbe forse bastato ad allontanare su tal punto ogni frode: ma poteva anche avvenire che alcuno cercasse per altra via di ingannare la buona fede del compratore, e vendesse quindi, in bottega di Calimala, panno che non appartenesse a mercante soggetto all'arte. Lo Statuto perciò proibiva che neanche questo si facesse, sotto pena di multa (131). La quale disposizione se dobbiamo credere diretta a tutelare l'interesse del pubblico che accorreva al fondaco del mercante, non possiamo tuttavia non credere in gran parte ispirata dal desiderio che l'arte sentiva sempre di tenere nelle sue mani come il monopolio del commercio indicato, e di impedire nello stesso tempo che fosse molteplice il commercio del mercatante. Del resto lo spirito del legislatore appariva palese; si trattava di conciliare gl'interessi dell'arte coll'onestà e probità negli artigiani. Erano varie le provenienze della materia prima, e diverso forse in conseguenza il valore di quella ad onta della uguale lavorazione che riceveva nei fondachi dell'arte, ed il mercatante non poteva neanche permettersi questa frode, di dichiarare come proveniente da una regione un panno che appartenesse ad un'altra: lo Statuto aveva a questo riguardo una rubrica speciale (132).

In generale era proibita qualunque maniera di furto o di falsità: anzi chi per tal guisa si fosse reso colpevole doveva senz'altro essere allontanato dall'arte, senza possibilità di rientrarvi altra volta (133). A tal fine, per impedire la frode più facile a commettersi, era stata stabilita una misura comune per i mercanti di Calimala, riconosciuta dalle autorità del comune, e che doveva trovarsi sempre in ogni fondaco o bottega (134). È importante notare a quali particolarità non isfugge di discendere lo Statuto stesso del podestà:... « in mensuratione pannorum debeat servari talis modus, videlicet quod ab uno capite canne super ponatur et revolvatur pannus usque ad quartum brachii signatum in ipso capite canne ut consuetum est: deinde mensuretur pannus sine aliqua tiratione usque ad signum octavi brachii quod est in alio capite canne et postea compleatur ipsa mensura usque ad summum et complementum canne » (135). Il

---

(130) Lib. III; R. VI. Questo dicevasi *taccare i panni*, come *allare* voleva dire esaminare i panni che venivano d'oltremonte. Lib. V; R. III.

(131) Lib. III; R. XII.

(132) Lib. III; R. XXVII.

(133) Lib. III; R. XXVI.

(134) Lib. III; R. XXXVIII.

(135) *St. del podestà 1324*. Lib. III; R. XXVII. « De pena qui vendiderit pannum nisi ad cannam de Kallismala ». Vendenti pannum vel zendadum vel bucheranum nisi ad cannam de Kallismala vel adequanti vel ponderanti nisi ad pondus comunis Flor. vel equale tollam libras decem, et in mensuratione.....

che, press'a poco, ripete lo Statuto dell'arte. Ogni anno, nel mese di gennaio, quando si uguagliavano i pesi a quelli dei cambiatori, coi magistrati del comune i consoli dell'arte dovevano uguagliare a questa canna tutte le misure della città (136), ed in ogni tempo poi sorvegliare a che fosse usata senza frode (137).

A garantire la buona lavorazione del panno, ed in special modo la buona coloritura, provvedevano molti ordinamenti di natura diversa, sparsi qua e là per lo Statuto (138).

4°) Ma perchè si conservasse inalterata la fama di onestà, antica nell'arte dei mercanti, era necessario che la concordia e lo spirito di reciproca assistenza fossero comuni a tutti i componenti la corporazione. E lo Statuto provvide a tale necessità. Il prezzo segnato sul panno favoriva ad un tempo il compratore ed il mercante; perchè mentre quello era per tal mezzo assicurato della qualità della merce, questo era allontanato dal pericolo di una rovinosa concorrenza commerciale. Ma non basta. Il legislatore aveva introdotto altri vincoli che le leggi moderne oramai più non conoscono. E così proibiva che altri invitasse alla sua bottega il cittadino che camminasse per Calimala, colla intenzione di comprar panno (139), o tanto meno lo chiamasse a sè con doni o promesse di qualunque maniera (140); proibiva persino che si portassero i panni fuori della finestra, perchè non avvenissero confronti che potevano danneggiare l'uno o l'altro mercante (141). Eppure la via di Calimala non è nè ampia, nè ricca di luce! (142).

---

(136) Lib. IV; R. LVI.

(137) Lib. III; R. XXVIII. Altre regole per la misurazione del panno sono date al Lib. V; R. XV. Per la moneta da adoperarsi nella vendita, v. *St. podestà 1324*, Lib. III; R. CXXVIII. « De non vendendo nisi ad monetam parvam ». Pro evidenti utilitate omnium subditorum comunis Florentie provisum et statutum est quod omnes et singuli mercatores et artifices civitatis et districtus flor. teneantur et debeant eorum mercantias et merces vendere ad monetam parvam tantum et non ad florenos, exceptis mercatoribus Kallismale, porte Sancte Marie, artis lane, campsoribus, spetiariis grossis et pellipariis vendentibus varia qui licite possit vendere ad florenum.....

(138) Lib. V; R. II, VI e passim.

(139) Lib. III; R. XIX.

(140) Id.; R. XXIV.

(141) Id.; R. XIV.

(142) Davanti alle botteghe si distendevano delle tende, secondo certi ordinamenti: *St. podestà 1324*. Lib. IV; R. XLV. « Quod vele non stent in aliqua parte civitatis prope terram per quinque brachia ». De primo mense sui regiminis potestas teneatur facere quod in aliqua parte civitatis nullus ponat aut teneat aliquam velam prope terram per quinque brachia et etiam quod nullus in via seu supra viam aliquid teneat vel ponderet vel esse faciat aliquam mercantiam vel rem ultra quam sint fenestre apothecarum vel ante sive iuxsta ipsas fenestras versus viam.....

*Filippi*

Come in vita, così in caso di morte di un loro compagno, i mercanti dovevano dimostrarsi reciproca amorevolezza. Tutti quindi tenevano chiuso il loro fondaco o la loro bottega, ed i consoli stessi si astenevano dallo stare in curia.

Questi dunque erano i vincoli dai quali era legato ciascun mercatante, come faciente parte dell'associazione di Calimala; vincoli molteplici, coi quali si era formata una disciplina severa e precisa che poco più lasciava alla libertà individuale, ma che giustamente fu giudicato un beneficio per quella società afflitta da continue guerre civili (143).

Ma, e fu già detto, l'arte non risultava tanto da un'accolta di molti mercanti, quanto dal complesso delle varie società mercantili: questé erano le famiglie, quello lo Stato. Lo Statuto dell'arte le riconosceva, ed aveva quindi a riguardo loro parecchie disposizioni, confusesi con quelle che si riferivano all'intera corporazione, ma non per queste meno energiche e particolareggiate. E difatti ciascuna società doveva ottenere da ognuno dei mercanti giuramento di obbedienza allo Statuto ed agli ufficiali (144). Ne viene che si dovevano avere varie particolari matricole, quasi parti della matricola generale. E questo appunto vediamo avvenire: chè in un codice del sec. XIV troviamo notate le diverse compagnie dei mercanti che allora erano comprese nell'arte di Calimala (non tutte però) col relativo elenco del soci (145), cioè

la compagnia dei Canigiani,
» degli Spini
» di Migliore Guadagni
» di Lippo Bonagrazia
» di Bonaccorso Soldani
» di Marino Soldani
» di Diotifece Filippi
» di Lippo Marini
» di Lippo Soldani
» di Simone Gianni
» di Diotisalvi Artimisi

---

(143) Perrens, op. cit., III, pg. 231.
(144) Lib. III; R. LII.
(145) Spoglio Strozziano. CC. Magliabecchiano, classe XXV, 591, vol. 4°, pg. 249. « *Da un libro dell'arte dei mercatanti, che comincia l'anno 1297 e arriva per insino al 1341.....* »

ed in una pergamena del 1300 (146), leggiamo questi altri nomi:

Compagnia di Bindo dei Cerchi
   » di Lapi dei Cerchi
   » Manetti de la Scala
   » dei Mozzi
   » di Francesco Ardinghelli
   » dei Pulci
   » dei Canigiani
   » di Manfredi Odorigo
   » dei Bardi
   » di Lapo Faffi
   » di Baldovino Rinucci
   » dei Pazzi
   » degli Spini
   » di Duccio Marino
   » di Megliore Guadagni
   » dei Portinari
   » di Benucci Senni del bene
   » dei Peruzzi
   » di Lapo Tieri Diotisalvi
   » di Duccio Magalotti
   » Giovanni Frescobaldi.

Le quali società si formavano indifferentemente fra membri appartenenti a diverse famiglie, perchè esse non avevano che intendimenti mercantili. E noi abbiamo anche su ciò copiosi documenti, che ci presentano i nomi dei mercanti, e le condizioni e la durata della società che fra di loro si stringeva (147). Ciascuno si doveva obbligare a curare con ogni sua forza l'interesse della compagnia, ed a favorirne il commercio: ne veniva per necessaria conseguenza che nessuno poteva appartenere ad un tempo a due società; i consoli dell'arte, quando tal cosa fosse avvenuta, dovevano invitare il mercante a ritirarsi tosto dall'una o dall'altra sotto pena di multa (148). Parimenti era vietato ai mercanti usciti

---

(146) V. doc. n. xiii. — V. ancora: 1291..... *Riformagioni*, 1298, febbraio 14. R. acquisto *Baldovinetti*, 1343, febbraio 6. *Capitolari*, lib. xvi, pg. 21 t, 1344, ottobre 6. Id. 22 t, 1344, ottobre 7. Id. 23, 1349, marzo 6. Id. 28 t, 1349, agosto 2. Id. 29.

(147) V. doc: n. xi. — V. ancora 1244, nov. 17. *Strozziano Uguccioni*, 1252... *Olivetani di Firenze*, 1281, giugno 25. R° acquisto e *monasteri diversi*, *Monastero di S. Ambrogio di Firenze*, 1298, giugno 19. *Bigallo*.

(148) Lib. iii; R. xxxix.

di Firenze per ragioni di commercio, di provvedere all'interesse di altra società che non fosse la loro. L'opera loro così suddivisa avrebbe recato tanto danno all'una società, quanto a quell'altra vantaggio, se pure non danno ad entrambe, e dato che essi operassero in buona fede e con onestà: e lo Statuto tutelava in tal guisa l'interesse di tutti (149).

L'osservanza di tutte queste ordinazioni era giurata da ogni singolo commerciante: ma perchè il giuramento più non bastava, ogni fallo era punito con una pena pecuniaria (150). E di ispezionare attentamente ogni fondaco ed ogni bottega, di sorvegliare alla lavorazione ed alla colorazione dei panni, di far rispettare insomma ogni legge ed ogni ordine, avevano incarico i non pochi ufficiali, dei quali abbiam prima studiate le attribuzioni. Ma nè questi potevano impedire che frequentemente i mercanti violassero la legge, nè tutte le prescrizioni statutarie che consigliavano amore e simpatia reciproca potevano allontanare sempre i rancori e gli odii fra le diverse arti della città. Lo Statuto nostro prescriveva ad es. ai consoli di Calimala, di accordarsi con quelli dell'arte del cambio, perchè essi, e non altri, avessero a trattare le liti insorte tra un mercante ed un cambiatore: e questo era atto di deferenza (151); stabiliva ancora che l'arte dovesse domandare l'aiuto delle altre e dei magistrati del comune, per far adempire la legge ai ribelli (152), e questo perchè ogni arte si doveva considerare solidale con tutte nel mantenimento dell'ordine e nel rispetto alle leggi della repubblica. Ma talora gli interessi commerciali distruggevano l'opera conciliatrice del legislatore, e mettevano di fronte due arti che fino a quel momento avevano seduto a lato nei consigli del comune. Allora la lite era portata davanti alle capitudini di tutte le arti maggiori, e da queste col capitano del popolo, e col gonfaloniere di giustizia, discussa e risoluta senza appello (153). Non abbiamo casi di

---

(149) Lib. II; R. xx.

(150) Lib. III; R. LVI. *Stat. Bonon.*, 1250 (App. PERTILE, op. cit. II, p. I, pg. 132-3, n. 232): « nec precipiam per sacramentum quod nullus loquatur, sed bannum sive penam pecuniariam imponam meo arbitrio, quia multa ex hoc periuria committuntur ».

(151) Lib. II; R. xxxv.

(152) Id.; R. xli.

(153) *St. cap. pop. 1321.* Lib. v; R. v. « De sedandis discordiis que inter artes oriuntur ». Statutum et ordinatum est quod si aliqua ars haberet discordiam cum aliqua arte dominus capitaneus et defensor pro tempore existens una cum dominis prioribus artium et vexillifero iustitie teneantur vocare coram se capitudines duodecim maiorum artium, et coram eis proponere huiusmodi discordiam, et quicquid per ipsas capitudines artium predictarum semotis et absentibus partibus inter quas discordia esset, provisum fuerit et deliberatum circa sedationem ipsius discordie possit et debeat dominus capitaneus et defensor compellere partes efficaciter observare.....

discordia grave tra l'arte di Calimala e quella della lana, ma non siamo certo lungi dal vero pensando che esse cercassero di danneggiarsi continuamente a vicenda nel loro commercio. Questo ci permette di credere la natura affine delle due arti, e più il fatto che sappiamo essersi trovate nelle redazioni di Statuti, che non vennero a noi, dell'una e dell'altra arte, rubriche dirette a' danni dell'arte affine, e cancellate solo nell'anno 1299 per decreto dei priori (154). V'ha esempio di rinunzia alla matricola di Calimala fatta da un mercante non disposto ad ubbidire agli Statuti ostili all'arte della lana (155). Però il documento più importante su questo punto, è una lettera dei consoli dei mercatanti diretta a Donato Acciaiuoli, la cui famiglia da tempi antichissimi aveva appartenuto alla mercanzia, ed al quale ora la sua arte si rivolge per averne patrocinio. Il linguaggio della lettera, il timore di una « disfatta », ci fanno pensare ad un pericolo molto grave, ad un'ostilità che forse si era inacerbita dopo un lungo periodo di lotta.

Ecco la lettera nella sua integrità: « *Come voi vedete l'arte della lana cerca di confondere al tutto l'arte della quale voi e tutti i vostri passati furono sempre. E noi per noi a questo veggiamo non potere riparare se non colla virtù e sapere vostro. Però quanta più caramente possiamo ricorriamo a voi pregando la vostra magnificentia che vi piaccia per Dio aoperare quanto saprete e potrete che ciò non sia, però che se questo s'ottenesse in favore de' lanaiuoli l'arte vostra e nostra al tutto sarebbe disfatta; per Dio aoperate che ciò non sia. E ultimamente se vedessi a ciò non poter riparare aoperate che termine si dia a quelli panni che sono in cammino a ciò che vostri mercatanti non sieno disfatti. Fatta a dì XX d'octobre..... consoli dell'arte di Calimala* » (156).

---

(154) SPOGLIO STROZZIANO, vol. I: « *Atti dell'arte dei mercatanti dal 1297 al 1304* », an. 1299, agosto 12. — V. pure SP. STROZZ., v. 1, filz. 2ª. « *Dell'arte dei mercatanti di partiti e deliberazioni dei consoli dall'an. 1425 al 1458*, 1454. Allegazioni e ragioni assegnate per l'arte dei mercatanti contro alla legge formata per l'arte della lana circa il prohibire e divietare i panni forestieri e oltramontani » (pg. 93 a 101).

(155) Id., 1299, marzo 28.

(156) « Ashburnam, 1830. Cartella d. n. 57. Corrispondenza Donato Acciaiuoli. (A tergo): Magnifico et egregio militi domino Donato de Aciaiuolis, protectori nostro ». Mancano i nomi dei consoli e l'anno in cui fu scritta. Questa lettera preziosa mi fu comunicata dal Sig. Pietro Santini che ho già ricordato altra volta.

Il LITTA parla di parecchi Donati nel periodo Medio-Evale:

*Donato*, figlio di Lotto, che testò nel 1247.

*Donato*, fg. di Guidalotto, che testò nel 1289.

*Donato*, fg. di Nanni, del ramo di Lucignano (sec. XV).

*Donato*, fg. di Mannino, che muore nel 1315.

Ma il pericolo, che noi non sappiamo precisamente quale fosse, fu sventato, e l'arte dei mercanti florì ancora nei secoli di poi.

Anche con quella di Por Santa Maria ebbe lite alcuna volta l'arte di Calimala: lite che fu certamente in qualche tempo molto fiera se lo stesso Statuto del comune dovette intervenire per la conciliazione. Causa della discordia erano la vicinanza delle vie in cui le due arti facevano commercio, il che faceva sì che l'una cercasse ogni modo per togliere all'altra i fondaci e le botteghe; e quel che è più, la vendita promiscua che entrambe facevano di panni oltramontani e nazionali. V'erano, e da molto tempo, Statuti che vietavano tale commercio; ma essi non bastavano più, se pure erano bastati mai; perciò lo Statuto del Podestà dell'anno 1324 considerando le due ragioni di discordia gravi in sè, e dannose ad entrambe le arti ed alla città, proibiva che l'una arte occupasse fondaci o botteghe che appartenevano od avevano appartenuto a quell'altra, e dava nuova autorità all'ordine già noto, che ciascuna associazione, cioè, esercitasse esclusivamente quel commercio che le leggi le avevano permesso (157).

Abbiamo pure esempio di lite fra due altre delle corporazioni fiorentine: l'arte di Por Santa Maria e l'arte della seta; risoluta dal tribunale prima indicato, con sentenza che ci è pervenuta (158).

---

*Donato*, fg. di Jacopo, è governatore in Grecia per conto di Nicola.

*Donato*, discendente di Dardano, priore nel 1334, 1400, 1406.

Forse la lettera dei consoli di Calimala è diretta a D. fg. di Mannino, il quale ebbe sopra tutti gli altri cariche insigni in Firenze: egli difatti nel 1316 è incaricato di aumentare le entrate del comune, nel 1320 torna fra i priori, ed è infine tra i consiglieri della Mercanzia.

Abbiamo pure ricordi di altri Donati (V. Arch. di Stato. Fir. Mercatanti di Calimala. Specchietto-Matricola n. 13). (Cod. perg.):

*Donato* di Neri di ser Donato Acciaiuoli, a' dì 15 di settembre 1428.

*Donato* di Neri di Pietro di Neri Acciaiuoli, a' dì 13 di maggio 1489.

*Donato* di Ruberto di Donato Acciaiuoli, a' dì 15 di febbraio 1500.

*Donato* di Lorenzo di Donato Acciaiuoli (senza data).

V. su *Nicola Acciaiuoli* il bel libro di Leopoldo Tanfani. Firenze, Le Monnier, 1863.

(157) V. doc. n. xiv.

(158) *Provvisioni n. I*, 1, pg. 94, an. 1298, ind. i. « Coram capitudinibus xii maiorum artium civitatis Flor. mandato nobilis viri domini Gerardi de Josano defensoris et capitanei civitatis Flor. in presentia dominorum priorum artium in ecclesia S.ti Petri Scheradii, unanimiter congregatis, et coram eis exposita et lecta questione diferentia et lite vertente inter consules et artem et homines artis mercatorum porte Sante Marie ex una parte et consules et artem et homines artis de seta ex altera, nec non lectis iuribus, rationibus et allegationibus super hiis ab utraque parte productis et porrectis, ac etiam lecto capitulo constituti domini defensoris et capitanei posito sub rubrica « de sedandis discordiis » que inter artes orirentur « et incipiente » cum aliquando discordia

## 3) Giurisdizione dell'arte
### sopra

a) *S. Giovanni Battista,* b) *l'Ospedale di S. Eusebio,* c) *S. Miniato al Monte.*

Considerata nei suoi rapporti estrinseci, noi vediamo l'arte di Calimala avere già fino dai suoi principî il governo di alcuna chiesa od opera florentina. E poi, il che doveva avvenire necessariamente, quando col prevalere in Firenze dell'arte della lana, cessò o fu ridotto almeno a proporzioni minime il commercio dei panni forestieri, l'arte di Calimala « voltatasi con ogni diligenza e squisitezza a governare i luoghi pii che per i tempi a dreto gli erano stati commessi » (159), vide accrescersi di molto il numero delle opere su cui essa fu chiamata ad esercitare la sua giurisdizione.

Veramente questa parte non entra nei limiti del lavoro che noi ci siamo prefissi: ma poichè noi vediamo già apparire nello Statuto che abbiamo illustrato, alcuni accenni al governo della Chiesa di S. Giovanni Battista e dell'ospedale di S. Eusebio in Firenze, ed ancora alla chiesa di S. Miniato al Monte, sarà opportuno che diciamo poche parole anche su tale argomento.

### a) *S. Giovanni Battista*

Più a lungo che non delle altre, fa parola lo Statuto della giurisdizione che l'arte aveva su questa che fu la più importante delle chiese fiorentine (160). E veramente tale governo cominciò in tempi ben lontani ancora dal milletrecento; poichè, se è vera la testimonianza del Lami, esso avrebbe avuto principio nella metà del secolo XII (161). Però noi sappiamo poche cose sulla natura di tale dipendenza della chiesa dall'arte: appena è se

---

etc., et supra predictis per predictum dominum capitaneum coram predictis capitudinibus facta propositione nec non audito consilio super hiis exibito, dictum placuit ipsis capitudinibus et per eos obtentum et firmatum fuit... » Nota che qui è invocata la rubrica per le discordie fra le arti, appartenente a redazione più antica di quella che noi abbiamo del 1321.

(159) V. doc. n. XVII.

(160) Cfr. G. B. BEFANI, *Memorie storiche dell'antichissima basilica di S. Giovanni Battista di Firenze.* Firenze 1884.

(161) LAMI, *Memorabilia ecclesiae Florentinae*, pg. 942-3... « id munus consulibus illis (mercatorum Callismale) commissum est anno MCL ». Debbo questa preziosa indicazione alla cortesia del comm. C. Guasti, al quale rendo qui nuove e pubbliche grazie.

di ciò ci giunse qualche ricordo di documenti andati perduti (162). Pare tuttavia che l'arte non esercitasse sola il governo, ma che già nel secolo XIII o col capitolo fiorentino, o coi magistrati del comune si accordasse per l'attuazione dei provvedimenti relativi alla chiesa di S. Giovanni (163).

Però col 1300 abbiamo più ampie notizie sulla forma di governo esercitato dall'arte: e queste ci sono fornite dallo Statuto. Già si è visto, parlando delle obligazioni religiose degli artigiani, come tutti fossero tenuti alla osservanza delle numerose feste che essi contavano nell'anno, e come tra queste avesse un'importanza principalissima quella di S. Giovanni: l'arte doveva celebrarla con pompa speciale, invitando anche il podestà, il capitano del popolo e le capitudini delle altre arti (164) rendendo così tale festa generale alla città. Nè questo doveva tornarle difficile: all'arte di Calimala spettava la elezione di un mercatante deputato a raccogliere i ceri che i comuni e le altre università offerivano a tale chiesa (165); ad essa era devoluta la cura di tenervi accese le lampade in certi giorni ed ore determinati (166); di riparare e migliorare l'edificio quando i consoli ed il consiglio speciale l'avessero creduto opportuno (167). Per questo fine l'arte doveva eleggere degli ufficiali, la cui opera fosse tutta diretta al servizio della chiesa di S. Giovanni. Così, ad esempio, ogni anno dovevansi nominare uno o più procuratori che attendessero alla riscossione delle entrate dell'opera (168); un vice operaio, che a nome dei

---

(162) Ci resta la carta n. I dell'an. 1182, ricordata a pg. 17, che ci presenta già i consoli dell'arte incaricati di ricevere le offerte alla chiesa di S. Giovanni.

(163) SPOGLIO STROZZIANO, II serie. Arch. di Stato, segnato AAA, classe V, n. 94, stanza III, armadio V, n. 56. « *Sommario di tutte le scritture che sono in ruotoli di cartapecora e che si trovano nell'Archivio del capitolo fiorentino* », an. 1271. « Concordia fra il capitolo fiorentino e i consoli dell'arte dei mercanti di Calimala della città di Firenze per conto delle offerte che si facevano nella chiesa di S. Giovanni il giorno della sua festa e vigilia », id. « Copia dei patti fra il capitolo fiorentino e i consoli dell'arte sopra il modo e forma da tenersi nell'offiziare la chiesa di S. Giovanni ». SP. STROZ. Segnato VV, classe V, n. 81, stanza III, armadio V, n. 55. « *Liber reformationum f., 1296* », 1296, Junii 5. « Ad petitionem consulum Callismale et operariorum opere Sancte Reparate platea S⁽ᵗⁱ⁾ Johannis et S⁽ᵗᵉ⁾ Reparate amplietur... ». Il RICHA, *Notizie storiche delle chiese fiorentine. Firenze* MDCCLVII, che non si domanda neppure quando cominciasse la giurisdizione dell'arte su S. Giovanni, ricorda solo all'an. 1331 una compera di terra fatta dai consoli per ampliare la piazza che sta davanti alla chiesa (tom. V, p. I, pg. XVI).

(164) Lib. I; R. V.
(165) Id.; R. XII. V. pure doc. n. I.
(166) Id.; R. XIV.
(167) Id.; R. XVII.
(168) Id.; R. XXII, XXV.

consoli e secondo la loro volontà sopraintendesse ad ogni cosa; ed altri ancora, la cui opera più o meno importante ed apprezzata doveva però essere sempre subordinata all'approvazione dei magistrati dell'arte (169). Una sorveglianza speciale è prescritta ai consoli dallo Statuto per ciò che riguarda la lavorazione del mosaico della chiesa. Molti operai attendevano a questo lavoro che aveva una grande importanza: alcuni sono ricordati nella rubrica che provvede a ciò, e loro viene assegnata, nello stesso Statuto la paga giornaliera. Ma i consoli non potevano occuparsi direttamente di tale lavoro; quindi si eleggevano due mercatanti incaricati di esaminare l'opera già compiuta, le entrate della chiesa, e di ordinare in corrispondenza a queste i nuovi lavori (170). Senza però che per questo venissero menomati i diritti che manteneva sulla chiesa il Capitolo fiorentino (171).

Forse tale governo dell'arte si esercitò in qualche momento in modo non accetto o al Capitolo o ad altra parte della popolazione; perchè noi troviamo nei primi anni del sec. XIV una provvisione del capitano del popolo perchè l'amministrazione dell'opera di S. Giovanni non fosse più rimossa dal comune di Firenze (172). Ma questa, se pure ebbe valore di legge, non durò a lungo; chè noi vediamo tosto nell'anno seguente riconfermata all'arte tale giurisdizione (173). Da questo momento in poi i mercatanti mantengono incontrastato tale governo (174), chè anzi la signoria

---

(169) Id.; R. VI.
(170) Id.; R. X.
(171) La convenzione del 1271 fra i canonici della chiesa maggiore fiorentina ed i consoli di Calimala, relativa alla lavorazione del mosaico in S. Giovanni, si deve trovare tra le cartapecore del capitolo di Firenze. Carlo Strozzi ne fa copia a pg. 207 del suo libro di spogli segnato A A A, n. 1244 dell'Archivio di Stato.
(172) *Diplomatico. Mercatanti*, 1329, settembre 11.
(173) SP. STROZZIANO, Magliabecchiano. S<sup>to</sup> GG. II, IV, 381, an. 1330. « Provisio comunis Flor. quod nullus impetret oratorium baptismale S<sup>ti</sup> Johannis Baptiste de Florentia et hospitale sive ecclesiam S<sup>ti</sup> Jacobi ad S<sup>tum</sup> Eusebium et commissio in artem Callismale civitatis Flor. ». *Diplomatico. Mercatanti*, 1330, dicembre 22. I consoli dell'arte di Calimala eleggono procuratore dell'opera di S. Giovanni e dell'ospedale di S. Eusebio Cino Rinaldi, Botto Nucci, Lapo di Giannuccio, Bertuccio Bonaluti e Bortolo Monucci.
(174) *Diplom. Mercatanti*, 1333, gennaio 31. I consoli di Calimala ordinano ed eleggono più procuratori a tutte le liti ed agli altri affari delle opere già nominate. SP. STROZ., v. II. « *Fonte del Battesimo e proposto di S. Giovanni. Libro di reformazioni 1331-42*, 1334. « Elezione del guardiano della chiesa di S. Giovanni a scacciare le meretrici e barattieri et altre dishoneste persone di d' chiesa e sua piazza, et havere cura che non si giuochi nè si faccia cose inhoneste ». *Diplom. Mercatanti*, 1335, gennaio 23. « I consoli e consiglieri dell'arte dei mercanti costituiscono diversi procuratori per le opere già nominate. *Mercatanti*, 1339, settembre 22. Provisione fatta dai Priori delle

stessa interviene talora in aiuto dell'arte (175), sanzionando persino misure di rigore contro le stesse autorità comunali (176), di maniera che vediamo sul principio del secolo XVI colpito da queste leggi lo stesso podestà (177). Però anche allora restarono fissi i diritti che il comune aveva avuto per l'addietro sopra dell'arte come corpo morale ed amministratore dell'opera di S. Giovanni (178).

Ancora verso la metà del secolo passato, sotto l'ultimo dei Medici granduchi di Toscana, i consoli dell'arte dei mercanti emanavano decreti relativi a tale chiesa (179).

### b) *Ospedale di S. Eusebio.*

Quest'ospedale, fondato nel secolo XII per ricovero dei lebbrosi (180), dedicato a S. Iacopo e detto di S. Eusebio da un'antica chiesa che sorgeva presso di quello ed atterrata nel sec. XIII (181), fu già nei suoi primi anni in una certa dipendenza dall'arte di Calimala. Difatti quegli stessi documenti che ci danno le prime prove dell'esistenza dell'arte nei secoli anteriori al XIV, ci presentano già in allora i consoli dei mercanti come procuratori dell'ospedale, ed a nome di quello stipulanti contratto di do-

---

arti gonfaloniere di giustizia e dal comune di Firenze a petizione dell'arte di Calimala, concernente la elezione, facoltà e giurisdizione di un officiale forense per gli affari di d' università specialmente riguardanti le opere già ricordate ». Estrasse ser Gherardo di S. Arrigo da Vico Fiorentino, dalli atti delle Riformazioni. SP. STROZ., v. II. « *Libro di partiti 1347-8* », 1338. « Tenda di S. Giovanni si fa di panno lino azzurro con gigli gialli e vi si mettono 4 arme dell'arte ». SP. STROZ., v. I. « *Libro grande dell'arte dei mercatanti. E. 1404* ». Tappeto si fa fare in ponente con l'arme dell'arte per la chiesa di S. Giovanni.

(175) SP. STROZ., v. I. « *Filza di più sorte scritture dell'arte dei mercatanti dal 1414 al 1433* », 1431.

(176) *Diplomatico. Mercatanti*, 1435, giugno 28. Deliberazione dei priori delle arti e gonfaloniere di giustizia del comune di Firenze, contenente che qualunque rettore e ufficiale tanto della città che del comune e distretto di Firenze sia tenuto a requisizione dell'arte di Calimala a costringere anco per cattura di persone tutti i comuni, collegi e luoghi ad offerire il palio, ceri, e fare qualunque altra offerta alla chiesa e opera di S. Giovanni.

(177) SP. STROZ., v. I. « *Bastardello, overo deliberazioni e partiti dei consoli, 1508* », 1508, dicembre 30.

(178) SP. STROZ., v. I. « *Deliberazioni e partiti dei consoli, 1522-8* », 1527, aprile 15.

(179) V. presso BEFANI, op. cit., pg. 94, an. 1732, febbraio 27.

(180) CANTINI, op. cit., pg. 95, n. 14, lo dice fondato nell'anno 1186 specialmente per opera di Vinciguerra della famiglia dei Donati.

(181) L. PASSERINI, *Storia degli stabilimenti di beneficenza e di istruzione elementare gratuita della città di Firenze*. Firenze, Le Monnier, 1853, pg. 128.

nazione o di vendita (182). Ma prima della fine del sec. XIII l'arte non ebbe dell'ospedale un vero e completo governo: e se talora provvide ai bisogni di quello come regolare amministratrice, il che però noi non sappiamo, questo fece certamente oltrepassando i limiti della sua giurisdizione. E tant'è vero che nell'anno 1278 l'arte è invitata dal capitano di parte guelfa a non fare alcuna novità nella chiesa o mansione dell'ospedale di S. Eusebio (183).

Però poco di poi all'arte è devoluto interamente tale governo. Negli ultimi anni del secolo ogni cosa dell'ospedale era in disordine ed i beni erano stati usurpati dai « grandi » della città; fu allora che la signoria rivendicò i suoi diritti (an. 1293) e riacquistò tale ospedale (184) che mise sotto la protezione dei consoli di Calimala (185), i quali ebbero così pieno diritto di conservare e difendere i possessi di proprietà di S. Eusebio (186). Lo Statuto nostro non ha larghi particolari sul governo che l'arte era chiamata ad esercitare su tale opera: solo ad intervalli lo ricorda specialmente insieme con quello che aveva su San Giovanni; però non si richiama certo alle concessioni più ampie ottenute nel 1293 se dice, nel

---

(182) V. doc. n. I, II, VII, VIII. *Dipl. Mercatanti*, 1264, maggio 26. Cavalcante, figlio del fu Gherardo Nerli, vende un pezzo di terra a Migliorello, signore e rettore della mansione degli infetti di S. Jacopo a S. Eusebio, ed a Guidingo Saveriscii ed Albizi clarissimo consoli dei mercanti di Calimala, come difensori di d' mansione.

(183) *Dipl. Mercatanti*, 1278, maggio 9.

(184) G. VILLANI, *Hist. Fior.*, VIII, cap. II. « L'anno 1293 riacquistossi lo spedale di S. Sebio che era del comune, occupato per grandi huomini ». AMMIRATO, *St. Fior.*, pg. 340-1.

(185) PASSERINI, op. cit., pg. 129. — VILLARI, *La repub. fior. ai tempi di Dante*, pg. 467.

(186) *Arch. riformazioni*, classe XI, dist. I, n. 41, 63t-4. « Hec sunt ordinamenta provisiones decreta et stantiamenta facta edita... per providos... viros Carruccium del Verre, Ciccum Colti et Lippum iambii Falchi....... Quod dicta ecclesia et hospitale Sancti Eusebii et eius bona, iura, fructus, redditus proventus subsistant perpetuo cure et custodie consulum Kallismale de Flor. presentium et pro tempore futurorum vice et nomine totius artis mercatorum Kallismale de Flor. qui teneantur et debeant eamdem ecclesiam et hospitale sollicitis et continuis providentie oculis intueri et gubernare, manutenere, salvare, defendere et custodire dictum hospitale et eius bona et iura, fructus, redditus et proventus. Cui custodie cure defensioni et gubernationi predictis seu alicui predictorum renuntiare non possint vel ab eis desistere valeant..... (66t): ultimo vero volentes nos officiales predicti onus officii nobis impositi in dei laudem ob cursum temporis nullatenus recusare, reservamus et retinemus nobis et cuilibet nostrum in principio medio et fine omnium promissarum omnem baliam, iurisdictionem officium et potestatem quam et quod a primordio nostri officii habuimus usque modo...

Facta edita et firmata... in pleno generali consilio comunis Flor... sub anno... millesimo ducentesimo nonagesimo quarto, ind. VII, III apr. sabbati ».

1301, che tale cosa era stata « antiquorum provisione » sottoposta all'arte (187).

Questo non fu potere incontrastato. Già nei primi anni del secolo XIV troviamo una querela del vescovo di Firenze contro i consoli di Calimala, come intrusi nel governo dell'ospedale (188); e la susseguente intromissione del pontefice perchè la lite fosse risolta (189). E dopo ciò forse il comune stesso non patrocinò più la parte dei mercanti, poichè vediamo che il papa incarica il vescovo di Firenze di eleggere una persona idonea al governo dell'ospedale per togliere ogni lite, e per corrispondere alle domande del comune (190). Però non possiamo credere che a lungo sia mancato all'arte il favore delle autorità comunali; chè già nel 1331 quella ricorre a queste per averne patrocinio e difesa nella sua lite contro Giovanni XXII (191), e più tardi, nell'anno 1344, ne riceve la riconferma del governo di detto ospedale (192). Si aggravava in quel tempo sopra

---

(187) Lib. I; R. XV.

(188) *Dipl. Mercatanti*, 1329, marzo 2. I procuratori dei consoli di Calimala essendosi presentati a Benigno rettore di S. Benedetto da Cingoli, vicario generale del Vescovo di Firenze, si appellano da una denunzia data ai d¹ consoli di aver turbata la giurisdizione del vescovo con aver messo certi satelliti alla custodia dello spedale di S. Eusebio, e di essersi intrusi nel governo del medesimo, dicendo che le persone deputate alla custodia dell'ospedale erano messe pel governo di quello, onde erano in possesso pacifico gli stessi consoli e università. SP. STROZ., v. I. « *Ex libro riformagionum etc. artis Callismale 1327-31* », 1329, agosto 6. L'arte scrive a più compagnie di mercanti fiorentini in corte di Roma perchè operassero che lo spedale di S. Eusebio, che per lunghi tempi dei quali non era memoria era stato amministrato dal comune e popolo fiorentino per l'arte ed università dei mercanti, fusse ritornato alla detta arte. Il vescovo di Firenze era contento rilasciare senza contraddizione all'arte il governo dello spedale, purchè quella eleggesse in governatore di esso frate Agnolo, monaco della badia di Firenze.

(189) *Dipl. Mercatanti*, 1330, giugno 26. Breve di papa Giovanni XXII diretto all'abate del monastero di Montescalari, al proposto della chiesa di Fiesole ed al piovano di S. Maria Novella, ai quali commette la causa di appello dei consoli di Calimala, a motivo della scomunica in cui si dicevano corsi per aver posti i satelliti allo spedale di S. Eusebio, considerati invasori e occupatori in pregiudizio della giurisdizione del vescovo.

(190) *Dipl. Mercatanti*, 1330, luglio 31.

(191) SP. STROZ., v. I. « *Inquisizioni e riformazioni dell'arte dei mercatanti 1335-6* », 1331, gennaio 20. L'arte ha lite con la « *chiesa di Roma* » per il governo dello spedale di S. Eusebio; perciò prega il comune di Firenze a pigliare la difesa sua, senza di che lascierà il governo di quell'opera.

(192) *Dipl. Mercatanti*, 1344, maggio 28. I priori delle arti e gonfaloniere di giustizia considerando che l'amministrazione dello spedale di S. Eusebio era presso i consoli dell'arte di Calimala già da gran tempo, confermano detta concessione fatta dal comune per i presenti consoli e loro successori con la facoltà di eleggersi il rettore e lo spedalingo.

Firenze la tirannide del duca d'Atene, e l'arte per opera di questo aveva perduto anche l'ospedale (193); era quindi necessaria dopo la cacciata del duca, la reintegrazione degli antichi diritti dei mercatanti. Nè con ciò fu sminuita la giurisdizione esercitata sempre sull'opera dalla S. Sede; poichè noi vediamo ancora sulla fine del sec. XIV, e sul principio del XV il pontefice intervenire nella risoluzione delle liti (194), accordare privilegi ed esenzioni all'ospedale (195), senza che sia fatta opposizione alcuna per parte dell'arte.

c) *San Miniato al Monte.*

La più lontana notizia che noi abbiamo di tale chiesa in relazione coll'arte dei mercatanti florentini, appartiene all'anno 1228, ed è un compromesso per una controversia sorta tra il monastero ed i consoli di Calimala (196). La giurisdizione dell'opera su S. Miniato doveva dunque esercitarsi già prima di questo tempo: tant'è vero che lo Statuto del 1301 chiama anche quest'opera « antiquorum provisione » soggetta all'arte (197). Ma noi non sappiamo nulla della forma di tale governo prima del 1228. In quest'anno invece esso è regolato da un arbitrato al quale si assoggettano spontaneamente le due parti interessate, e che chiama i consoli « quasi defensores pietatis causa » dell'opera di S. Miniato. L'arciprete fiorentino Bonsignore, arbitro della contesa, delibera che la

---

(193) G. VILLANI, *Hist. Fior.*, XII, 8. « Infra l'altre cose per cagion di donne tolse S. Sebbio ai poveri di Cristo, che era allora alla guardia di Calimala, e diello altrui illicitamente ». V. « *Sulla signoria del duca d'Atene in Firenze* » lo scritto di C. PAOLI in *Giornale storico degli Archivi Toscani*, T. V.

(194) *Diplom. Mercatanti*, 1398, febbraio 24. « Bolla di Bonifacio IX diretta al priore di S. Michele de Tenci, al guardiano dei frati minori di S. Gimignano ed all'arciprete della chiesa Volterrana, ai quali commette una causa sorta tra i consoli dell'arte di Calimala da una parte e Spinello e Duccio fratelli, Matelda e Carina sorelle dello spedale di S. Eusebio, i quali erano stati discacciati dallo spedale, e per non potere sperimentare le loro ragioni in Firenze per timore della potenza dei detti consoli, erano ricorse al papa ».

(195) *Diplom. Mercatanti*, 1414, marzo 4. « Bolla di Gregorio XXIII diretta a Simone rettore dello spedale di S. Eusebio, colla quale a richiesta dei consoli dell'arte di Calimala concede a detto spedale l'esenzione dal pagare le procurazioni a qualunque legato o nunzio apostolico ». Il che già prima aveva stabilito un giudice fiorentino, id., 1349, agosto 11. « Sentenza di ser Lapo abbate di S. Miniato al Monte, dottore di decreti, e di Giorgio di Bencivenni, dottore, colla quale dichiarano lo spedale di S. Eusebio esente dal pagare la contribuzione delle procurazioni imposte al clero fiorentino dal legato pontificio, per essere detto ospedale governato dai laici ».

(196) V. doc. n. IX.

(197) Lib. I; R. XV.

casa detta opera di S. Miniato coi beni di sua spettanza si mantenga in perpetuo separata dagli altri beni dello stesso monastero, ed abbia sempre un operaio che ne amministri le sostanze, senza che mai l'abate od i monaci possano in altro modo valersi delle rendite se non a beneficio del monastero. E poichè per tal guisa il rappresentante dell'arte restava l'operaio delegato al governo dell'opera, l'arciprete fiorentino propone pure le modalità della elezione di questo operaio, il quale avrebbe dovuto — secondo tale compromesso — essere eletto dai consoli tra quei tre o quattro conversi che loro aveva presentato l'abate del monastero, ed installato poi nel suo uffizio dall'abate stesso. Invano i consoli avrebbero cercato di rifiutare il loro voto a ciascuno dei proposti; chè in tal caso l'abate avrebbe avuto il diritto di eleggere egli stesso l'operaio (198). E nel secolo seguente ancora dura tal modo di elezione (199). L'arte non era dunque arbitra assoluta delle sorti del monastero, ma divideva, per dir così, il suo governo coll'abate e col Capitolo dei monaci di S. Miniato. Provvedeva ai bisogni di questo; ma non manca il caso di deliberazioni prese dal Capitolo senza l'intervento dell'arte, e dirette a beneficio dell'opera (200). Però l'arte aveva in realtà una parte importante nel governo del monastero: chè mentre leggiamo nello Statuto l'ordine dato ai consoli di ricercare e confermare ogni anno i diritti che l'arte ha sull'opera (201), vediamo di fatto i mercanti attendere all'amministrazione di quella e la loro arme essere dipinta nei punti più appariscenti della chiesa (202) più in alto e più in luce che la stessa arme di Piero de' Medici (203).

Verso la fine del sec. XV pare che l'autorità dell'arte venga amplian-

---

(198) V. doc. cit.
(199) Sp. Stroz., v. I. *Inquisizioni e riformazioni dell'arte dei mercanti 1335-6* », 1335, ottobre 28. « Elezione dell'operaio di S. Miniato fatta per i consoli ed abate ».
(200) *Dipl. Mercatanti*, 1372, giugno 25.
(201) Lib. I; R. XVI. Sp. Stroz., v. I. « *Deliberazioni dei consoli 1462-8* », 1463, dicembre 6. « I consoli debbono andare a desinare coi ministri e frati a S. Miniato, in ricognizione del dominio che ha l'arte sopra detto luogo... ».
(202) Sp. Stroz., v. II. « *Uscita di S. Miniato* », 1389. « Finestra di vetro quadra si fa sopra la porta di mezzo della chiesa di S. Miniato, nella quale si dipinge l'arme dell'arte per Tuccio dipintore ». — Id., v. I. « *Quaderno di ricordi 1444-9* », 1447, giugno 27. « Altare del crocifisso possa essere ornato da un cittadino grande che si offeriva fare un tabernacolo di grande apparenza e spesa, e questo se li concede con che non vi possa mettere altra arme che quella dell'arte ».
(203) Sp. Stroz., v. II. « *Deliberazioni dei consoli dal 1447 al 1451* », 1448. « Piero di Cosimo de' Medici nell'ornamento di marmo che fa nella chiesa di S. Miniato alla cappella del crocifisso possa farci scolpire la sua arme, purchè in luogo più eminente vi metta quella dell'arte, non ostante che altra volta fusse stato dichiarato il contrario ».

dosi a danno di quella dell'abate del monastero, poichè noi vediamo le questioni relative all'opera di S. Miniato trattarsi dal Consiglio generale dei mercanti, e non più dai soli consoli, per levare le occasioni di lite che potessero nascere a danno delle ragioni dell'arte (204). E pare che tale governo ottenesse la generale approvazione: poichè è conservato ricordo di un premio concesso ai consoli, ai mercanti ed alle loro famiglie, in ricompensa dei benefici fatti al monastero (205).

---

(204) SP. STROZ., V. I. « *Libro di provvisioni 1420-70* », 1469, aprile 21. « S. Miniato a Monte, non si possa fare sepoltura o lavoro alcuno con altre armi che con quelle dell'arte, senza il partito del Consiglio generale, e questo per levare occasioni di liti, etc.»

(205) *Dipl. Mercatanti,* 1442, aprile 28. « I consoli dell'arte di Calimala insieme alli altri sottoposti a detta università, con le rispettive mogli e figlie, vengono ammessi alla partecipazione di tutti i beni spirituali dell'ordine di Monte Oliveto, e ciò in riflesso dell'affetto, instaurazione e conservazione dei monasteri di S. Miniato al Monte e di S. Bartolomeo di Firenze ».

# STATUTO DELL'ARTE DI CALIMALA

## DELL'ANNO 1301

# [Statuto dell'arte di Calimala dell'anno 1301]. (a)

In nomine patris et filii et spiritus sancti. Amen. Hoc est constitutum artis et universitatis mercatorum Kallismale de Florentia conditum ad honorem dei et gloriose dei genitricis Marie et beati Johannis Baptiste et Sanctorum Petri et Pauli Philippi et Jacobi ac Miniatis et omnium Sanctorum et Sanctarum Dei et ad honorem et reverentiam Sacrosancte Romane Ecclesie et Summi Pontificis et dominorum potestatis et capitanei et communis Florentie et ad bonum et felicem statum omnium et singulorum mercatorum et mercantie Kallismale.

Questo Statuto contiene cinque parti, e questa prima parte tratta di tutte cose pertinenti a Dio et ad anima, e sono questi capitoli e sotto queste robriche.

(1) I. De fide cattolica (b).
(2) II. De festivitatibus custodiendis et pena contrafacientis.
(3) III. De elemosina fienda per artem Kallismale.
(4) IV. De elemosina fienda per operam Sancti Johannis.
(5) V. De honorando festo Sancti Johannis.
(6) VI. De eligendo viceoperarium dicte opere.
(7) VII. De ratione custodis opere revidenda.
(8) VIII. De stateris recuperandis pro arte Kallismale.
(9) IX. Quod mulieres et extranei non habitent in opera.
(10) X. De opere musaico et eius armatura lignaminis revidenda.
(11) XI. Quod nullus usurpet de bonis opere.
(12) XII. De constituendo sindico ad recolligendos ceros a plebatibus et comunibus.
(13) XIII. De litteris contra operam impetratis cassandis.
(14) XIV. De lampadibus sancti Johannis tenendis accensis.
(15) XV. Quod consules intendant ad utilitatem domorum que sunt sub arte.
(16) XVI. Quod consules inveniant iura que ars habet in opera Sancti Miniatis.

---

(a) R. Archivio di Stato. Firenze. Statuti dell'arte, n. I. — V. per la data dello Statuto a pag. 13-4 dello studio che precede.

(b) Le cifre arabiche indicano il numero progressivo nel Rubricario; le romane il numero corrispondente nello Statuto.

(17) XVII. Quod domus et opera Sancti Johannis reparentur et meliorentur.
(18) XVIII. De salario custodum opere.
   »   [XIX. De inveniendo iura que ars habet in operibus supra dictis] (¹).
(19) XX. De comestionibus operarum.
(20) XXI. Quod camerarius non possit expendere ultra centum solidos in comestionibus consulum.
(21) XXII. De sindaco et procuratori fiendo in opera Sancti Johannis.
(22) XXIII. De perdono usurarum fiendo.
(23) XXIV. Quomodo fiant expense familiarum opere Sancti Johannis.
(24) XXV. Quod eligatur mercator ad recipiendam pecuniam opere pro ipsa opera.
(25) XXVI. De hiis qui non debent eligi ad aliquod offitium in opera.
(26) XXVII. Quod Gherardinus sit conversus opere.
(27) XXVIII. Quod familia domini potestatis custodiat ecclesiam Sancti Johannis in Epiphania.
(28) XXIX. Quod consules exigant debitum Cionis Moltobuoni.
(29) XXX. De ratione camerarii Sancti Eusebii revidenda.
(30) XXXI. De provisione facienda familiaribus dicte mansionis.
(31) XXXII. De modo habendi oblationes que pretermisse essent.
(32)   »   De non ponendo aliquem in domo opere sine consilio mercatorum (²).

---

La seconda parte tratta di piatora et de lordine de la ragione civile, e sono questi capitoli sotto queste robriche.

(1) I. De iure reddendo per consules.
(2) II. Quomodo procedatur super querimoniis.
(3) III. De recipiendis pignoribus a debitore nequente solvere pecuniam.
(4) IV. De pactis et conventionibus observandis.
(5) V. De litteris mittendis hospiti alterius loci ad petitionem nostri mercatoris conquerentis de eo.
(6) VI. De pecunia quam creditor nollet recipere sigillanda.
(7) VII. De non cogendo mercatore pro fideiussione unde sit publicum instrumentum.
(8) VIII. Quod quilibet sotiorum cogatur in solidum pro factis sotii.
(9) IX. Quod mercator qui recipit avere alterius reducendum cogatur illud restituere.
(10) X. De questionibus sotiorum et consortium et coniunctorum commictendis.
(11) XI. De hereditate defunctorum (³) probanda.
(12) XII. De quibus rebus consules audire debeant.

---

(1) Manca nel Rubricario.
(2) Manca nello Statuto.
(3) « Defundorum » Ms.

(12) [XIII. Quod processus causarum scribatur in actis per notarium consulum] (⁴).
(13) XIV. De dirittura solvenda.
(14) XV. De pena non solventis creditori secundum preceptum consulum.
(15) XVI. De non audiendo illum qui non solverit creditori suo intra terminum sententie vel precepti.
(16) XVII. De executione sententiarum et condempnationum.
(17) XVIII. De scribendo pro dono id quod datur pro merito.
(18) XIX. Quod venditor non possit petere denarios alicui ex sotiis emptoris nisi pretium sit scriptum in libro sotietatis emptoris.
(19) XX. De constituendo procuratore illo qui mictitur extra Florentiam pro sotietate eius.
(20) XXI. Quod sotii discipuli et fattores morantes extra Florentiam non possint facere alia negotia quam sue sotietatis.
(21) XXII. De cogendis discipulis fattoribus et sotiis ut instrumenta debita et licteras restituant sotietati.
(22) XXIII. De sotiis fattoribus et discipulis qui furant et fraudant res sotietatis eorum.
(23) XXIV. De malis sotiis fattoribus et discipulis.
(24) XXV. Quod sotii conserventur (⁵) indempnes pro malefactis sotiorum factorum et numptiorum sotietatis eorum.
(25) XXVI. De discipulis sotiis et fattoribus debentibus reddere rationem suis sotiis et magistris.
(26) XXVII. De questionibus inter fattores discipolos et magistros vertentibus.
(27) XXVIII. De discipulis qui intraverint religionem aliquam.
(28) XXIX. Quod consules teneantur ad petitionem regiminis Flor. testificari quod qui sunt de arte Kallismale et ipsam artem possunt exercere sunt de arte Kallismale.
(29) XXX. Quod querimonie et alia recipiantur per notarium inquisitionis.
(30) XXXI. De pactis apotecharum et fundacorum servandis.
(31) XXXII. De requirendis hospitibus hominum Kallismale ut eorum apothecas et fundacos et tabulas locent in (⁶) decem annis.
(32) XXXIII. Quod discipuli vel fattores qui steterint extra Florentiam pro suis sotietatibus debeant venire Florentiam ad reddendum rationem.
(33) XXXIV. Quod rationes scribantur per numerum dierum in singulis diebus.
(34) XXXV. De questionibus forensium terminandis.
(35) XXXVI. Quod consules Kallismale procurent cum consulibus campsorum.
(36) XXXVII. Quod non audiatur querimonia de interesse de extra artem.
(37) XXXIX. Quod vexilla beati Johannis scribantur.
(38) XL. Quando pater tenetur pro filio.

---

(4) Manca nel Rubricario.
(5) « Conservent » *Ms*.
(6) Lo Stat. ha « pro ».

(39) XXXVIII. Quod nullus possit convenire aliquem extra curiam consulum.
(40) XLI. De hiis qui teneantur sub consulibus respondere.
(41) XLII. Quod consules teneantur requirere alios consulatus et regimina florentina quando aliquis denegaret respondere sub suis consulibus ad petitionem recipere debentis.
(42) XLIII. Quod qui cessaverit cum pecunia creditorum suorum debeat hostendere librum sue sotietatis.
(43) XLIV. De libris fugitivi et cessantis approbandis per consules Kallismale cum consilio XII mercatorum Kallismale quod sit dicti cessantis et fugitivi.
(44) XLV. Quod scripturis et rationibus librorum detur plena fides.

---

La terza parte di questo Statuto tratta de le buone usanze di Kalimala e sono questi capitoli, sotto queste robriche.

(1) I. De denario dei dando in mercatis.
(2) II. De termino trium mensium et dimidii inter mercatores (7).
(3) III. De termino duorum mensium et dimidii.
(4) IV. Quod in venditionibus non detur terminum forensibus ultra VIII dies.
(5) V. De termino dato in mercatis (8) ad litteram.
(6) VI. Quod panni teneantur singnati (9) tacchis vel (10) scriptura (11).
(7) VII. De venditionibus fiendis ad pagamentum.
(8) VIII. De non vendendo pannos nisi ultramontanos et anglicos.
(9) IX. Quod panni ultramontani vendantur ad grossos.
(10) X. De pena mictentis pannos venditos forensi nisi recepta solutione (12).
(11) XI. De pena facientis doganam pannorum et vendentis certos pannos ad apotecham affectantis (13).
(12) XII. Quod nullus de arte Kallismale debeat vendere vel tenere aliquem pannum alicuius qui non sit de arte Kallismale.
(13) XIII. Quod nullus affectator debeat ire ad videndum vel emendum pannos extra suam apothecam vel mostrare pannos forensi nisi presente domino panni.
(14) XIV. Quod panni non deferantur extra fenestram venditoris.
(15) XV. Quod panni venditi ad ritalglium non mictantur sine pagamento.
(16) XVI. De pena vendentis vel mostrantis sartoribus.
(17) XVII. De bono consilio dando per ductum ductori suo ad emendum pannos.

---

(7) St. aggiunge « nostros ».
(8) St. ha « mercato ».
(9) St. aggiunge « vero costo ».
(10) St. ha « et ».
(11) St. ha « scripturis ».
(12) St. aggiunge « vel scripta ».
(13) St. ha « affectatoris ».

(18) XVIII. Quod ritalgliatores vendentes pannos comunes dicant emptori quod ille qui est cum eo habet partem in dictis pannis.
(19) XIX. De pena vocantis aliquem existentem ad apothecam alterius vel euntem per Kallemmalam causa emendi pannos.
(20) XX. De bona consuetudine in arte Kallismale.
(21) XXI. Quod nullus hostellarius florentinus qui moretur in partibus ultramontanis possit mercari de pannis.
(22) XXII. De pena guidantis torsellos vel salmas pannorum ultramontanorum.
(23) XXIII. Quod nullus portet ultramontes pecuniam alterius occasione (14) investiendi in pannis.
(24) XXIV. De non dando aliquid alicui ut magis veniat ad suam apothecam.
(25) XXV. De non dando dirittum vel meritum de aliquo panno ad talglium.
(26) XXVI. De inventis in furto et falsitate puniendis et devetandis.
(27) XXVII. De pena dantis pannum de una terra pro alia.
(28) XXVIII. Quod mensuratores ad ritalglium ponant pannum in capite canne.
(29) XXIX. Quod pannus venditus non mictatur tintori nisi soluto pretio panni (15).
(30) XXX. De non mensurando pannum nisi dato denario dei et ipso panno sigillato.
(31) XXXI. De pena reducentis pannos anglicos qui non fuissent onerati in Campania ante kal. decembris.
(32) XXXII. De iuramento clavariorum.
(33) XXXIII. De pena periurii et qualiter procedatur contra degerantes.
(34) XXXIV. De requirendis civibus facientibus de hac arte ut iurent arti Kallismale.
(35) XXXV. De expensis fiendis pro conducendis apothecis Sancte Cecjlje.
(36) XXXVI. De facto Sancte Cecjlje.
(37) XXXVII. De eligendis VI ritalgliatoribus ad consulendum super facto Sancte Cecjlje.
(38) XXXVIII. De canna ferrata.
(39) XXXIX. De habentibus (16) partem in duabus sotietatibus.
(40) XL. Quod scriptores non iurati non scribant in libris rationum.
(41) XLI. Quod ludus non fiat de nocte in apothecis.
(42) XLII. Quod pertice ponantur in Kallemala.
(43) XLIII. De illis qui intelliguntur esse de arte Kallismale.
(44) XLIV. De fideiussione prohibita et principali (17) obligatione.
(45) XLV. Quod apothece et fundaci claudantur quando aliquis de arte decederet.
(46) XLVI. De pena non venientis ad requisitionem numptii (18) artis.

---

(14) St. ha « causa ».
(15) St. aggiunge « vel scripta ».
(16) Ms. ha « habentis ».
(17) St. ha « ligiptima ».
(18) Manca nello Statuto.

(47) XLVII. De pena non obtemperantis preceptis consulum.
(48) XLVIII. De pena dicentium rusticitatem vel offendentium aliquem in curia consulum.
(49) XLIX. De rationibus hospitum saldandis pagandis hospitibus de pretiis pannorum venditorum forensibus.
(50) L. De pena tintoris tingentis pannos forensibus nisi sint empti ab hominibus Kallismale.
(51) LI. De notificandis per artem artificibus tenutis arti.
(52) LII. De requirendis mercatoribus ut dent scriptos scriptores sue sotietatis.
(53) LIII. De non singnandis torsellis vel pannis nisi suis singnis.
(54) LIV. De hiis (¹⁹) qui negarent se esse vel fuisse de arte Kallismale.
(55) LV. Qualiter Ubertus et Ristorinus eius filius sunt deviatati ab arte et de pena habentium facere cum eis.
(56) LVI. Quod ubi dicit pena juramenti dicatur pena XL. s.

La quarta parte di questo constituto tratta de consoli e del consilio e del camerario e del notario e di tutti officii di Kalimala e di quelle cose che propriamente toccano a consoli e agli loro officiali e sono questi capitoli sotto queste robriche.

(1) I. De consiliis artis Kallismale.
(2) II. De electione consulum et camerarii artis.
(3) III. De iuramento consulum.
(4) IV. Quod notarius inquisitionis teneatur requirere consules quod veniant ad curiam diebus ordinatis et nisi venerint condempnentur.
(5) V. De offitio et iuramento camerarii artis.
(6) VI. De iuramento notarii consulum.
(7) VII. De electione notarii forensis artis facienda.
(8) VIII. De consulibus in rengno Francie.
(9) IX. De eligendo consule in civitate pisana.
(10) X. De numptiis artis Kallismale eligendis.
(11) XI. De sindacis eligendis per artem.
(12) XII. De sigillo artis et litteris sigillandis.
(13) XIII. De inveniendo loco ubi teneatur curia consulum.
(14) XIV. De arbitris inveniendis (²⁰) pro constituto artis corrigendo.
(15) XV. Quod ponatur ad scruptinium quando esset differentia inter consiliarios de aliquo capitulo.
(16) XVI. Quod capitula legantur et approbentur in consilio dicte artis.
(17) XVII. De custodibus notturnis et luminariis Kallismale.
(18) XVIII. De pecunia recolligenda occasione male tolte.
(19) XIX. De representando scripturas ad dictam artem spectantes.

---

(19) St. ha « illis ».
(20) St. ha « eligendis ».

(20) XX. Quod notarius consulum reinveniat instrumenta et litteras ad artem spectantes.
(21) XXI. Quod consules solvant totum debitum artis.
(22) XXII. De electione prioris consulum et ejus offitio.
(23) XXIII. De modo condempnandi et absolvendi.
(24) XXIV. De condempnationibus exigendis.
(25) XXV. De procedendo contra illos qui recurrerent ad aliquem offitialem de extra artem Kallismale.
(26) XXVI. De commictendo questiones pendentes novis consulibus.
(27) XXVII. Quod consules non faciant aliquam impositam vel obligationem absque licentia consilii generalis.
(28) XXVIII. Quod cursores Francie debeant esse duo.
(29) XXIX. De cursore habendo pro (²¹) camino curie Romane.
(30) XXX. De providendis represaliis.
(31) XXXI. De faciendo hospitia in camino Francie et provisione facienda super torsellis conducendis de Nimisi.
(32) XXXII. Quod non inferatur (²²) dampnum mercatoribus in [stratis] ultramontanis vel aliis.
(33) XXXIII. De colligendo sex denarios per torsellum et salmam.
(34) XXXIV. De solvendis XXX solidos per annum a mercatore artem exercente.
(35) XXXV. De prestando auxilium mercatoribus pro eorum pecunia rehabenda.
(36) XXXVI. De aiuvando cui furtum factum fuerit.
(37) XXXVII. De aiuvando cui facta esset derobatio.
(38) XXXVIII. De oratore destinando ad instantiam mercatoris extra Florentiam.
(39) XXXIX. De impendendo auxilium [illi] qui pignora habuerit.
(40) XL. De procurando quod libri sotietatis filiorum Ghiberti perveniant ad camerarium artis.
(41) XLI. De renovatione iuramentorum.
(42) XLII. Quod consules procurent rehabere pecuniam artis a comuni Florentie.
(43) XLIII. Quod consules vadant ad statutarios comunis Florentie.
(44) XLIV. Quod consules conveniant cum aliis capitudinibus pro bono comunis et populi florentini.
(45) XLV. Quod moneta cudatur pro comuni et non vendatur.
(46) XLVI. De provisione super draperiis superfluis.
(47) XLVII. De providendis averis civium et forensium sicut tutius credi possit.
(48) XLVIII. De securitate prestanda per illos qui consueti sunt tenere forenses de extra artem.
(49) XLIX. De requirendo clavarios et scriptores ut iurent.
(50) L. De requirendo hospites ut iurent non facere contra statutum.

---

(21) St. ha « in ».
(22) St. ha « referatur ».

(51) LI. De scribendo nomina et terminos mercatorum sotietatum.
(52) LII. De obligando (²³) unum procuratorem ad recipiendum stipulationes artis.
(53) LIII. De sindaco constituendo pro pecunia artis deponenda.
(54) LIV. De petendo absolutionem a consilio per consules.
(55) LV. De salario eius qui pro arte Kallismale iverit extra Florentiam.
(56) LVI. Quod canne adequentur.
(57) LVII. De viis Kallismale lastricandis et purgandis et purgatis tenendis.
(58) LVIII. Quod reformationes preterite sint casse.

La quinta parte di questo Statuto tratta dei sensali e di tintori e delli affettatori rimendatori tonditori et cotenatori e sono questi capitoli sotto queste robriche.

(1) I. De sensalibus Kallismale et eorum offitio.
(2) II. De tintura grane.
(3) III. Quod omnes panni ultramontani allentur.
(4) IV. De dogana non facienda.
(5) V. De fornimentis qui debent habere tintores.
(6) VI. De occello grane non faciendo super robiam.
(7) VII. De hiis quibus dari possunt panni Kallismale ad laborandum.
(8) VIII. Quando (²⁴) tintores debeant affectatoribus pannos dare.
(9) IX. De observantia quam tenentur facere affectatores et remendatores.
(10) X. De preceptis tintoribus et aliis artificibus artis faciendis.
(11) XI. De pena petentium pannos ad laborandum.
(12) XII. Quod panni per affectatores non mittantur extra apothecam ad affectandum.
(13) XIII. De salario sensarie verzini et aliarum rerum.
(14) XIV. De tribus offitialibus eligendis pro ordinandis pretiis tinture ed affectature et aliarum.
(15) XV. De mensura pannorum.
(16) XVI. Quod nullus pannus scarlatta vel auricelle integer tingatur alicui nisi teneatur Kallimale.
(17) XVII. De tenendo consilio de habendis tiratoris pro arte.
(18) XVIII. De offitialibus deputatis ad mensurandum pannos de quibus esset questio inter mercatores et emptores.
(19) XIX. De non dando dirittum de proviniginis.
(20) XX. De sensalibus facientibus sensariam proviniginis.

---

(23) St. ha « eligendo ».
(24) « Quō » Ms.

# LIBRO I.

### I. De fide cattolica.

Cattolicam et ortodoxam fidem servabimus honorabimus, manu tenebimus et regimini florentino consilium et auxilium impendemus ad extirpandam hereticam pravitatem si ab ipso regimine *inde* (¹) fuerimus requisiti et hoc faciemus bona fide et secundum Statuta comunis Florentie.

### II. De festivitatibus custodiendis et pena contrafacientis.

Ob reverentiam divini cultus he festivitates debeant custodiri ab omnibus hujus artis et qui ad ipsam artem tenentur: scilicet festa omnium sanctorum, duodecim apostolorum, beate Marie virginis, beati Johannis batiste et sue decollationis, sanctorum Dominici et Francisci, sancti Niccholay, sancti Miniatis, resurrectionis et nativitatis dominice, omnium sanctorum, dies omnium festorum gloriose virginis Marie et aliorum sanctorum festa ad voluntatem consulum et dies kalendarum januarii, et qui contra fecerit vendendo puniatur emptor et venditor quilibet in solid. xx. pro quolibet panno et ostendendo in solid. x. pro quolibet panno et aliter exercentes contra hoc capitulum puniantur in solid. x. pro quolibet et qualibet vice et hec pena locum non habeat in panno qui venderetur et obstenderetur pro vestimentis mortuorum et viduarum.

### III. De elemosina fienda pro arte Kallismale.

Teneantur consules et camerarius dare ac dari facere pro elemosinis ad substentationem pauperum in vigilia nativitatis dominice libras xxv f. p. per ipsos consules cum duobus mercatoribus quos ad hec duxerint eligendos, videlicet fratribus predicatoribus et minoribus, dominabus de Monticellis et de Ripolis, hospitali sancti Galli, servis sancte Marie de Cafaggio, dominabus sancti Donati ad Torri, dominabus repentitis, fratribus de sancto Egidio, fratribus de sancto Spiritu, hospitali de Bigallo, dominabus de Podio crucis, fratribus de Carmino, fratribus de Ormannaro, fratribus sancti Johannis batiste, dominabus sancte Marie al termine de Montelupo, dominabus de sancto Gagio, domine Amate de sancto Casciano, dominabus novis de Faventia ordinis sancti Johannis evangeliste da Mungnone, dominabus de Lemura, dominabus de burgo ad sanctum Laurentium de Mucello, hospitali Giambuoni de Valle buia ad Emam, hospitali de petra gonfolina, dominabus reclusis de sancto Jacobo inter vincas, dominabus sancte Marie del

---

(1) Richiamato in margine.

prato, hospitali de la lastra quod est super stratam qua itur Pisas prope pontem Singne, dominabus de Bibiena, dominabus de Maiano, hospitali sancte Marie nove, dominabus monasteri sancti Mathei de Arcetri, dominabus monasteri sancti Dominici et monasteri sancte Lucie de Quaracchi, pro dictis et aliis piis locis et religionibus indigentibus prout considerata indigentia et sanctitate viderint convenire. Ita tamen quod nulli religioni vel loco dari possint vel debeant de dicta elemosina ultra s. x. f. p. pro loco, et si superfluum erit ibi detur et distribuatur pauperibus verecundis, et officiales electi debeant predicta fecisse inde ad medium mensis januarii proximi ad penam s. XL. pro quolibet et sub pena iuramenti.

### IV. De elemosina fienda per operam Sancti Johannis.

Consules teneantur et debeant ordinare de mense januari quod viceoperarius et familia opere Sancti Johannis singulis diebus lune mercurei et veneris impendant pauperibus sex starios panis grani quolibet dictorum trium dierum duos starios distribuendos ipsos per pauperes et elemosinas sicut ad dei servitium melius fieri poterit. Item faciant dari tres starios panis grani dicte opere amore dei singulis septimanis per duos mercatores Kallismale quos eligant ad hoc, quorum duret offitium sex menses, et predicti III starii sint ultra dictos VI starios.

### V. De honorando festo Sancti Johannis.

Ad honorem et reverentiam dei et beati Johannis baptiste teneantur consules ante eius festum rogare dominum potestatem et dominum capitaneum ut cum suis familiis et aliis capitudinibus artium vadant in sero vigilie nativitatis Sancti Johannis cum ceris ad ipsam ecclesiam ut moris est, et idem faciant in festo beati Filippi, et ipsi consules et eorum notarius et camerarius debeant in dictis vigiliis ire et secum ducere de maioribus et melioribus hominibus cuiuslibet apothece et fundaci hujus artis quos et quot duxerint eligendos, et quilibet dictorum mercatorum reducat et offerat unum cerum de media libra et debeant congregari in loco qui placuerit ipsis consulibus, et in qualibet dictarum festivitatum emat camerarius sex ceros unius libre pro quolibet pro consulibus et notario et camerario eorum, salvo si placuerit consulibus de camer.

### VI. De eligendo viceoperarium dicte opere.

Cum opera beati Johannis baptiste et eius domus possessiones et bona subiceant defensioni et protectioni consulum et mercatorum Kallismale, statutum est quod consules cum consilio sex proborum virorum de melioribus et sapientioribus mercatoribus Kallismale debeant de mense januarii et quandocumque fuerit opportunum invenire probum virum et fidelem, quem putaverint meliorem et ipsum deputare in custodem opere beati Johannis non quod sit operarius vel magister opere sed gerat offitium operarii pro consulibus ad eorum beneplacitum voluntatis. Item constituant dicti consules aliquem de familiaribus dicte opere vel etiam aliunde qui sit sante se per totum annum in ecclesia beati Johannis, lampades abluat et accendat, ianuas aperiat et refirmet, et perget ecclesiam intus et extra nec permictat circa eam spurcitiam a quocumque. Intendat hujusmodi obsequiis incessanter, et teneantur consules tempore sui consulatus semel et pluries si viderint expedire inquisitionem facere de offitio et ministerio predictorum. Item statutum est quod omnes et singuli familiares qui sunt et pro tempore fuerint in opera Sancti Johannis et mansiones Sancti Eusebii debeant conversari et morari inter se pacifice et quiete, et si quis eorum familiariorum alteri eorum iniuriam fecerit percutiendo sine sanguine et hoc constet dominis consulibus, puniatur pro qualibet vice in s. c, et si fecerit iniuriam percutiendo cum sanguine repellatur de dicta opera nullo tempore resumpturus.

### VII. De ratione custodis opere revidenda.

Mense januarii et julii teneantur consules per se ipsos vel duos alios mercatores quods ad hoc voluerint deputare videre seu videri examinari et scribi *facere* (1) diligenter rationem villicationis custodis opere et omnium redituum et proventuum opere Sancti Johannis de terris domibus possessionibus et aliis rebus et etiam expensas et exitus universos. Et ea omnia scripta et summata reservent usque ad mensem decembr. in quo mense videri et summari faciant quid superat de introitibus deductis expensis. Et hec dicere et legi facere in congregatione artis quando novi consules eligentur. Item eligant de mense junii duo mercatores qui recipiant oblationes que fiunt in vigilia beati Johannis. *Et ceram faciant custodiri ad opus et utilitatem operis beati Johannis* (2). Item teneantur per se vel per alios quos de arte Kallismale duxerint eligendos videre et videri ac terminari confinari ac mensurari facere omnes terras opere supradicte et apothecas ipsius opere locare ad pensionem, et eas reducere ad unum terminum et ea omnia scribi faciant diligenter per notarium artis ita quod exinde possint fieri si opus fuerit publico instrumento. Et similiter terre predicte locentur ad affittum. Preterea omnes de familia dicte opere teneantur et debeant quandocumque fuerint a dictis consulibus requisiti iurare precepta dictorum consulum et eis de negotiis opere et factis familie dicere veritatem. Et si quis hoc facere noluerit consules ipsum expellant nec eum ibi permictant beneficium aliquod optinere. Et debeant consules mense januarii, vel quando viderint expedire facere diligentem inquisitionem contra operarium sive custodem et familiares opere supradicte, et si quem invenerint in furto expellant eum omnino ita quod ibi morari non possit ulterius nec habere beneficium aliquod in eadem. Si vero aliam invenerint novitatem faciant inde secundum consilium duodecim mercatorum. Et consules teneantur facere registrari per camerarium hujus artis omnes domos et apothecas dicte opere Sancti Johannis et quanta pensio de ipsis particulariter habeatur et etiam omnes terras et poderia dicte opere et quid seu

---

(1) Richiamato a margine.
(2) Quest'ultimo periodo è scritto a margine dalla stessa mano che copia lo St.

quantum inde habeatur pro afflctu seu redditu particulariter de quolibet poteri et qualibet apotheca seu per duos mercatores hoc flat, ita quod dictum registrum semper inveniatur apud camerarium huius artis et non possint dicti officiales locare ad afflctum terras vel ad pensionem domum opere sine conscientia consulum, et locationem terrarum ad afflctum facere debeant in termino duorum annorum vel trium ad plus et locationem *domorum* (¹) in termino unius anni.

### VIII. De stateris recuperandis pro arte Kallismale.

Procurent consules cum regimine civitatis Florentie quod omnes qui in civitate Florentie vel districtu ponderant cum stateris exibeant opere beati Johannis censum et renditum consuetum scilicet tertiam partem salarii staterarum in singulis pro complendo operas ecclesie supradicte. Et de hiis fideliter faciendis ab ipsis ponderatoribus exigant iuramentum et eorum promissionem redigi faciant in scriptis publicis, quod si ponderatores ipsi facere recusarent, tunc consules et operarius sive custos opere eis dictum offitium interdicant et non permictant eos illud ulterius exercere, sed constituant pro ipso opere unum ponderatorem in quolibet sextu qui iurent et promictant et solvant ut superius continetur. Et predicta procurent consules si poterunt non tantum de predictis teneantur consules iuramento.

### IX. Quod mulieres et extranei non habitent in opera.

Nulla mulier possit aut permictatur esse vel habitare in domibus opere Sancti Johannis intra portam claustri in quibus habitant custodes et familia opere, similiter nullus extraneus permictatur ibidem stare vel hospitari nec in eis retinere equos arcas aut vegetes vel alias res, et si opus fuerit consules requirant ad hec auxilium regiminis florentini.

### X. De opere musaico et eius armatura lingnaminis revidenda.

Consules teneantur et debeant providere rimari et cirtari facere per se ipsos et magistros et alios quos viderint convenire ecclesiam beati Johannis baptiste et specialiter lingnamina armature facte dudum pro opere musaico depingendo et ubi et quando opus fuerit faciant reactari et spetialiter faciant quod Costantinus magister et Feius filius eius continue laborent in laboreriis ecclesie supra dicte et alibi non laborent sine licentia consulum data cum consilio XII mercatorum, et quando alibi laboraverint non habeant salarium ab opera predicta. Et curent consules quod custos et viceoperarius dicte domus et opere teneantur et debeant solvere et solvant omni mense Constantino et Feio magistris predictis salarium eorum et uterque ipsorum pro illis diebus quibus servierunt illo mense de pecunia dicte opere, videlicet Feio predicto ad rationem solidorum quatuor

---

(1) Richiamato a margine.

per diem, et predicto Costantino ad rationem consuetam pro illis diebus quibus laboraverint in operibus et laboreriis dicte opere et ecclesie sancti Johannis illo mense quod et que recipere debent. Item faciant dicti consules quod de introitibus opere expendantur hoc anno in opere musaico supradicto libras quinquaginta vel usque ad centum si fieri poterit et si anno preterito non fuit hoc factum compellatur hoc anno. Et si ultra superaverit de introitibus opere teneantur consules facere et curare quod etiam illud plus expendatur in opere musaico predicto deductis expensis dicte opere tempore ipsorum consulum. Et predicta ut melius executioni mandentur teneantur consules de mense januarii [eligere] duos bonos et discretos et legales homines de Kallemala qui presint ad studendum et fieri faciendum dictum opus musaicum in dicta ecclesia beati Johannis de redditibus et proventibus et oblationibus hujus opere et ecclesie, et uterque ipsorum duorum offitialium habeat pro suo salario per annum et operarius sive custos dicti operis de pecunia ipsius operis uterque solvere teneatur et debeat lib. v, f. p., et dicti duo offitiales teneantur expendere in eorum terminum in dicto opere musaico totum illud quod ut supra continetur super est de dictis proventibus et oblationibus quod si non fecerint perdant salarium eorumdem. Et quod quicumque ad dictum offitium fuerit uno anno non possit esse in sequenti anno. Item quod illi duo offitiales qui revidere debent rationem villicationis operarii sive custodis dicte opere revidere debeant rationem offitialium predictorum qui prefuerint super dicto opere musaico Sancti Johannis. Et quia dicitur esse inventum sicut ad aures arbitrorum pervenerit quod Bingus et Pazzus magistri qui hucusque in dicto opere in dicta ecclesia Sancti Johannis laboraverunt dolum et fraudem commiserunt de vitro et rebus dicti operis detrahendo in dampnum dicti operis, statutum et ordinatum est quod illi duo offitiales qui pro tempore fuerint ad faciendum fieri dictum opus musaicum teneantur non pati vel permictere quod aliquis dictorum Binghi et Pazzi aliquo modo ulterius vel eorum offitialium [laboret (?)] tempore in dicto opere musaico aut in dicta ecclesia Sancti Johannis. Et de hiis etiam consules teneantur facere observari, sed procurent dicti consules quod alii boni et legales magistri habeant pro dicto opere faciendo de Venetiis vel aliunde quanto melius et citius fieri poterit.

### XI. Quod nullus usurpet de bonis opere.

Nullus usurpet de bonis opere Sancti Johannis neque consules aut eorum notarius vel camerarius nec aliquis de hac arte possit habere ab opera vel operario seu custode dicte opere nec de bonis ipsius ultra s. x. per annum et personam et hoc cum consulibus vel personis artis Kallismale esset in domo dicte opere nec somarios famulos vel aliquid aliud sine consilio XII mercatorum, et si contra factum fuerit tam operarius sive custos quam quilibet alius puniatur arbitrio dictorum consulum. Et nulla persona que sit et teneatur sub arte Kallismale possit vel debeat a viceoperario dicte opere vel alia quacumque persona aliquid de bonis et rebus et vittualibus dicte opere vel alterius cujuscumque domus et opere deputare sub custodia et defensione dicte artis petere recipere vel accipere titulo mutui commodari emptionis donationis vel conductionis vel alio quocumque modo vel causa in quocumque genere rei in quacumque quantitate mangna vel parva sub pena librarum x et cotiens, et viceoperarius et custos cujuslibet opere et domus ad dictam penam similiter teneatur si contra faceret, que solvi debeat camerario artis Kallismale pro ipsa arte. Et quod nec viceoperarius nec aliqui de familiaribus dicte opere nec alia persona quecumque possit vel debeat recipere vel retinere aliquas masseritias vel res alicuius persone in domibus dicte opere ubi moratur viceoperarius et familia dicte opere infra portam et claustrum dicte opere sub pena s. c. solvenda ab illis qui contrafecerint. Item ordinatum est quod offitiales qui prefuerint operi musaico debeant emere tres lampades de alabastro ponendas in ecclesia Sancti Johannis si commode haberi poterunt et viderint eas utiles et honorabiles esse.

### XII. De constituendo sindico ad recolligendum ceros a plebatibus et comunibus.

Ordinatum est quod consules qui pro tempore fuerint ad petitionem offitialium qui fuerint ad recipiendum oblationes cerorum in festivitate Sancti Johannis teneantur et debeant constituere sindicum et procuratorem quem voluerint ad recolligendum ceros a plebatibus comunitatibus et universitatibus que ceros non obtulissent in festivitate predicta procurando dictos ceros rechari, et procurent quod qui in termino ordinato non apportaverint secundum capitula comunis florentini puniantur: et predicta extendantur ad preterita et futura.

### XIII. De litteris contra operam impetratis cassandis.

Procurent consules per se et alios quos viderint expedire apud regimen et comune Florentie quod littere dudum impetrate ab apostolica Sede per propositum florentinum in preiudicium dicte opere et consulum predictorum cassentur et irritentur et casse et irrite deveniant ad consules memoratos et nullo modo patiantur comune Florentie et consules quod predicte vel alique alie littere impetrentur vel si impetrate sunt vel erunt quod non valeant sed cassentur et omnibus modis resistant consules omnibus volentibus aliquod ius aquirere in opere supradicto expendendo si opus fuerit usque in mille marchas argenti de avere hominum Kallismale et plus si viderint expedire et alia omnia faciendo que pro salute ipsius opere viderint fore conveniens ut domus et opera supradicta libera et quieta remaneat in custodia et protectione consulum et artis Kallismale. Et ad hoc ut iura dicte opere conserventur illesa et contrarium non contingat procurent consules et faciant ita quod expensas opere Sancti Johannis, Sancti Miniatis, et mansionis Sancti Eusebii habeatur (sic) et stet continue unus procurator pro ipsis operibus et mansione et pro dictis consulibus et arte in curia romana sollicite intendens in audientia contra dicere cuilibet volenti contra dictas operas vel mansionem litteras vel aliquod contrarium impetrare.

### XIV. De lampadibus Sancti Johannis tenendis accensis.

Curent consules quod custos vel santesis ecclesie Sancti Johannis omnibus diebus dominicis et solempnibus quamdiu missarum solempnia in dicta ecclesia celebrantur teneat omnes lampades accensas, in aliis vero diebus retineat medietatem accensas ad minus lampadum dependentium in lingno transverso. Item procuret quod altare beati Johannis muniatur samitis et aliis pulcris apparatibus.

### XV. Quod consules intendant ad utilitatem domorum que sunt sub arte.

Ad utilitatem et salutem domorum que protectioni Kallismale sunt antiquorum provisione subiecte statutum est quod consules de mense maii et januarii una die intendant et supersint negotiis et utilitatibus opere beati Johannis et una alia die opere Sancti Miniatis et alia die mansionis Sancti Eusebii et tunc et alias quandocumque voluerint et viderint expedire, et quia persone deputate in domibus et operibus supradictis non possunt forensicis et placitationibus intendere pro ut decet, teneantur consules Kallismale ordinare cum personis dictarum domorum et earum operarii custodes et familiares constituant et habeant sindacum et procuratorem illum et illos quem vel quos dicti consules voluerint et faciant decens salarium assingnari, et non patiantur quod dicte domus habeant aliquem alium sindicum vel procuratorem nisi quem consules duxerint statuendum.

### XVI. Quod consules inveniant iura que ars habet in opera Sancti Miniatis.

Mense januario consules teneantur incipere et reinvenire omnia iura artis Kallismale que habet in opera Sancti Miniatis et instrumenta et scripta inde tractantia et eis uti ad manutenendum et meliorandum ipsa iura et non patiantur abbatem vel aliam personam invadere vel occupare dictam operam vel ejus bona, expendendo de pecunia dicte artis et alia quecumque peragendo cum consilio duodecim mercatorum, et quod possessiones dicte opere registrentur et mensurentur.

### XVII. Quod domus et opera Sancti Johannis reparentur et meliorentur.

Statutum est quod consules eligant de mense januarii duos offitiales de Kallemala qui sollicite intendant ad reparationem et meliorationem domorum opere Sancti Johannis et possint ibi expendere de pecunia opere usque in quantitatem IIII C. librarum et plus si visum fuerit dominis consulibus cum consilio spetiali.

### XVIII. De salario custodis opere.

Statutum est quod custos dicte opere Sancti Johannis habeat pro suo salario hoc anno libras duodecim.

### XIX. De inveniendo iura que ars habet in operibus supradictis.

Teneantur consules circa principium eorum offitii habere consilium cum peritis utriusque iuris super iuribus que ars Kallismale habet in domibus et operibus supradictis ne per potentiam vel versutiam cuiuspiam usurpentur et ne familiares eorum bona divino cultui deputata delampadare valeant et auferre et precipue quod electio rectorum et operariorum seu custodum et eorum depositio seu mutatio fiat per consules Kallismale et quod eis hostendatur et fiat ratio villicationis et introitum et exspensarum pro ut et cotiens ipsi voluerint et quandocumque alia novitas apparet aut nuntiatum foret ipsis consulibus debeant tractare cum spetiali consilio XII mercatorum et sicut per duas partes obtentum fuerit ita fiat.

### XX. De comestionibus operarum.

Consules teneantur mense januarii et mense settembris in utroque facere fieri unam comestionem pro eis et eorum notario et camerario et XII assiduis mercatorum Kallismale apud operam Sancti Miniatis ad montem servando super hoc formam laudi dati per dominum Robertum de Robertis olim potestatem Florentie, et si non posset fieri de mense settembris fiat de mense maii, similiter in utroque dictorum mensium januarii et settembris faciant fieri unam comestionem in opera Sanctis Johannis ducendo XVIII mercatores ultra consules et notarium et camerarium solvendo libras quinque de pecunia dicte artis in dictis comestionibus et dictas comestiones fieri facere teneantur consules qui pro tempore fuerint sub pena s. LX, pro quolibet consule in quibus condempnetur per notarium inquisitionis pro quolibet et qualibet vice si obmicterent dictas comestiones fieri facere ut in ipso capitulo continetur.

### XXI. Quod camerarius non possit expendere ultra s. c. in comestionibus consulum.

Non liceat camerario dicte artis expendere de avere artis ultra libras V, in comestionibus consulum toto tempore VI mensium inter omnes vices exceptis conviviis arbitrorum et illis que per formam Statuti fieri debent apud domos suppositas defensioni artis Kallismale. Item possit camerarius dare s. XL, per annum cui consules voluerint pro eorum comestionibus faciendis.

### XXII. De sindico et procuratore fiendo in opera Sancti Johannis.

Provisum est quod consules teneantur de mense januarii intra XV dies cum consilio VI mercatorum Kallismale eligere et constituere sindicum et procuratorem in domo et opera Sancti Johannis quem voluerint de dicta domo et opera qui intendant ad executionem pensionum et fictum dicte opere et ad alia negotia dicte opere cum salario eidem solvendo de pecunia de opere sicut et quomodo provisum fuerit per dictos consules et sex consiliarios. Additum est quod si in dicta domo et opera sufficiens non erit aliquis eligant alium quem putaverint esse bonum dum modo propterea non habeant locum nec victus nec aliquid aliud in dicta domo et opera nec aliquod ius propterea acquiratur eidem in opera vel in bonis opere Sancti Johannis, et si quod ius vel aliquod aliud sibi propterea acquireretur cadat penitus ab ipso iure et offitio habeat tamen illud salarium quod consules limitabunt eidem esse conveniens.

### XXIII. De perdono usurarum fiendo.

Procurent consules cum fratribus cum quibus eis videbitur convenire quod perdonum usurarum fiat in anno presenti sicut melius fieri potest pro animabus quorumlibet sicut alias factum fuit. Et quod consules debeant et teneantur eligere duos offitiales de arte Kallismale ad penam X librarum pro quolibet qui debeant procurare et facere quod inveniatur via et modus quomodo remissio et perdonum usurarum fiat inter homines huius artis et quod similiter mictantur nuntii et ambaxiatores ad terras provincie quod similiter fiant hujusmodi remissiones et perdona usurarum ab illis personis et artibus que habuerunt facere cum mercatoribus Kallismale et quod dictum capitulum scribatur ad sensum prudentum et aliarum personarum sicut melius fieri poterit pro salute animarum hominum dicte artis, et quod consules teneantur facere seu fieri facere perdonum usurarum in initio eorum offitii de mense januarii inter homines dicte artis pro anno preterito sub pena s. c. pro quolibet consule et sub pena iuramenti, et quod dicti offitiales teneantur iuramento dictum offitium facere et prosequi sollicite et continue bona fide et predicta providisse intra duos menses a principio ipsorum offitii computandos. Et si predicta expedire nequierint saltem inter homines et sotietates Kallismale et inter sotios singularum sotietatum qui dictam remissionem facere voluerint, debeant facere fieri dictam remissionem et perdonum. Additum est quod qui non vult facere perdonum mercatoribus artis Kallismale non cogatur facere alicui aliquod restaurum alicui de Kallemala. Et quod consules teneantur non volentem facere perdonum publicari per artem declarando quod non cogetur de aliquod restaurum facere alicui de arte Kallismale. Item consules teneantur facere fieri quod omnes et singule sotietates dicte artis debeant facere procurationem pro omnibus et singulis sue sotietatis ad faciendum perdonum usurarum, que procuratio fieri debeat intra terminum convenientem secundum quod consules viderint convenire, secundum distantiam locorum in quibus essent tales sotii.

### XXIV. Quomodo fiant expense familiarum opere Sancti Johannis.

Ordinatum est quod consules teneantur de bonis opere Sancti Johannis pro alimentis et vestimentis et aliis necessitatibus viceoperarii et familie dicte opere quolibet anno dare et assingnare VII modia frumenti, VII congia vini, VII urzeos olei pro vita familie et illuminandis lampadibus Sancti Johannis CCCL libras ad pondum carnium porcinarum siccharum in sale libras XXXVI f. p. pro carnibus piscibus et aliis cibariis et libras VI pro quolibet familiari pro vestimentis quolibet anno et plus et minus ad voluntatem dictorum consulum et de risiduo predictorum que dantur dicte familie si quid erit pro anno vel defectu vite sit et esse debeat in provisione dominorum consulum quid inde fiat. Et quod viceoperarius debeat predicta recipere pro tota familia et quod simul vivere debeant sicut ipse viceoperarius duxerit ordinandum. Item ordinatum est quod Puccius qui est familiaris dicte opere et valde utilis dicitur pro predicta opera et in ea multos labores substinet et substinuit habeat pro salario et elymosina de pecunia dicte opere suis omnibus expensis vestimentorum et calciamentorum in anno lib. xxv.

### XXV. Quod eligatur mercator ad recipiendum pecuniam opere pro ipsa opera.

Pro utilitate opere Sancti Johannis provisum est quod consules artis Kallismale teneantur et debeant eligere unum mercatorem de arte Kallismale bonum et sufficientem qui recipiat et recipere debeat omnes redditus in pecunia existentes de afflictibus et pensionibus qui et que debentur opere supradicte et omnes alios quoscumque redditus et proventus qui ad dictam operam pervenient. Et teneatur viceoperarius sub debito iuramenti quotiens ipse recipiet aliquos redditus in pecunia pro opera supradicta scribere illos seriatim et sicut citto et comode poterit talem pecuniam receptam debeat dare offitiali ad hec electo per dictos consules et alios redditus in aliis rebus existentes dare et demnuntiare eidem offitiali ad voluntatem suam. Et dictus offitialis teneatur et debeat rationem reddere quolibet anno de offitio suo illi vel illis personis quibus dictam rationem reddi et mostrari provisum fuerit per consules dicte artis.

### XXVI. De hiis qui non debent eligi ad aliquod offitium in opera.

Provisum est quod quicumque dicte artis Kallismale fuit offitialis retroactis temporibus deputatus ad aliquod offitium circa operam et in opera Sanctis Johannis habeat devetum a quolibet offitio in dicta opera deposito suo offitio per triennium et quicumque fuerit offitialis in dicta opera tribus vicibus in quocumque offitio perpetuo devetetur ab omni offitio in opera supradicta. Et quicumque contra dictum devetum receperit offitium in dicta opera condempnetur per consules in lib. L f. p. persolvendis camerario dicte artis et a dicto offitio deponatur.

### XXVII. Quod Gherardinus sit connersus in opera.

Quia circa obsequia consulum et aliarum personarum Kallismale Gherardinus Bonafedis longevis temporibus fideliter laboravit et moraliter convenit quod laboribus ad quietem muneris condigna retributio debeat respondere. Ideo provisum est quod dictus Gherardinus recipiatur et fiat conversus opere supradicte, et deinceps tractetur in dicta opera ut conversus et predicta consules sicut expedire viderint fieri facere teneantur.

### XXVIII. Quod familia domini potestatis custodiat ecclesiam Sancti Johannis in Epyfania.

Provisum est quod consules teneantur et debeant procurare cum potestate seu capitaneo civitatis Florentie qui pro tempore fuerit ante pascha epyfanie quod ipsi debeant facere banniri quod nulla persona in nocte dicti paschatis debeat ire ad ecclesiam Sancti Johannis Baptiste et quod in mane ejusdem paschatis debeat ponere de berrovariis et familiaribus eorumdem ad custodiam quando datur aqua benedicta florentinis ita quod eis nulla flat iniuria venientibus pro ipsa aqua. Additum est quod dicta ecclesia non aperiatur usque ad diem ea nocte.

### XXIX. Quod consules exigant debitum Cionis Moltobuoni.

Provisum est quod consules Kallismale teneantur et debeant proprio iuramento exigere debitum quod Cione Moltobuoni tenetur persolvere opere Sancti Johannis quod si cessaverit solvere dictum debitum debeant facere vendi pingnora eidem accepta pro dicto debito et pretium convertere in domum debitum et residuum si quod fuerit exigere ab eodem et etiam teneantur et debeant recuperare et facere recuperari libros dicte opere ab omnibus et singulis personis que libros huiusmodi detinent et de dictis libris videre poterunt consules scripturam factam per ser Marchum notarium.

### XXX. De ratione camerarii Sancti Eusebii revidenda.

Item quod ratio camerarii Sancti Eusebii debeat revideri semel in anno, ad quam revidendam eligant consules de mense januarii duos bonos offitiales et dicti consules faciant quod dicti offitiales debeant revideri se dictam rationem per totum mensem februari sequentis.

### XXXI. De provisione facienda familiaribus dicte mansionis.

Volentes providere necessitatibus familiariorum hospitalis Sancti Eusebii ordinamus quod camerarius dicti hospitalis teneatur et debeat cuilibet eorum dare pro quolibet semptimana pro expensis carnium et aliorum victualium exceptis pane et vino s. II, et quod idem camerarius faciat eis ablui pannos linneos ad expensas mansionis et de oleribus orti dicte mansionis pro eorum vita convenienter diebus decentibus debeat providere.

### XXXII. De modo habendi oblationes que pretermisse essent.

Ad hoc ut inveniantur oblationes et qui oblationes facere debent in vigiliis festivitatum Sancti Johannis et Sancti Phylippi statutum est quod consules de mense januarii teneantur et debeant eligere duos probos viros qui duo offitiales debeant inquirere et inquiri facere registra comunis et opere Sanctis Johannis ut inveniant omnes et singulos plebatus comunia et castra et singulares personas que solita sunt dare oblationes cerorum vel prestare aliquem censum in vigiliis dictarum festivitatum et ea facere registrari in Statuto dicte artis ad perpetuam rei memoriam et utilitatem dicte opere, et debeant habere quod provisum est per vim Statuti et teneantur consules sicut inventa et registrata fuerint, ita ea tam pro tempore preterito quam futuro facere fieri et integraliter observari et executioni mandari et facere condempnari eos qui oblationes non fecissent vel eas non facerent in futurum.

# LIBRO II.

### I. De iure reddendo per consules.

Possint consules omnibus diebus et quandocumque voluerint offitium consulatus exercere, convocare consilia, iura servare, precepta facere, penas imponere et condenare, sententias promulgare et omnia facere que ad eorum spectant offitium, nisi per aliquod capitulum constituti huius artis prohibita sint expresse, precipue tamen debeant et teneantur negotiis artis intendere tenere curiam et iura reddere omnibus diebus lune merchurei et veneris a mane usque tertiam et nona usque vesperas nisi remaneret precepto regiminis florentini vel pro negotiis mercantie vel alio iusto impedimento exceptis diebus edomade sancte ambe resurrectionis et nativitatis domini, die lune carnisprivii kalendis januarii et aliis festis solempnibus que ipsi consules voluerint ad dei reverentiam custodire et etiam diebus quadragesimalibus et yeyunii sumpto cibo in quibus non teneantur consules ad curiam comorari nec etiam in diebus quadragesimalibus nec yeyunii sumpto cibo. Item procurent consules cum dominis potestate, capitaneo et prioribus artium quod quando ipsi consules requirentur ire ad aliquod consilium stent contenti de personis duorum ex ipsis consulibus habendo parabolam aliorum duorum consulum remanentium ad curiam ipsorum consulum pro uno mense et teneantur ipsi consules quolibet mense constituere duos ex eis ad eundum ad consilia et illis duobus alii duo consules remanentes commictant voces et vices suas et illi duo qui debent ire ad consilia commictant vices suas aliis duobus qui remanebunt illo mense ad curiam ad iura reddenda. Et in utroque casu et loco valeat id quod duo fecerint, ac si omnes quatuor consules illud fecissent vel facerent. Item quod si illi duo consules qui remanerent ad curiam vel alter eorum per potestatem vel capitaneum condempnaretur vel esset condepnatus ex eo quod non fuisset ad aliquod consilium illo mense quo staret ad curiam consulum, statutum est quod illa talis condepnatio solvatur per camerarium hujus artis si condepnatio facta esset de ipso consule pro eo quod non fuisset ad consilium factum in die lune mercurei vel veneris quando ad curiam per formam hujus capituli stare teneretur.

### II. Quomodo procedatur super querimoniis.

Quicumque voluerit agere aut aliquid petere contra aliquem vel aliquos qui sub consulibus et arte Kallismale quomolibet teneatur debeat petitionem suam in scriptis porrigere vulgari sermone exprimendo in ea nomen et prenomen seu cognomen actoris et rei et quantum pecunie seu rem quam petit et causam qua rem petit et notarius ponat huiusmodi querimonias in actis, sed antequam eam recipiat faciat actorem renuntiare benefitio appellationis nullitatis et iniquitatis et omni benefitio et iuri cuiuslibet capituli et iuri comunis florentini per quod venire posset contra sententiam consulum alias non audiatur a consulibus in agendo vel defendendo (¹) et talem renuntiationem et fideiussionem idem notarius scribat in actis. Quibus peractis nuntius artis citet conventum personaliter si eum invenerit sin autem ad apothecam vel fundacum sive domum et precipiat pro parte consulum sub pena s. xx, ut infra proximos decem dies satisfaciat de petitis vel infra tres dies post ipsam citationem prestet notario consulum pingnora vel fideiussores qui eisdem consulibus teneantur secundum qualitatem cause pro ratione ad eorum arbitrium facienda. Et talis citatio scribatur in actis per notarium artis brevi sermone ita quod sufficiat sic scripsisse vel scribere, tali die talis nuntius fecit primam citationem; et si citatus non pingnoraverit aut fideiussionem non dederit intra tres dies ut dictum est vel nisi satisfecerit intra decem puniatur per consules in dictis xx s. Si actor venerit processurus, finitis vero dictis x diebus si paritum non fuerit, ut dictum est, nuntius faciat secundam et perentoriam citationem pro parte consulum prefatorum et precipiat ut infra tres dies proximos solvat vel pingnoret, alioquin consules habeant eum pro convicto et confesso et debitum clarum. Et relatio nuntii scribatur in actis per notarium artis brevibus verbis ita quod sufficiat sic scripsisse, tali die talis nuntius fecit secundam et perentoriam citationem. Et quod post secundam et perentoriam citationem reo non comparente eo que propter hoc habito pro confesso et convicto consules teneantur proferre sententiam contra dictum reum secundum querimoniam petentis infra quinque dies post terminum secunde citationis elapsum computandos sub pena s. c. pro quolibet consule si requisiti fuerint per notarium dicte artis vel per petentem per publicum instrumentum, et aliter dicti consules non possint aliquatenus condempnari. Et quod dicti consules teneantur et debeant questiones et causas diffinire intra terminos contentos in singulis Statutis dicte artis sub dicta pena. Quod si non fecerint teneantur dictas questiones et causas omnes post tales terminos lapsos intra quinque dies proximos computandos sub pena predicta auferenda dictis consulibus pro quolibet pro singulis quinque diebus in quibus tales questiones et causas non difinierint. Et notarius inquisitionis possit debeat et teneatur dictos consules silicet quemlibet eorum in s. c. predictis condempnare pro qualibet questione et causa non diffinita ut predicitur et pro singulis quinque diebus in quibus dicte questiones et cause, ut dictum est, non fuerint diffinite. Et notarius consulum teneatur et debeat sollicite et attente dicere et protestari consulibus ut dictas questiones et causas diffiniant intra terminos contentos in singulis Statutis dicte artis quam protestationem facere teneatur singulis quinque diebus in quibus non erunt questiones et cause diffinite sub pena XL s. ipsi notario auferenda et cotiens, et dicti consules non possint et teneantur non petere de predictis vel aliquo predictorum nec possint absolvi nec etiam dictus notarius. Et quod pro tali abso-

---

(1) A piè di pagina, da mano più tarda, è aggiunto: « et recipiat ab eo fideiussores vel pingnore de dirictura solvenda ».

lutione habenda nullam possint propositam facere in consiliis dicte artis, et nullus possit super ea arengare vel consulere nec inde aliquid scribere sub pena librarum xxv pro quolibet consule consiliario et notario contrafaciente. Si vero reus venerit intra predictos tres dies volens in causa procedere cum petente primo et principaliter appellationi et nullitati et iniquitati et omni beneficio iuris et constituti comunis florentini ut supra continetur renumptiet deinde prestet notario predicto sufficiens pingnus vel fideiussorem idoneum assiduum mercatorem Kallismale de iudicio sisti et dirictis prestandis et penis solvendis si delinqueret et preceptis consulum non pareret. Si vero venerit post secundam citationem predictam ante tamen latam sententiam volens contendere renumptiet appellationi et aliis, ut dictum est superius, et det notario fidem vel pingnora de solvendo quidquid fuerit per consules iudicatum. Si vero citatus non venerit, ad terminos predictos, aut ei venerit et predicta facere et prestare noluerit, aut si post satisdationem contumax fuerit, non veniendo ad rationem ad voluntatem consulum, ex tunc habeant eum pro convinto et confesso et debitum clarum, et contra eum promulgent sententiam quasi contra confessum vel probatum intra alios proximos decem dies, et eum compellant efficaciter ad solvendum. Postquam vero reus venerit et comparuerit et satisdederit, ut dictum est, ex tunc intra proximos tres dies penitus teneatur et debeat proponere et dicere omnes defensiones exceptas et iura sua et maiores indutias ad hoc habere non possit et consules possint et debeant in huiusmodi questionibus et in omnibus aliis tam motis quam movendis procedere sine contestatione litis et qualibet iuris solempnitate strepituque iudicii. Sed ad reprimendas lites consules teneantur quemlibet petentem statim cum porrigit petitionem suam facere iurare quod ipsam petitionem non facit per dolum fraudem vel malitiam. Item quemlibet reum conventum faciant iurare statim postquam satisdederit vel quando petitio si datur quod per fraudem dolum vel malitiam non negabit ea que continentur in ipsa petitione sibi et contra eum data, et quod sicut petitio ei datur in scriptis ita suam responsionem reportabit et dabit in scriptis vulgari sermone nec faciant instrumenta partibus exemplatis nisi forte ipsis consulibus viderentur fore subspecta vel alias necessaria viderentur. Et possint si voluerint partes facere iurare de veritate dicenda. Possint etiam de voluntate partium causam totam vel partem eius ante tamen latam sententiam commictere alicui vel aliquibus iuris peritis sine subspecto et secundum eius vel eorum consilium ferre sententiam sine aliquorum consilio mercatorum. Et teneantur consules finire et terminare huiusmodi questiones de quibus cotenditur inter partes intra XL dies. Ita tamen quod super questionibus que non commicterentur iudici perito debeant consules congregare XII mercatores de diversis duodecim apothechis Kallismale vel huius artis et coram eis seriem cause et iura partium exponere seriatim et ab eis petere consilium de ipsa questione et querimonia terminanda et sicut per duas partes eorum vel ultra obtemptum fuerit ad segretum scruptinium per pissides et palloctas ita consules debeant pronuntiare et sententiam promulgare et parti amictenti vel eius fideiussori tollere sex denarios de qualibet libra nomine diricture. Verumtamen quandocumque reus venerit ante sententiam et confessus fuerit vel contendere noluerit, consules ei precipiant ut intra proximos x dies satisfaciat de confessis, quod si non fecerit tollant ei denarios vi de qualibet libra nomine pene et ultra penam s. c. vel intra quam eidem duxerint statuendum, et nicchilhominus compellant eum districtius et efficacius ad solvendum. Quia peccatum usurarie pravitatis deo valde displicet, per quod fenoratores vulgariter inter gentes redduntur abbominabiles et abiecti, et quia tam divine quam humane leges tenus prohibent exerceri quas leges imitari tenentur homines cattholici et fideles ne illas videantur reducere in contemptum et considerato quod scriptum est quod alicui non proficit si ad tempus universa bona lucrentur et incternum patiatur sue anime detrimentum, statutum et ordinatum est quod si mercatores et persone dicte artis silicet unus alteri seu persona dicte artis alteri persone non tenute dicte arti deberet vel debebit in antea aliquam pecunie quantitatem ex quacumque causa talis debitor si suo creditori debitum non solverit termino constituto, teneantur consules sacramento et etiam sub pena xxv librarum si quo tempore coram eis questio moveretur vel querimonia fieret ad petitionem talis creditoris cogere debitorem quod eidem creditori solvat integraliter puram sortem secundum quod continetur in aliis capitulis dicte artis. Salvo quod si talis debitor ultra terminum constitutum tenuerit pecuniam creditoris per consules teneantur in eo casu pro eo quod in reddenda pecunia debitor suo creditori fidem non servavit facere quod talis debitor suo creditori debeat mutuare illam pecunie summam et pro eo tempore sicut dicti consules per se ipsos vel cum consilio si quod eis habere placuerit duxerint ordinandum. Salvo quod hec que dicta sunt circa provisionem dictorum consulum vel consilii habendi per eos nullatenus extendantur vel locum habere possint in deposito vel depositis vel comandixia in quibus vel quo non essent certe conventiones vel pacta que pacta et conventiones omnino serventur non obstante aliquo capitulo huius artis. Sed si contingeret quod creditor qui a debitore suo retro peteret sibi mutuum fieri diceret et allegaret quod talis debitor sibi sufficiens non videtur possint dicti consules per se ipsos vel cum consilio quod eis habere placuerit in predictis facere quod debitor huius artis qui huiusmodi mutuum postularet prestare vel non prestare debeat cautionem. Si vero aliquando eveniret quod persona que nostre arti non teneretur de tali mutuo sibi faciendo secundum dictum Statutum sibi peteret provideri teneantur et debeant consules dicte artis si talis persona eis idonea non videtur facere quod idoneam prestare debeat cautionem tali persone a qua petit sibi mutuum exhiberi faciendo quod tam principalis persona quam accessoria de solutione facienda termino constituto et ordinato se submictat et subiciat iurisdictioni et cognitioni consulum dicte artis presentium et futurorum ad ipsorum beneplacitum et mandatum. Quod si talis persona non tenuta nostre arti cessaret facere que dicuntur in tali mutuo quod sibi peteret retro fieri per consules dicte artis non debent exaudiri et propter hec sic ordinata laudabiliter observanda omne Statutum de constituto dicte artis, quod loqueretur de aliquo merito faciendo vel de dampnis expensis et interesse solvendis si ad terminum pecuniam debitam non fuerit exsoluta decernimus iritum et inane statuentes quod hoc presens Statutum potestatem et locum sibi vendicet in rebus preteritis nondum diffinitis presentibus et futuris. Item quod post terminum comprehensum in sententia vel precepto lato et lata per consules dicte artis infra decem dies computandos post terminum in tali sententia vel precepto contentum dicti consules pro tempore existentes debeant pronuntiare et sententiare ad petitionem actoris de dicto mutuo faciendo secundum formam dicti Statuti ad penam librarum decem florenorum parvorum pro quolibet. Item si coram consulibus dicte artis questio moveretur de c. libris parvorum denariorum vel infra consules si eis utile et conveniens visum fuerit possint habere sex bonos mercatores et coram eis ipsam questionem exponere et narrare et petere ab eis consilium si eis videtur utile et conveniens quod dicta questio terminetur et fiat sine petitione et datione libelli vel cum petitione et datione libelli et sicut per maiorem partem dicti consilii firmatum fuerit de procedendo super ipsa questione cum petitione et libello *vel sine petitione et libello* (¹) ita consules procedant et faciant super ipsa questione. Ita ad hoc ut questiones citius et facilius inter mercatores veritate secundum cursum et modum mercantie et mercatorum reperta finiantur et terminentur et ne contentionibus litigiis et subterfugiis procuratorum notariorum et avogatorum iudicium in longum tempus protrahantur, statutum est quod in questionibus motis et movendis coram consulibus et aliis mercatoribus nostre artis in curia consulum Kallismale iudices avogadi vel procuratores notarii non ducantur nec audiantur questionibus inceptis coram dictis consulibus per tales procuratores notariis dumtaxat exceptis. Item quod in questionibus xxv librarum vel infra consules possint procedere in congnoscendo et sententiando ad eorum arbitrium et voluntatem sine ulla solempnitate vel consilio mercatorum salva dirictura que semper accipi debeat a perdente exceptis questionibus mangnis et parvis in quibus consules procederent per modum laudi vel amicabilis compositionis que per consules vel per amicum comunem diffinirentur. Quod in eo casu dirictura solvatur per actorem pro ea quantitate quam amiserit et per reum pro ea quantitate in qua sententia data fuerit contra eum. Verum dirictura solvatur infrascripto modo, videlicet quod quicumque querimoniam posuerit de aliquo mercatore Kallismale coram consulibus dicte artis de aliqua re vel quantitate pecunie et super ea facta fuerit prima citatio et secunda reo non comparente ante quam ulterius procedatur actor vel petitor dirituram solvere teneatur, si vero citatus comparuerit in citationibus supradictis negans in responsione inscriptis porecta que postulantur ab eo teneatur actor similiter solvere dirituram et notarius consulun in tali solutione dirituram se prebeat sollicitum et actentum, et talis actor satisdet de dirictura solvenda ut supra in hoc capitulo continetur. Et si actor fuerit forensis extra artem dicatur ei expresse per notarium artis quando recipiet querimoniam quod si non processerit in causa vel si subcubuerit vel admiserit causam solvet denarios vi pro qualibet libra quantitatis contente in sua petitione ad eamdem monetam que petitur. Et si compositionem fecerit cum reo de minori quantitate quam petit solvet mediam dirituram ad dictam rationem, et si obtinuerit nichil

---

(1) Richiamato a margine.

solvet pro dirictura. Item quod reus si amiserit et sententia dabitur contra eum solvet diricturam vi den. pro libra petitionis que fleret contra eum et si compositionem fecerit de minori quantitate quam in petitione actoris continetur solvet mediam diricturam ad rationem predictam, et si solverit debitum sine sententia ferenda solvet comuni huius artis totam diricturam ad rationem predictam. Et hec observentur si reus venerit et contendere voluerit, et fidem vel pingnora dederit de dirictura solvenda vel sententia data fuerit contra eum propter eius contumatiam secundum formam capituli. Et teneantur consules difinire questiones et causas motas infra XL dies primos eorum offitii et movendas infra dies XL post querimoniam latam quod si non fecerint puniantur et condempnentur consules silicet quilibet eorum in s. c. per notarium inquisitionis, et nicchilominus teneantur questiones ipsas et causas finire modo et forma et terminis suprascriptis et sub penis in hoc capitulo denotatis, ad quam penam teneantur consules coram quibus questio mota fuerit, et sequentes consules donec ut dictum est fuerit terminata et finita. Item teneantur consules in sententiando condepnare reum suo actori [1] in quantitate per eum soluta pro dirictura ultra quantitatem debitam et convintam atque petitam vel in quantitatem diricture debite per eum secundum formam superius declaratam. Sed si absolvendus fuerit a petitis non condempnetur ei in aliquo et hoc observetur in causis et querimoniis que fiant coram consulibus a kalendis januarii anno proximo MCCLXXXV in ante et non in preteritis ante dictas kalendas et annum. Si vero in huiusmodi processibus et sententiis faciendis et ferendis vel aliquo eorum consules omnes nequierint interesse vel noluerint possint tres sine quarto consule vel etiam eo contradicente procedere ac proferre sententiam et similiter per tres eorum omnia valeant expediri et possint fieri que spectant ad offitium consulatus, et si factum vel causa vel questio pertinet ad unum vel duos de consulibus agendo vel defendendo, tunc ille unus vel duo non debeant tamquam consules interesse. Sed alii duo vel tres quorum factum vel causa non agitur debeant inde cognoscere procedere et sententiare et omnino facere tamquam omnes, si vero factum vel causa pertinet ad tres de consulibus tunc quartus consul debeat eligere tres mercatores et eos compellere ut assistant et cum eo ac si consules essent procedant et cognoscant et difiniant de predictis et superioribus et singulis predictis debeat notarius artis ex actis curie formare sententias latino sermone pro ut sibi melius visum fuerit et predicta omnia et singula serventur in causis motis et movendis coram presentibus consulibus et antecessoribus eorum hoc etiam capitulum locum habeat tam pro hominibus huius artis quam pro aliis qui agendo vel defendendo coram consulibus causam habeat vel habuerint in futurum nisi actor fuerit de extra iurisdictione Florentie. Tunc enim si terminus solutionis sit transitus sui crediti precipimus debitori cedenti vel confitenti per iuramentum ut solvat intra tres dies sub pena quam viderimus convenire quam ei si secus fecerit auferemus

---

(1) Scritto su rasura, da mano più recente.

exceptis contractibus factis Florentie de facto mercantie quia tunc faciemus solvi intra x dies sicut inter cives, verum si reus voluerit contendere vel negare, teneantur consules finire causam intra xv dies proximos post questionem vel querimoniam depositam a forense et tollere reo si admiserit decimam partem eius unde lis esset. Sed si in terra illius forensis petentis eius debitor vel alius noster mercator aliquid recipere debet in terra illius forensis et in ea suum rehabere non possit consules illum mercatorem florentinum ad solutionem compellere non possint nisi in illa terra nostro mercatori satisfactum sit et fiat iustitie complementum. Item additum est quod si quis appellaverit vel de nullitate aut iniquitate vel aliquid aliud opposuerit alicui sententie vel ab aliqua sententia vel precepto consulum quocumque modo lato vel facto teneantur consules illum condempnare in infrascripto modo videlicet de sententia vel precepto centum lib. vel infra in libr. xxv, et si fuerit sententia vel preceptum a centum libr. supra condempnent eum in libras centum, comuni huius artis solvendis. Et quilibet actor teneatur et debeat prosequi suam querimoniam et causam intra triginta dies post primam citationem quod si non fecerit ab inde in antea per consules non audiatur pro dicta querimonia nisi novam vel aliam querimoniam posuerit et possint etiam dicti consules talem appellatorem vel opponentem vel dicentem condepnare semel et pluries sicut viderint convenire.

### III. De recipiendis pingnoribus a debitore nequiente solvere pecuniam.

Si consules preceperint alicui ut pecuniam debitam suo creditori ad certam diem persolvat et solvere nequierit in pecunia numerata teneatur creditor si fuerit de hac arte recipere pingnora sine malitia pro illo debito, et talia pingnora debeant accomandari alicui mercatori huius artis cui voluerit creditor dum tamen debitor ea infra mensem recolligere et solvere teneatur.

### IV. De pactis et conventionibus observandis.

Pacta et conventiones que mercatores Kallismale fecerint inter se unus alteri seu que aliquis mercator fecerit cum tintoribus vel remendatoribus vel aliis personis que huic arti non tenerentur faciemus inviolabiliter observari excepto deludo taxillorum. Et salvo si actor non tenetur sub consulibus et reus velit aliquid petere ab eo querimonia data, debeat idem actor inde stare sub consulibus et fideiussorem vel pignus dare et iuri parere sicut in superiori capitulo quod incipit: « *Quicumque voluerit agere etc.* » per ordinem continetur alioquin nullatenus audiatur. Si vero aliqui mercatores euntes extra Florentiam vel morantes fecerint inter se pacta vel ordinamenta de aliquo rischio de avere quod portaverint, consules compellant tam ipsos viatores quam eorum sotios et magistros ea efficaciter observare. Et si mercatores discipuli vel scolares huius mercantie fecerint aut statuerint inter se aliqua pacta vel conventiones vel ordinamenta extra Florentiam et dixtrictum pro facto mercantie seu rerum ad mercantiam spectantium (¹) et aliquis eorum contrafaciens fuerit propterea condepnatus a consule vel capitaneo mercatorum florentinorum in illis partibus deputato teneantur consules Kallismale talem condempnationem et condepnatum compellere ad solvendum et si non haberet unde solvere compellantur et ille condepnatus prohibeatur ab arte non recipiendus nisi satisfaciat de predictis, similiter etiam consules Kallismale faciant observari sententias et precepta que talis consul vel capitaneus contra aliquem mercatorem vel factorem extra Florentiam vel dixtrictum duxerit promulgandum.

### V. De litteris mictendis hospiti alterius loci ad petitionem nostri mercatores conquerentis de eo.

Si quis ex mercatoribus nostris querimoniam perscriptam posuerit de hospite suo alterius civitatis vel loci mictemus ei litteras expensis mercatoris ipsius ut ipsi mercatori nostro ad certum terminum satisfaciat de petitis, quod si non fecerit mandabimus omnibus qui sub nobis tenentur ut cum eo non debeat amplius hospitari et si quis contra fecerit puniatur in xxv libr. et cotiens.

### VI. De pecunia quam creditor nollet recipere sigillanda.

Quicumque noluerit pecuniam sibi debitam a nostro mercatore suscipere ad terminum vel post, consules ad petitionem huiusmodi debitoris faciant ipsum creditorem citari et moneri ut solutionem recipiat pecunie supradicte, quod si non fecerit consules ipsa die vel sequenti ad requisitionem debitoris ad penam s. xx pro quolibet consule tunc presente ipsam pecuniam in sacculo faciant sigillari sub sigillo artis et eam custodiendam exhibeant debitori predicto et diem sigillationis scribi faciant in actis et ab ipsa die in antea non currant nec peti possint accessiones meritum seu dampna expensis vel etiam interesse. Et si creditor non reciperet pecuniam ipsam intra tres dies post talem sigillationem solvat comuni huius artis et eum condempnent consules pro qualibet die qua distulerit recipere ipsam pecuniam nomine pene in s. xx comuni huius artis solvendis. Et quod notarius consulum possit sicut consules facere sigillari pecuniam quam debitor voluerit suo creditori solvere. Additum est quod quilibet consul et quilibet notarius consulum et camerarius artis possit facere sigillari suo sigillo vel alieno. Et creditor qui pecuniam non acceperit solvat c. s. nomine pene si eam sigillari permiserit.

### VII. De non congendo mercatore pro fideiussione (²) unde sit publicum instrumentum.

Nullus mercator possit cogi per consules Kallismale ut solvat pro aliqua fideiussione vel intrata facta vel fienda pro aliqua persona que sub consulibus

---

(1) Ripetuto.
(2) Findessione, *Ms*.

non tenetur apud quamcumque personam si de ipsa fideiussione vel intrata sit publicum instrumentum. Item si quis fideiusserit vel intraverit pro aliquo mercatore qui teneatur sub consulibus Kallismale apud aliquam personam non possit cogi vel distringi quod solvat nisi creditor prius processerit cum principali conveniendo coram consulibus Kallismale.

### VIII. Quod quilibet sotiorum cogatur in solidum pro factis sotii.

Quilibet mercator artis Kallismale teneatur et cogatur in solidum solvere omnia et singula debita seu credita que ipse vel aliquis sotiorum suorum dare teneatur vel tenebitur alicui persone que credita seu debita scripta essent in libro sotietatis eorum et consules sic solvi facere teneantur non obstante aliqua lege exceptione vel capitulo constituti.

### IX. Quod mercator qui recipit avere alterius reducendum cogatur illud restituere.

Si quis ex nostris mercatoribus reciperet in alia terra avere alterius cuiuslibet persone reducendum et illud ei non reddiderit teneantur consules ad petitionem eius cuius esset illud avere huiusmodi mercatorem in persona et rebus compellere cum effectu ut ipsum avere restituat et inde satisfaciat prout debet ita quod eius sotii vel magistri et mercatores et mercantia nullam propterea suscipiant lesionem. Et hoc capitulum teneantur consules facere publicari per artem et mandari singulis sotietatibus scriptoribus ut accipiant et habeant dictum capitulum in scriptis per totum mensem januarii ut sciant et etiam hoc notificent eorum sotiis commorantibus ubicumque extra Florentiam.

### X. De questionibus sotiorum et consortum et coniuntorum commictendis.

Si lix et questio moveretur et esset coram regimine florentino aut coram consulibus Kallismale inter fratrem et fratrem vel fratres huius artis aut inter patruum et nepotem aut inter (¹) consortes unius stirpis aut inter sotium et sotium qui teneantur huic arti ipsi vel antecessores eorum super quacumque causa pecuniaria vel civili, teneantur consules quam cito sciverint partes compellere cum effectu ut questionem illam commictant in comunes amicos, consanguineos vel sotios partium congnoscendam et etiam terminandam, et si partes noluerint eligere vel commictere possint ipsi consules et etiam teneantur tales amicos comunes eligere arbitratores et questionem ipsam eis commictere decidendam et amichabiliter componendam; et intelligatur esse questio inter sotium et sotios quando questio et causa esset de pecunia et rebus sotietatis eorum nondum divisis vel finitis. Et super omnibus et singulis predictis habeant dicti consules plenitudinem potestatis compellendi partes et amicos imponendi et tol-

---

(1) In interlinea.

lendi penam et penas et alia omnia faciendi que viderint expedire, cogant etiam consules dictos arbitros diffinire questionem infra xv dies post preceptum eis factum per consules et si infra dictum terminum non diffinirent eam consules et offitium consulum sint tertius arbiter cum illis quos ad id habere voluerint et teneantur questionem illam diffinire intra alios quindecim dies proximos sicut eis videbitur decidenda ad penam x libr. pro quolibet consule et arbitro, et si non diffinierint ut dictum est teneantur et debeant illam diffinire intra alios proximos sequentes xv dies ad penam et sub pena xxv libr. pro quolibet consule et arbitro. Additum est quod partes petentes compromissum fieri debeant prestare securitatem de compromisso et laudo servando secundum qualitatem facti et possibilitatem partium et sicut dictis consulibus videbitur dicta securitas facienda.

### XI. De hereditate defuntorum probanda.

Statutum et ordinatum est quod hereditas defuntorum de arte Kallismale et qui ipsi arti teneantur possit probari in causis vertentibus coram consulibus secundum modum et formam cuiuscumque capituli constituti comunis Florentie inde loquentis per quod probari facilius possit ad comodum creditoris immo etiam sufficiat quecumque probatio que per consules eorum arbitrio et secundum bonam equitatem mercantie fuerit approbata. Et hec extendantur ad preterita et futura et lites pendentes.

### XII. De quibus rebus consules audire debeant.

Expedit quod mercatores audiantur in hiis que modum et naturam sapiunt mercantie, et ideo ordinatum est quod si aliqua persona que sub arte non teneretur Kallimale vellet querimoniam facere de aliqua persona que teneretur arti dicte non audiatur nec exaudiri debeat a consulibus dicte artis nisi de querimonia quam faceret de mercantia cambio mutuo deposito vel alia descendente vel procedente ex aliquo predictorum de aliis extra predicta non audiatur. Set homines dicte artis inter se ad invicem de omnibus et singulis audiantur.

### XIII. Quod processus causarum scribatur in actis per notarium consulum.

Ut melius et facilius super querimoniis porrectis coram consulibus ad diffinitivam sententiam procedatur provisum est quod quelibet querimonia seu petitio que coram consulibus Kallismale pro tempore porigeretur poretta per ipsum priorem vel notarium consulum predictorum et totus processus qui habebitur super ea scribatur in actis, salvo quod diricturam et receptionem diricture scribat camerarius artis.

### XIV. De dirittura solvenda.

Ad solvendum diricturam directe dirigitur qui iustum postulat ot requirit, hinc recte ordinatum est quod quicumque querimoniam fecerit coram consulibus dicte artis de aliqua re vel pecunie quantitate, et super tali querimonia facta fuerit prima citatio et secunda reo non comparente ante quam ulterius procedatur actor vel petitor diricturam solvere teneatur, si vero citatus comparuerit in citationibus supradictis negans in responsione inscriptis poreta que postulatur ab eo, teneatur actor similiter solvere diricturam et notarius consulum in tali solutione diricture fieri facienda se prebeat sollicitum et actentum. « *Additum est per approbatores Statutorum aritium Comunis Flor. quod dicta diricturа debeat solvi secundum provisionem consulum Kallismale de questionibus non decisis et non determinatis non obstantibus antedictis* » (¹).

### XV. De pena non solventis creditori secundum preceptum consulum.

Si quis non observaverit preceptum consulum de solutione facienda intra x dies creditori suo de Florentia vel intra tres dies forensi consules tollant ei nomine pene usque in c. s. et cotiens inspecta qualitate quantitatis et negotii si fuerit per creditorem ejusdem debitoris eis denuntiatum salvo capitulo suprascripto de processu causarum et penis in eo insertis.

### XVI. De non audiendo illum qui non solverit creditori suo intra terminum sententie vel precepti.

Si contra aliquem lata est vel fuerit sententia vel ei preceptum fuerit per consules de aliquo debito persolvendo et non solverit termino constituto creditori suo, statutum est quod ille talis debitor de inde in agendo vel defendendo per consules non audiatur quousque distulerit ad solvendum si consulibus denumptiatum fuerit et clarum per sententiam vel preceptum.

### XVII. De executione sententiarum et condempnationum.

Teneantur consules modis omnibus quibus poterunt executioni mandare omnes et singulas sententias et condempnationes et precepta lata facta et ferenda et facienda per eos vel predecessores eorum seu per alios quibus questiones aliquas commiserunt, et super hiis habeant merum et liberum arbitrium faciendi procedendi et condempnandi et cogendi tam principales et eos quos tangit quam fideiussores sotios scriptores et clavarios et etiam quoscumque habentes denarios vel res alias eorum et imponendi et auferendi penas et banna et requirendi regimina Florentie et aliorum capitudinum et alia omnia faciendi que voluerint et viderint (²) expedire, et predicta teneantur consules facere intra unum mensem post denuntiatonem et requisitionem eius factam a creditore, quod si consules non fecerint condempnentur per sindicos in libras x. Additum (³) quod si consules

---

(1) La parte scritta in carattere corsivo fu aggiunta in margine da mano più tarda.
(2) Ripetuto.
(3) La parte segnata in carattere corsivo è scritta su rasura, probabilmente da mano più tarda; la scrittura è più corretta e più elegante: si scorge ancora, segnata debolmente in rosso, parte della lettera iniziale (S od O) della rubrica cancellata.

*Filippi*

dabunt vel pronuntiabunt de cetero aliquam sententiam vel preceptum contra aliquem de arte Kallismale non teneantur nec debeant facere executionem propterea contra sotios vel sotietatem illius contra quem pronuntiata est sententia ipsa vel preceptum nisi sit de eo quod deberetur ad scriptam libri ejusdem sotietatis vel de eo quod deberetur per instrumentum publicum cum procuratore per cartam procuratoris ejusdem sotietatis vel de debitis et rebus continetis per instrumentum litteras vel scripturam extra civitatem comitatum et districtum Florentie.

### XVIII. De scribendo pro dono id quod datur pro merito.

Ordinatum est quod quecumque sotietas sive quicumque mercator huius artis debet vel debebit dare alicui persone vel loco aliquam quantitatem pecunie de qua et pro qua sit ex pacto in ejus arbitrio dare creditori suo id quod vult pro merito vel lucro quod quando aliquid ultra sortem dat vel dabit inde scribat et scribere teneatur quod illud det et dedit pro dono et hoc iurent scriptores sotietatum quando faciunt iuramentum coram consulibus.

### XIX. Quod venditor non possit petere denarium alicui ex sotiis emptoris nisi pretium sit scriptum in libro sotietatis emptoris.

Quicumque in civitate Florentie vel districtu vendiderit pannos cambium aut alia ad mercantiam spectantia alicui huius artis non possit retinere nec petere denarium seu pretium ipsius venditionis alicui ex sotiis ipsius emptoris nec eius sotietatis nisi ipsi denarii inveniantur scripti in libro sotietatis ipsius emptoris quod solvi deberent pro pretio ipsius venditionis et hec intelligantur a MCCXXXVI kal. jan. in antea.

### XX. De constituendo procuratore illo qui mictitur extra Florentiam pro sotietate eius.

Teneantur consules ea die qua legitur Statutum mense januarii expresse precipere clavariis sotietatum et mercatoribus universis ut quando transmictunt extra Florentiam aliquem pro eorum negotiis peragendis illum constituant procuratorem generalem vel spetialem per publicum instrumentum, quod si non fecerint et ille qui mictitur vel mictetur aliquam fecerit mercantiam aut receperit aliquam credentiam eius sotii et sotietas pro eo respondere et solvere insolidum teneantur. Et similiter omne lucrum seu commodum quod ei vel alteri eorum obvenerit de lucro mercationis cambii et cuiuscumque alicuius negotiationis seu pro dono vel merito aut qualibet utilitate quocumque nomine censeatur totum et totaliter convertatur et redeat in comunem utilitatem sue sotietatis et hec extendantur ad preterita et futura. Verumtamen si talis mercator missus extra Florentiam vel mictendus fecit vel fecerit aliquam fideiussionem vel principalem obligationem pro aliquo vel aliquibus aut receperit aliquid ad guidandum portandum seu ducendum eius sotii et qui eum miserunt inde non sint obligati nec obligari possint et inde nullatenus teneantur.

#### XXI. Quod sotii discipuli et factores morantes extra Florentiam non possint facere alia negotia quam sue sotietatis.

Quia plerumque discipuli et factores qui morantur in diversis partibus extra Florentiam pro faciendis et procurandis negotiis suarum sotietatum et eius vel eorum pro quibus et quorum expensis mictuntur et morantur et facere apprehendunt de factis amicorum suorum et aliarum quarumcumque personarum occulte et sine conscientia et voluntate sotiorum et magistrorum suorum quod non est sine mangno damno et incomodo sotiorum sue sotietatis, statutum et provisum est quod predicti sotii discipuli et factores extra Florentiam commorantes non possint nec debeant facere facta alterius sotietatis vel persone nisi facta illorum et illius qui eum miserunt et pro quibus moratur sine licentia sotiorum suorum et qui eum miserunt. Et si contrafacerent contrafacientes condempnentur per consules in libr. L pro quolibet et cotiens et debeant conservare suos sotios et qui eum miserunt vel pro quibus moratur sine dampno et quod sotii et magistri vel alii quicumque qui eum miserunt vel pro quibus moratur pro aliquo negotio vel facto quod pro altera sotietate vel persona fecerint sine licentia predicta non possint nec debeant conveniri nec alicui vel aliquibus teneantur in aliquo respondere et ad condempnationem predictam procedatur ad requisitionem sotiorum vel eorum qui eum miserunt et non aliter.

#### XXII. De cogendis discipulis factoribus et sotiis ut instrumenta debita et licteras restituant sotietati.

Statutum et firmum est quod si quis sotius factor vel discipulus artis Kallismale moratus est actenus vel morabitur in futurum extra Florentiam et non reddidit vel reddiderit suis sotiis et magistris debita licteras instrumenta mercationes denarios et res alias ad eum perventas et eis inde non fecerit plenam et integram rationem, teneantur consules ad petitionem hujusmodi magistrorum vel sotiorum eum citare et monere eique mandare ut ad certum terminum eis satisfaciat de predictis quod si non fecerit ex tunc consules omnibus modis procurent cum regimine florentino quod ille talis et omnis sua familia personaliter capiantur et detineantur optime custodiri donec satisfaciant de predictis, et procurent consules quod simile capitulum ponatur in Statutis comunis florentini et iterum fiat inde reformatio in consilio dicti comunis et si quis predictorum commiserit extra Florentiam rixam strupum ludum omicidium vel aliquod forfactum totum dapnum quod exinde evenerit ei et sue sotietati vel alicui de hac arte sit et esse debeat super ipsum malefactorem ita quod eius sotii et sotietas et quilibet alius de hac arte conservetur indempnis et ad hoc teneatur pater pro filio, et si consules hec non facerent condempnentur quilibet in lib. L et notarius inquisitionis postquam ei denumptiatum fuerit intra otto dies debeat consules condempnare si contra facerent.

**XXIII. De sotiis factoribus et discipulis qui furant et fraudant res sotietatis eorum.**

Ad reprimendam effrenem malitiam quam facere dedicerunt mali sotii factores et discipuli qui accipiunt furant et fraudant avere seu pecuniam sotiorum et sotietatis eorum non sine mangno dampno et periculo et vercundia totius artis Kallismale, statutum et ordinatum est quod si magister vel magistri alicuius sotietatis de arte Kallismale proposuerint et dixerint ad linguam vel per scripturam coram consulibus Kallismale quod aliquis eorum factor vel discipulus eorum sotietatis qui stetisset in Florentia vel extra Florentiam ad faciendum et tractandum de factis eorum et sotietatis ipsorum commisisset fraudem vel malitiam vel furctum de ipsorum et in ipsorum avere et pecunia ipsorum et sotietatis ipsorum incontinenti dicti consules subito sine dilatione ante quam aliqua suspecta rogamina eis vel alicui eorum consulum vel aliis possint fieri, debeant consules et teneantur convocare et congregare duodecim mercatores bonos et legales de arte Kallismale qui non sint sotii vel consanguinei alicuius earum partium et coram eis dicere quidquid dictum est coram eis de dicto tali sotio factore vel discipulo et de inde incontinenti faciant inter eos secretum scruptinium ad pissides et pallottas ad sciendum si credunt quod ille talis sotius factor vel discipulus sit subspecta persona de eo de quo est inculpatus per suos sotios vel magistros in totum vel in partem. Et si inventus fuerit per maiorem partem dictorum XII mercatorum ad dictum scruptinium ut dictum est secundum quod talis sotius factor vel discipulus sit de eo quod dicitur suspectus vel culpabilis tunc dicti consules secrete debeant ire ad dictum potestatem et capitaneum et priores artium et regimina florentina et cum eis procurare et facere ita quod ille talis sotius discipulus vel factor suspectus capiatur personaliter et detineatur et cogatur facere et reddere suis sotiis et magistris et eorum sotietati plenam ed integram rationem ad usum mercantie Kallismale et ad evidentia dictorum consulum de toto eo quod eius sotii et magistri vellent ei petere, et si ille talis sotius factor vel discipulus fuisset inventus in aliqua fraude vel furto per suam confessionem vel alium modum ante eius captionem vel post debeat micti et poni ad collam et tormenta ut manifestet et dicat suam fraudem et sua furta et malitias suas que et quas fecisset et ut satisfaciat de omnibus. Et hec teneantur consules procurare et mictere ad complementum per se ipsos et si non possent per se ducant secum de maioribus et melioribus dicte artis Kallismale et de aliis artibus de Florentia et de ipsorum capitudinibus. Et procurent quod ita tormententur et cogantur et quod de commissis puniantur talis sotius factor condiscipulus qui ita deliquisset tamquam fur et derobator de furtis que fecisset. Et teneantur consules procurare cum dominis prioribus quod de predictis faciant stantiamenta per eos et per consilia opportuna et quod mictantur in Statutis comunis et populi florentini.

**XXIV. De malis sotiis factoribus et discipulis.**

Ad reprimendum et resistendum malitias et malitiis hominum et causas ut expedit corrigendum et puniendum statutum et firmum est quod si aliquis sotius factor sive discipulus alicuius sotietatis huius artis qui fecisset vel gessisset negotia dicte sotietatis in civitate Florentie vel extra Florentiam et tempore sue seperationis ab eadem sotietate vel ante suam seperationem vel post ille talis sotius factor vel discipulus inventus *esset* (¹) vel inveniatur dives in duplum triplum vel quadruplum vel satis plus quam de iure deberet habere habito respectu ad totum illud quod talis sotius factor vel discipulus habuit vel habebat in dicta sotietate vel extra ipsam sotietatem tempore quo venit ad ipsam sotietatem non conqueretur ad lucrum quod postquam fuit sotius factor vel discipulus iuste et honeste fecit atque quesivit et de eo clarum et certum esset vel fuerit dominis consulibus per testum vel scripturas librorum productas a sotietate vel sotii conquerentibus absque publica fama aut per inquisitionem ex offitio dominorum consulum factum secrete per testes quos non tangat negotium et scripturas librorum et publicam famam presumptionis et certa inditia verisimilia ad quam inquisitionem faciendam teneantur et debeant consules ex eorum offitio quantum poterint secrete procedere investigare et recipere si requisiti fuerint a sotietate et sotiis conquerentibus et non ab eo, salvo quod ubi consules ex eorum offitio secrete procederent inquirendo non debeant nec possint a partibus alias probationes recipere et equonverso ubi a partibus probationes recipiunt non possint nec debeant ex eorum offitio secrete vel palam inquirere. Item quod a principio sit in electione sotietatis et sotiorum conquirentium eligere quam viam volunt et receptis probationibus, aliquo de predictis modis consules publicent eas asingando utrique parti terminum ad arbitrium ipsorum consulum ad allegandum de iure ipsorum quidquid volunt et elapso termino assignato partibus ad adlegandum si repertum fuerit sufficienter probatum esse sotium factorem vel discipulum habere ultra quam de iure deberet habeat ut superius dictum est, tunc consules teneantur et debeant illum talem sotium factorem vel discipulum cogere cum effectu deponere et in depositum assingare et ponere apud aliquos bonos et sufficientes mercatores de Kallemala totum illud duplum triplum vel quadruplum vel illud plus quod invenietur habere tempore mote litis plus quam de iure deberet habere, et si talis factor vel discipulus vel sotius esset contumax in faciendo depositum cessando facere depositum infra terminum per ipsos consules statutum et assingnatum tunc elapse termino assingnato ad depositum faciendum habeatur pro legiptime convincto et confesso in ea et de ea quantitate quam fuerit preceptum deponere et in tantam quantitatem condempnent eum sotietati et sotiis conquerentibus salvo quod si talis sotius, factor vel discipulus diceret consulibus et alleguret se non posse facere depositum et paratus sit et nelit (*sic*) dare bonos fideiussores de arte Kallismale tantum qui se obligent et promictant pro tali sotio factore vel discipulo ad voluntatem consulum in ea quantitate quam ipse debebat deponere tunc suffitiat fideiussoris datio et non gravetur de deposito faciendo. Et etiam possit dare fidem de extra artem Kallismale qui reputentur boni et sufficientes secundum voluntatem consulum, qui fideiussores

---

(1) In interlinea, di mano più tarda.

debeant se subponere et submictere sub iurisdictione et congnitione dictorum consulum pro predictis. Si autem depositum factum fuerit vel fideiussores dati fuerint sicut superius dictum est, tunc consules precipiant et terminum eorum arbitrio assingnent ei qui depositum fecit vel fidem dedit infra quem terminum ostendat et mostret coram ipsis consulibus quantum ipsum avere ab eo depositum vel de quo fides dati sunt iuste ad eum pertineat et sit suum et quomodo et unde ad eum pervenerit et ad eius manus et si illud non ostendet sic rationabiliter quod plena fides possit dari ibi in totum vel in parte consules totum illud quod iuste presumment non debere esse illius talis sotii factoris vel discipuli debeant facere assingnari et dari sotiis et sotietati petentibus tamquam eorum proprium. Salvo quod si reperiretur acceptum vel malo modo quesitum ab ipsa sotietate teneatur ipsa sotietas restituere illud ei a quo acceptum vel male quesitum fuisset. Et si dictus sotius factor vel discipulus integre non mostraret et assingnaret consulibus totum illud quod pro suo tenetur, consules debeant inde facere inquisitionem per homines huius artis et per clavarios et scriptores sotietatum et sensales campsorum et omni alio modo per quem veritas melius inveniri possit de suo mobili et aliis suis bonis et quod si eis non obediret procurent quod per potestatem vel capitaneum comunis Florentie ad predicta facienda efficaciter cogatur secundum ius et etiam eorum arbitrio. Et ad predicta si opus fuerit requirant auxilium et consilium aliorum consulum aliarum artium in favorem talis sotietatis. Et si consules predicta negligerint condempnentur per sindacos vel sequentes consules in libr. cc. comuni huius artis solvendis, et hoc capitulum extendatur et intelligatur et locum habeant ea que continentur in eo ad preterita usque ad duos annos proximos preteritos, videlicet ab annis dominice incarnationis MCCLXXXIII kal. januar. citra et etiam ad futura.

### XXV. Quod sotii conserventur indempnes pro malefactis sotiorum factorum et numptiorum sotietatis eorum.

Si quis sotius vel factor sive numptius alicuius sotietatis de arte Kallismale fuit olim missus vel micteretur seu ire movisset extra Florentiam pro sua sotietate ultra montes vel ad aliam partem et ipse fecisset vel faceret per se vel per alium et pro se vel pro alio quam pro sua sotietate aliquid, et illa de causa sotii eius vel ipsa sotietas sua substinuisset vel substinuerit aliquid dampnum vel solvissent aut solverint in futurum alicui aliquam pecunie quantitatem occasione dicti sotii vel factoris vel discipuli sive numptii totum illud dampnum et pecuniam ea de causa solutam possint ed debeant dicti sotii et sotietas eius scribere et ponere ad rationem illius sotii nunptii et factoris. Et illud et illam in eius bonis petere et recipere ita quod ipsi et eius sotii et sotietas inde conserventur indempnes. Et de hiis teneantur consules si querimoniam inde habuerint summarie congnoscere atque terminare et inde credere dictis et fame omnium sotiorum dicte sotietatis vel trium partium eorumdem et illum talem nunptium et factorem et heredes eius et bona cogere personaliter et realiter cum efectu restituere et reficere ipsis suis sotiis et sotietati totum dampnum quod inde passi essent *et* (¹) totam pecuniam quam solvissent illa causa sortem et dampna expensis et interesse, et hec extendantur ad preterita et futura.

### XXVI. De discipulis sotiis et factoribus debentibus reddere rationem suis sotiis et magistris.

Quia timuerunt peccare mali formidine pene statutum est quod si aliquis sotius discipulus sive factor a suis sotiis et magistris fuerit requisitus quod veniat ad eorum presentiam de suis gestis rationem plenariam reducturus et requisitus non comparuerit secundum asertionem eorum teneantur consules Kallismale si fuerint requisiti cum talibus sotiis et magistris ire coram potestate capitaneo et prioribus civitatis Florentie vel alio aut aliis eorumdem et procurare omni modo quo poterunt quod talis sotius factor sive discipulus tamquam fugitivus et cessans subponatur banno comunis Florentie et si consules requisiti de predictis negligentes existerent incurrant periculum et in penam incidant sold. centum pro quolibet et cotiens. Et talis sotius discipulus sive factor qui in dicta ratione reddenda deficeret expensis petentis in eius infamiam et bonorum exemplum in curia consulum Kallismale nominatim in nomine et effigie depingatur.

### XXVII. De questionibus inter factores, discipulos et magistros vertentibus.

Cum pluries contingat causas et querimonias fieri et esse coram consulibus inter factores discipulos et magistros eorum, statutum est quod si aliquis factor vel discipulus querimoniam posuerit coram consulibus de suis magistris de suo salario et pactum fuerit inter eos de certo salario ei solvendo per annum illud pactum consules ei faciant observari secundum scriptam libri eorum sotietatis, si vero non sit inde aliquod pactum de certo salario ei annuo persolvendo sed venit ad dictam sotietatem ad illam remunerationem quam ei sui magistri facere vellent, non cogantur tales magistri dare illi tali factori vel discipulo ultra vel aliter quam ipsi magistri statuerint et scribi fecerint, non obstante eis quod pro aliquo vel aliquibus anno vel annis preteritis aliquod salarium ei solverint.

### XXVIII. De discipulis qui intraverint religionem aliquam.

Ordinatum est quod si aliquis qui fuerit ab uno anno citra vel sit in arte Kallismale intraverit vel intraret aliquam religionem cum pecunia magistri sui quod tales fratres religiosi qui talem discipulum receperunt donec dictam pecuniam per discipulum *delatam* (²) non restituerint magistro talis discipuli priventur elymosinis mercatorum Kallismale ad fundacos et apothecas et domos eorum donec dicta pecunia fuerit restituta.

---

(1) In interlinea, della stessa mano.
(2) In interlinea, di mano più tarda

**XXIX. Quod consules teneantur ad petitionem regiminis Florentie testificari quod qui sunt de arte Kallismale et ipsam artem possunt exercere sunt de arte Kallismale.**

Provisum et ordinatum est per dictos arbitratos quod consules tam presentes quam futuri quandocumque de hoc fuerint requisiti a regimine vel offitialibus comunis Florentie possint, teneantur et debeant testimonium facere et reddere et testificari coram quolibet regimine et offitiali comunis Florentie quod quicumque sunt de arte Kallismale vel tenentur ad ipsam artem possunt exercere libere secundum formam Statuti dicte artis quod predicti sunt de dicta arte Kallismale et ad ipsam artem tenentur. Et predicta dicti consules teneantur testificari ut dictum est ad penam libr. x pro quolibet consule et cotiens.

**XXX. Quod querimonie et alia recipiantur per notarium inquisitionis.**

Statutum et ordinatum est quod petitiones et querimonie et alia recipiantur et fiant et fieri et recipi possint per notarium inquisitionis dicte artis ad hoc ut negotia dicte artis facilius et melius valeant expediri.

**XXXI. De pactis apothecarum et fundacorum servandis.**

Pacta et conventiones que primo facta fuerunt de apothecis Kallismale et de apothecis omnium qui ad hanc artem tenentur cum illis quorum fuerint faciemus sine fraude observari et teneri si querelam inde habuerimus per scripturam. Et si differentia esset inter dominum apothece et mercatorem inquilinum ejus de pensione apothece debeant ipsam questionem inter partes, et quocumque porigatur querimonia congnoscere et finire. Et si dominus apothece noluerit inde stare sub consulibus nec servare quod inde decreverint consules non permictant aliquem eorum mercatorem stare in apotheca vel domo ipsius domini. Preterea statutum est quod quicumque mercator unus vel plures conducunt aliquam apothecam vel fundacum in qua vel quo velint facere mercantiam pannorum ultramontanorum teneantur ipsam conducere et conduxisse seu conducere intelligantur nomine suo et sotiorum suorum omnium presentium et futurorum pena librarum L et quotiens. Et nullus frastollat fundacum vel apothecam contra voluntatem habentis eam pena libr. cc. et nichilominus restituat ipsam primo inquilino. Et si dominus apothece vel fundaci aut aliquis de suis consortibus ipsum vel ipsam frastolleret pretestu incarandi vel augendi pensionem aut ad sotiandi se cum aliquo mercatore vel alia causa nullus qui huic arti tenetur possit in eo vel in ea morari inde ad x. annos pena libr. cc. et cotiens nisi de voluntate prioris vel priorum inquilinorum habita per publicum instrumentum, et ille qui assotiaret sibi talem hospitem devetetur ab arte et nichilominus puniatur in libr. cc. et si aliquis de prioribus inquilinis voluerit ipsam apothecam vel fundacum dimictere vel renumptiare domino aut locare alteri et unus vel plures ex ipsorum sotiis voluerint ipsum vel ipsam retinere debeat remanere penes volentes retinere et consules dictas penas exigere et non redere teneantur, quod si non fecerint perdant eorum salarium et insuper condempnentur in libr. L. per sequentes consules. Item statutum est quod si aliquis vel aliqui se asotiaverint olim vel in futurum cum aliquo vel aliquibus mercatoribus qui habeat vel habuerit apothecam in Kallemala et se voluerit vel voluerint separare vel separaverit a talibus sotiis et sotietate ipsorum debeat apotheca eorum remanere dictis eius sotiis et sotietati. Salvo quod si talis sotius vel sotii qui se ab eis separaretur dedisset vel dedissent tempore ipsorum assotiationis aliquid occasione apothece ipsorum et illud vel quantum dedissent illa occasione ei et eis restituatur per alios remanentes in apotheca. Item statutum est quod nulla persona que teneatur sub arte Kallismale debeat tollere vel conducere apothecam vel fundacum quem haberet pro maiori pensioni quam dederit in preteritum sine licentia consulum et autoritate consilii generalis et obtineat quod maior pars dictorum consulum et consilii decreverit in predictis. Item quod conductio facta de apothecis et fundacis per illos sotios qui primam conductionem fecerunt sit et intelligatur esse facta suo nomine et nomine sotiorum suorum omnium presentium et futurorum. Et si sotius vel sotii qui primo dictam conductionem fecisset vel fecissent separaret se a sotietate sotius vel sotii qui remanebunt in dicta apotheca vel fundaco possint alios sotios sibi assotiare in dicta apotecha vel fundaco. Et tales sotii non debeant hospiti talis apothece vel fundaci pro intrata aliquid dare vel solvere sub pena libr. cc. Et in eo casu quod a talibus sotiis pro intrata aliquid peteretur teneantur tales sotii predicta exponere coram consulibus Kallismale, et consules teneantur et debeant se interponere ad petitionem talium sotiorum ita quod hospes aliquid non petat vel exigat pro intrata quod si hospes non destiterit a petitione predicta et cessaverit teneantur consules intra tertiam diem facere claudi omnes apothecas et fundacos talis petentis intratam et consortum eius.

### XXXII. De requirendis hospitibus hominum Kallismale ut eorum apothecas et fundacos et tabulas locent pro x annis (1).

Cotidie a potentioribus et aliis ipsorum ex cresente malitia ubique locorum de ipsorum facultatibus novis et in solitis exactionibus opprimuntur et in excogitatis collationibus mordacibus agravantur expedit eis ut pro defensione et tuitione ipsorum se ipsos premuniant debitis providentiis et cautelis. Et sic provide ordinatum est quod consules Kallismale in principio mensis januarii secundo die dicti mensis teneantur et debeant requiri facere illos de domo Cavalcantum et de domo Chermontesium et de domo Lambertorum et de domo Bosticorum et de circumstantiis Kallismale qui videbuntur dictis consulibus requirendi quorum apothecas fundacos et tabulas homines Kallismale tenent ad pensionem et scire ab eis si volunt stare contenti pensionibus solitis et usatis in anno proximo preterito quod si stare contenti voluerint bene quidem firment et conducant dictas apothecas et fundacos nomine et vice illorum qui tenent eos pensionibus solitis

---

(1) II Rub. ha « in decem annos ».

ut dictum est per x annis proximis venturis ad pensionem obligandam pro tempore solummodo locatores, verum si stare contenti noluerint teneantur et debeant consules mominati superesse continue ad tractandum et inveniendum contratam et locum sicut videbitur dictis consulibus cum eorum consilio spetiali ubi et in qua omnes homines huius artis in Kallemala et circumstantiis stantes convenire volentes ad ipsam artem possint habere illos fundacos et apothecas que et qui eisdem mercatoribus necesse fuerint pro convenienti pensione que firmata et stabilita sit pro xx annis, et habeatur consideratio in conditionibus sotietatum et sicut hodie apposite sunt ita quod secundum conditionem cuiuslibet compangnie et sicut hodie aposita est locetur in illo tali loco et contrata propinquius quod fieri poterit. Et hec talis provisio de dandis apothecis et fundacis cuilibet sotietati fiat per modum qui videbitur consilio generali dicte artis habitis ad hoc consilium duobus pro fundaco et uno pro apotheca, et hec supradicti consules teneantur fecisse de mense et per totum mensem februarii venturi sub pena libr. v/c pro quolibet pro quo remaneret de hoc faciendo quam condempnationem teneatur notarius inquisitionis pro una die mensis martii proximi sequentis et quelibet sotietas huius artis debeat exhibere et dimictere tabulas apothecas et fundacos quos et quas tenent hodie, et intrare eas que sibi fuerint assingnate ad illos terminos vel terminum sicut consules preceperint. Et qui hoc non faceret consules possint et debeant eum condemnare in libr. c. sicut videbitur eis cum consilio septem bonorum hominum de arte Kallismale considerando tabulas apothecas et fundacos quos et quas opportebit talem sotietatem relinquere et intrare, et insuper talis sotietas devetetur ab arte. Et nullus de arte possit vel debeat habere facere cum eis quousque mandata dominorum consulum dicte artis impleverint sub pena c. libr. pro qualibet vice nec a dicto eximatur deveto donec talis condempnatio non fuerit exsoluta que facta esset. Et si contingeret dictos mercatores exire de dictis apothecis fundacis et tabulis nullus de dicta arte seu de tenutis dicte artis ab inde in antea quod exire debeat redire de cetero ad standum in eis vel aliqua earum causa faciendi vel exercendi aliquod cambium vel mercantiam in quocumque genere mercationum et rerum et non habeant dicti mercatores aliquid facere cum aliquo predictorum quorum fuerint tabule apothece vel fundaci relicte et relicti de retinendo de ipsosum vel alterius ipsorum pecuniam vel eis vel alteri eorum aliquod mutuum exibendo vel faciendo aliquam fideiussionem vel intratam pro eis vel aliquo eorum apud comune florentinum vel singularem personam, salvo quod dicta prohibitio locum non habeat in illis personis que de una domo vel stirpe seu illis singularibus personis de una domo que de suis fundacis apothecis et tabulis generaliter omnes voluissent condescendere et consentire voluntati dictorum consulum de suis tabulis apothecis et fundacis dimictendis. Et quod nullus mercator vel sensalis vel aliquis tenutus dicte arti habeat aliquid facere cum aliquo qui iret vel rediret ad standum in aliquo fundaco apotheca vel tabula qui et que sicut predicitur fuerint relicte de aliquo mutuo cambio vel commercio in quocumque genere mercationum et rerum ut dictum est sub pena librarum quingentarum pro quolibet et qualibet vice. Et teneantur consules in principio eorum offitii facere requiri de maioribus et melioribus tribus ad minus cuiuslibet sotietatis fundaci et apothece et coram eis facere legi seu exponi dictum capitulum ita quod eius continentia veniat ad notitiam sotiorum singularum sotietatum et predictos requisitos iurare faciant quod presens Statutum servabunt et per duos sotios servari facient bona fide eosque iurare faciant quod nec per se nec per aliam personam dominis seu locatoribus suis dabunt vel dari facient aliquid pro intrata nec maiorem pensionem solvent ante terminum nisi pro uno anno tantum. Et quod nichil ultra pensionem conventam dabunt vel solvent seu dari vel solvi facient pro dono merito seu aliquo iure vel modo qui dici vel excogitari possit sub pena libr. v/c. pro quolibet et qualibet vice et sit periurius et quilibet possit denuntiare contrafacientes et denumptiatio facta debeat sub secreto teneri. Et notarius inquisitionis singulis duobus mensibus teneatur et debeat generalem inquisitionem facere de predictis.

### XXXIII. Quod discipuli vel factores qui steterint extra Florentiam pro suis sotietatibus debeant venire Florentiam ad reddendum rationem.

Item statuimus et ordinamus quod aliquis factor alicuius sotietatis vel compangnie qui stet stetit vel steterit extra Florentiam pro ipsa sotietate et compangnia non possit nec debeat se separare ab ipsa sotietate pro eundo et stando cum aliqua alia persona vel compangnia nisi primo revertatur Florentiam ad reddendum et faciendum rationem et computum rationis sotiis et sotietati sue cum qua et pro qua morabatur et stabat.

### XXXIV. Quod rationes scribantur per numerum dierum in singulis diebus.

Item statutum est quod scriptores sotietatis Kallismale teneantur et debeant scribere rationes in eorum libris secundum dies et intratam mensis silicet die primo secundo vel tertio usque ad ultimum diem et numerum mensis de omnibus creditis et debitis.

### XXXV. De questionibus forensium terminandis.

In honorem mercantie et mercatorum florentinorum et ut mercatorum florentinorum legalitas bonitas et equitas ubique locorum possit merito commendari provisum est quod si aliqui forenses habuerint aliquam questionem cum aliquo vel aliquibus qui teneantur sub arte Kallismale commissam per aliquod regimen civitatis Florentie consulibus Kallismale vel quam ipsi forenses de ipsorum voluntate vellent facere coram dictis consulibus contra aliquem artis Kallismale predicti consules omni modo quo melius possint teneantur dictam questionem terminare atque diffinire intra XL dies computandos a die date querimonie seu petitionis per eos et quod ab sententia que pronuntiabitur per dictos consules super querimonia seu petitione predictorum non possit nec debeat appellari nec de nullitate opponi nec peti possit nec debeat quod talis sententia possit redigi ad arbitrium boni viri, sed talis sententia semper debeat firma observari sub pena dupli quantitatis vel extimationis rei in dicta sententia contenta a contrafaciente exigenda et solvenda camerario dicte artis. « *Additum est per arbitros quod si dictus florentinus per forensem conventus sucubuerit in questione condempnetur dicto forensi in omnibus expensis per dictum forensem factis ratione dicte quesitonis in civitate Flor. in comestione et potu et in advocatione et procuratione et scripturis determinandis et taxandis per consules dicte artis.* » (¹).

### XXXVI. Quod consules Kallismale procurent cum consulibus campsorum.

Ordinent consules cum consulibus campsorum quod mercator Kallismale volens agere contra campsorem agat coram consulibus campsorum et e quonverso et ad alias curias non ducantur.

### XXXVII. Quod non audiatur querimonia de interesse de extra artem.

Provisum est quod quicumque fecit in preteritum vel fecerit in futurum querimoniam extra curiam consulum de aliquo qui teneatur sub arte Kallismale et de sorte in querimoniam petita habuerit sententiam contra eum quod postea talis qui talem sententiam habuit vel habuerit coram consulibus Kallismale si vellet facere querimoniam de dampnis expensis et interesse vel de aliquo restauro pro dicta sorte pro qua sententiam habuit non debeat audiri.

### XXXVIII. Quod nullus possit convenire aliquem extra curiam consulum (²).

Quia facta mercatorum qui inter eos aguntur convenientius tractari possunt coram consulibus artium sub quibus resident litigantes quam coram aliis iudicibus, provisum est quod nulla persona de arte Kallismale possit vel debeat extra curiam consulum Kallismale traere vel convenire aliquam personam que teneatur sub dicta arte Kallismale in iudicio in quo tractaretur vel.... (³) questio fieret vel moveretur de mercantia mutuo deposito vel cambio vel alia re ex mercantia descendente sub pena a contrafaciente tollenda arbitrio consulum Kallismale.

### XXXIX. Quod vexilla beati Johannis scribantur.

De mense januario eligemus duos bonos homines qui scribi faciant per manus notarii vexilla que ponuntur in ecclesia Sancti Johannis et eorum singna itaque diminui non valeant nec auferri, et similiter faciant gubernari apparatus trium-

---

(1) Il tratto scritto in corsivo fu aggiunto sul margine superiore del foglio da mano più tarda.
(2) Nel Rub. questa si trova dopo la R. XL.
(3) V'ha parola cancellata.

fantis carrocii in domibus opere ubi melius et honorabiliter viderint decere pro comuni exceptis antellis carrocij qui in ipso batisterio gubernantur.

### XL. Quando pater tenetur pro filio.

Si quis pater habet sotios et sotietatem in hac arte et eius filius vel filii habeat vel habent vel detinent aliquid de bonis ipsius sotietatis, statutum est quod ipse pater pro huiusmodi filiis vel filio respondere et satisfacere teneatur ex quacumque causa teneretur aliquid reddere vel facere seu dare seu restituere suis sotiis et magistris aut sotietati eorum pater ipsius debitoris pro filio teneantur et cogantur efficaciter per consules Kallismale ad totum id quod eius filius teneretur integraliter exsolvendum si dictus filius non sit emancipatus et si eum cogere nequierint procurent quod cogatur per regimen Florentie. Et quilibet mercator huius artis teneatur pro filio suo debente dare vel facere aliquid suis sotiis vel magistris aut sotietati eorum vel alicui mercatori vel sotietati huius artis totum id quod dare teneretur, etiam si dictus filius fuerit emancipatus ab eo nisi ipse pater denumptiaverit coram consulibus huius artis et scribi fecerit in actis eorum curie dictum filium suum esse emancipatum ab eo per publicum instrumentum scriptum manu notarii qui scripserit ipsam emancipationem in quo casu post dictam talem denumptiationem ille talis pater non teneatur predicto filio suo in hiis que fecerit a dicta denumptiatione in antea. Et predicta consules faciant denumptiari per artem intra tres dies post dictam talem denumptiationem patris.

### XLI. De hiis qui tenentur sub consulibus respondere.

Ad omnem fraudem et malitiam removendam statutum et ordinatum est quod quicumque respondet aut respondere tenetur aut teneri solitus est aliquo tempore sub consulibus et arte mercatorum Kallismale aut eius pater avus vel proavus aut alii ascendentes ex quacumque linea cui vel quibus subcesserit vel heres extiterit quocumque iure subcessionis sive etiam sotius cogatur et cogi possit et debeat cum effectu per consules Kallismale tam ipse quam heres et subcessor quocumque modo vel iure ut sotius vel heres soti realiter et personaliter ad standum et respondendum et iuriparendum sub dictis consulibus et arte ad voluntatem consulum mercatorum et sicut faciunt comuniter homines dicte artis et ipsam artem exercentes non obstante aliqua lege vel exceptione et maxime quod non sit vel fuerit ipse de foro et iurisdictione consulum dicte artis vel in causa agitata vel agitanda non fuerint dummodo ipsi aut ascendentes vel descendentes eorum ex quacumque linea ut dictum est fuisse vel respondisse vel esse sub ipsis consulibus et arte vel ad ipsam artem teneri nunc vel olim reperiantur sive reperiri possint vel certum sit consulibus ipsis aut scripti reperiantur in matricula huius artis. Et hoc capitulum extendatur et locum habeat ad preterita et futura et lites pendentes, salvo quod qui renumptiavit arti coram consulibus per publicum instrumentum non possit cogi per consules nec coram eis convenire de hiis que gesserit post diem renumptiationis ipsius.

« *Quod ipsi qui renumptiaverint et qui renumptiassent in preteritum teneantur respondere effectualiter de omnibus per eos gesta et promissa ante renumptiationem prediclam, et hec additio intendatur ad preterita et futura* » (¹). Et talem renumptiationem consules notificent per universam artem Kallismale ea die vel sequenti. « *Verumtamen si aliquis faciens artem Kallismale vel habens partem in aliquo sotietatis ipsius artis renumptiavit actenus vel renumptiaverit in futurum talis renumptiatio non valeat nec admictatur per consules nisi doceat per publicum istrumentum se fore divisum ab ipsa sotietate et illud istrumentum consules per totam artem faciant publicari.* » (²). Si quis autem creditor tacuit per xxx annos non gaudeat beneficio presentis capituli constituti, additum est quod suficiat si magister dicte sotietatis denumptiaverit coram consulibus talem sotium non esse plus sotium eiusdem sotietatis et illa denumptiatio publicetur et notificetur per artem ut moris est.

### XLII. Quod consules teneantur requirere alios consulatos et regimina florentina quando aliquis denegaret respondere sub suis consulibus ad petitionem recipere debentis.

Si quis de hac arte vel alia quacumque est vel erit debitor alicuius inde querimoniam ponentis coram consulibus debitoris et debitor suis consulibus parere contempserit et suo creditori satisfacere de petitis, teneantur ad petitionem recipere debentis alios consulatus et personas quas viderint expedire requirere et apud regimen Florentie procurare quod talis debitor parere et satisfacere compellatur vel exbanniatur et eius bona distrahantur et dentur creditoribus insolutum et omnia faciant que in faverem creditoris fuerint facienda. Verumtamen si quis de arte Kallismale cessavit aut cessaverit cum pecunia vel rebus creditorum suorum possint consules eisque liceat per se vel per alios quos ad id habere voluerint et deputare capere tollere et possidere omnia et singula bona mobilia et immobilia iura et actiones et nomina quocumque iure vel modo pertinentia ad talem cessatum vel cessaturum et super ipsis omnibus et singulis quotiens voluerint contrahere componere venditiones insolutas dationes divisiones fines iurium cessiones facere et alia omnia et singula ad eorum arbitrium et voluntatem facere que in favorem et comodum creditorum viderint facienda. Preterea si quis cessatus cum pecunia creditorum suorum aut aliis rebus cuiuscumque conditionis sit ipse cessatus et postea componit cum suis creditoribus omnibus vel aliquo aut aliquibus creditorum solvendo minus forte vel capitali cogatur efficaciter per consules Kallismale ad petitionem cuiuscumque creditoris qui talem solutionem receperit compellere eum usque ad capitale non obstante aliqua fine vel actione inde facta et tam ipse quam heredes eius adscendentes ad hec efficaciter compellantur quod si facere contempserint consules non permictant eum vel eos facere nec esse aut partem habere in aliqua sotietate Kal-

---

(1) Scritto in margine da mano più tarda.
(2) Scritto nel margine inferiore del foglio da mano più tarda.

lismale nullumque ius eis vel ei servetur. Verum si quis talium receptus fuit olim in aliqua sotietate Kallismale et ipsi sotietati non fuerit prohibitum contra eum non fiat processus aliquis si ille satisfacere voluerit cuilibet mercatori nostro et cuilibet alii qui ab eo petierit usque ad complementum capitalis et sortis et hoc capitulum locum habeat contra omnes qui ita cessarunt vel cessaverint cuiuscumque artis vel conditionis existat si venerit aut venire voluerit ad hanc artem quod non recipiantur nec esse possint de ipsa arte nisi satisfecerint usque ad capitale et etiam contra filios et descendentes ipsorum qui fuerint de hac arte, et si quis post mandatum et prohibitionem consulum eum in sotietate vel apotheca tenuerit puniatur per consules in libr. xxv et cotiens. Et intelligatur cessasse et cessatus quicumque suo creditori capitale integre non solvisset.

### XLIII. Quod qui cessaverit cum pecunia creditorum suorum debeat obstendere librum sue sotietatis.

Statuimus et ordinamus quod si quis de arte et de tenutis arti Kallismale cessavit vel cessaverit cum pecunia et rebus alterius et creditorum suorum et librum corporis sue sotietatis celavit vel celaverit ita quod haberi et videri non possit quod sit sotii dicte sotietatis et filius talis cessati vel qui cessaverit vel nepos ex filio vel alius de suis descendentibus ex linea masculina dixerit et diceret se creditorem talis cessati et qui cessaverit et peteret aliquid ab eo cessato vel qui cessaverit non audiatur nec audiri debeat nisi primo obstendiderit dictum librum corporis dicti cessati et qui cessaverit ad hoc ut videatur et videri possit qui sunt sotii sotietatis dicti cessati et qui cessaverit quem librum debeat ostendisse ante quam creditores dicti cessati et qui cessaverit bona et res ipsius cessati et qui cessaverit dividant et partiuntur.

### XLIV. De libris fugitivi et cessantis approbandis per consules Kallismale cum consilio XII mercatorum Kallismale quod sit dicti cessantis et fugitivi.

Cum legalitas et veritas in singulis rebus per quemquam hominem peragendis debeat observari et hoc potissime requiratur in mercatoribus Kallismale de Florentia de quorum fide et legalitate probata omnes domini et barones et gentes qui cum eis facere habuerunt et habent plenarie preconfidunt, ita quod honor est dictis mercatoribus et toti civitati Florentie et civibus florentinis quorum mercatorum fama laudabilis et legalitas nota et manifesta sit per singula mundi partes, et ad hoc ut dicta fama nomen et legalitas perseveret et debitum augumentum recipiat et per nullam personam malivolam valeat turbari vel violari statutum et ordinatum est quod si aliqua questio fiet de aliquo fugitivo vel cessante vel fiet occasione alicuius fugitivi vel cessantis de dicta arte Kallismale cum quacumque persona dicta questio *habeatur* [1] libri talis fugitivi vel cessantis de

---

(1) Aggiunto in margine da mano più tarda.

dicta arte Kallismale possint et debeant aprobari per consules dicte artis tam presentes quam futuros cum consilio XII mercatorum dicte artis et quod dicta approbatio valeat et teneatur pro legitima aprobatione quantum ad probandum pertineret quod dicti libri fuerint talis fugitivi vel cessantis de dicta arte Kallismale vel qui affugisset vel cessasset cum pecunia aliena et quod alia probatio non requiratur ad probandum vel ostendendum quod tales libri sint vel fuerint talis cessantis vel fugitivi et predicta locum habeant in questionibus presentibus et futuris et quod consules Kallismale tam presentes quam futuri teneantur et debeant procurare toto posse quod predicta per regimina comunis Florentie debeant observari et quod etiam ponantur in Statuto comunis Florentie.

### XLV. Quod scripturis et rationibus librorum detur plena fides.

Scripta librorum de rationibus et libris sotietatum Kallismale prout in eis scripta reperiuntur omnem habeant firmitatem et eis fides plenior habeatur quod consules teneantur tales scripturas librorum executioni mandare ad petitionem petentis in cuius favorem loquerentur et essent intra VIII dies a die porrecte petitionis computandis secundum ipsarum vel ipsius scripture continentiam et tenorem non obstante aliquo capitulo constituti huius artis et si quis petierit copiam alicuius rationis quam dicat ad se pertinere vel eam exemplari petat per publicum instrumentum debeat cavere coram consulibus stare scripte ipsius libri et rationis de datis et acceptis et pactis et conditionibus ac verbis in ea ratione libro et libris dicte sotietatis scriptis et tunc et non aliter ei consules faciant exemplum vel copiam exiberi et fide de dicta scriptura vel verbis scripture esset questio determinetur per consules ad eorum arbitrium exceptis de hoc capitulo libris et rationibus librorum sotietatis que suis creditoribus solvere defecerunt, in quibus exemplandis vel non et corrigendis et emendandis et aliis omnibus faciendis consules procedant iuxta suum beneplacitum voluntatis.

# LIBRO III.

### I. De denario dei dando in mercatis.

Statutum et ordinatum est quod de omnibus et singulis mercatis detur et dari debeat denarius dei quo denario dato mercatum stabile sit et firmum ita quod aliqua occasione non possit moveri vel infringi.

### II. De termino trium mensium et dimidii inter mercatores nostros.

Statutum est quod in quolibet mercato emptionis et venditionis pannorum silicet unius petie integre vel plurium sit et esse debeat terminum solutionis trium mensium et dimidii proximorum a die receptionis pannorum incipiendo non tamen possit emptor apud venditorem dimittere pannos ultra VIII dies post sigillationem et mercatum inde factum et nullus possit dare vel petere maiorem terminum pena librar. xxv auferenda contrafacienti, et quod venditor qui talem terminum dederit, sit periurius. Panni de aglia exceptati et excepti sint ab isto capitulo, et si emptor voluerit facere solutionem ante terminum predictum teneatur venditor pretium recipere ex computando de termino *cursuro* (¹) ad denarios duos per mensem et libram ad penam predictam et quod idem scomputum fiat el fieri debeat de pretio omnium et singularum mercationum ad nostram artem spectantium venditarum ad terminum sicut supra dictum est de venditione pannorum, et teneantur consules facere inquisitionem de predictis per sensales et etiam legi facere hoc capitulum omni mense in consilio dicte artis, et sensales teneantur non petere nec consulere quod petatur maior terminus quam supra dictum est, et teneantur denumptiare si contra factum esset per aliquem ad penam s. xx pro qualibet vice. Et quod hospes emptoris si sciverit contra factum esse teneatur non scribere pretium venditori neque cartam inde facere pena libr. xxv pro qualibet vice quas consules exigere et non reddere teneantur, et scriptor cuiuslibet sotietatis habeat hoc capitulum scriptum vulgariter supra locum ubi stat ad scribendum.

### III. De termino duorum mensium et dimidii inter mercatores nostros (²).

Item statutum est quod forestani qui emunt pannos ab hominibus huius artis habeant terminum duorum mensium et dimidii et possint scomputare ad duos

---

(1) Scritto su rasura da mano più tarda in carattere più minuto.
(2) Manca nel Rub. « nostros ».

denarios et non plus ultra et similem terminum et scomputum habeant cives et districtuales (¹) florentini qui pro se vel forensibus emerint pannum integrum unum vel plures et omnia sicut habent forenses.

### IV. Quod in venditionibus non det terminum forensibus ultra otto dies.

In venditionibus faciendis per homines huius artis forensibus nullus mercator debeat dare terminum postquam panni venditi et sigillati fuerint ultra VIII dies de recipiendo solutionem vel scriptam publicam promissionis denarii pretii. Et ad hoc ut melius hec serventur consules in principio sui offitii faciant iurare clavarios et scriptores cuiuslibet sotietatis huius artis quod non dabunt nec dari permictent per aliquem de sua sotietate maiorem terminum otto dierum et si emptor ante otto dies deferret pannos extra apothecam venditoris a die qua eos detulerit scribatur terminus sub pena s. XL pro qualibet petia panni qua contrafieret cuilibet contrafacienti per consules auferenda et contrafaciens etiam sit periurius et quod sensalis teneatur non petere nec consulere quod petatur maior terminus quam dictum sit supra et teneatur denunptiare si contra factum esset per aliquem ad penam periurii et s. XX pro qualibet vice, et teneantur etiam hospites si sciverint contra factum esse per aliquem eorum hospitem non facere inde carta venditoris de pretio solvendo ad penam periurii et libr. XXV pro qualibet vice quas penas teneantur consules exigere et non reddere. Et quod quilibet scriptor societatis habeat hoc capitulum scriptum vulgariter supra locum ubi stat ad scribendum.

### V. De termino dato in mercato (²) ad litteram.

Provisum est quod quicumque fecerit mercatum ad litteram de pannis franciscenis cum aliquo mercatore qui teneatur sub dicta arte conductis torsellis talis mercatoris venditoris Florentie et terminus adequatis postea ad XV dies incipiat terminus currere emptori trium mensium et dimidii et nullus possit dare vel petere maiorem terminum sub pena libr. L f. p. et sub pena libr. X pro sensali qui fecerit contra predicta et cotiens et hec non intelligantur de pannis anglicis. Additum est quod non intelligatur mercatum ad litteram de mercatis que fierent de pannis qui essent in civitate Florentie.

### VI. Quod panni teneantur singnati vero costo (³) tacchis et scripturis.

Item statuimus quod quilibet mercator teneatur et debeat tenere omnes pannos integros singnatos vero costo vel tacchis vel scriptura sub pena libr. X pro quo-

---

(1) Il corpo della parola è scritto su rasura, da mano più tarda, in carattere più minuto.
(2) Il Rub. ha « mercatis ».
(3) Manca nel Rub. « vero costo ».

libet panno integro non singnato et quod augere non possint nec singnare in eis maius costum set cuilibet singnare minus costum si voluerit.

### VII. De venditionibus flendis ad pagamentum.

Quilibet de hac arte Kallismale vendat et vendere debeat ad pagamentum si potest et si non potest vendere ad pagamentum petat tantum de panno die venditionis quantum ad terminum trium mensium et dimidii pro civibus Florentie et duorum mensium et dimidii pro forensibus, et si a termino in antea differeret emptor solutionem pretii possit venditor aquirere et petere ipsum pretium super emptorem sine peccato et si ante terminum vellet emptor solvere possit venditor schomputare ad eius voluntatem et inde donare quidquid vult sine peccato et predicta in hoc capitulo contenta ita flant quod nullum peccatum intervenire possit et in cartis promissionis venditionum pretiorum qui flunt forestanis debeant esse principales hospites eorum ita quod si venditori non foret solutum ad terminum possit venditor accipere et recuperare pretium super ipsos hospites non obstante aliquo capitulo huius constituti.

### VIII. De non vendendo pannos nisi ultramontanos et anglicos.

Nemini liceat de hac arte vendere seu vendi facere in Kallemala vel ad eius fundacum aliquem pannum nisi de ultra montes et Anglia pena libr. quinquaginta et quotiens, nec etiam vendere pannos ultramontanos illis de Sancta Cjcjlia aut aliis quibuscumque vel *altts* (¹) ementibus pro eis vendendos ad ritalglium ad penam libr. L pro quolibet vendente predictis, et consules teneantur predictos conventos culpabiles de predictis in pena dicta superius condempnare et punire, et quod consules teneantur facere quolibet mense inquisitionem de predictis qui pannos ultramontanos venderet ad ritalglium, et teneantur facere et curare omni modo et via quibus melius poterunt quod tales persone iurent sub arte Kallismale quod si iurare noluerint procurent dicti consules quod predicti non faciant dictam artem et ad hec facienda teneantur consules iuramento et sub pena libr. x pro quolibet.

### IX. Quod panni ultramontani vendantur ad grossos.

Nullum mercatum pannorum ultramontanorum sit nisi ad grossum secundum cursum Kallismale diutius observatum pena s. xx et quotiens, et quicumque de arte Kallismale teneretur alteri de dicta arte in aliqua quantitate pecunie ad florenum ex quacumque causa, teneatur et debeat facere solutionem in florenis aureis computando florenos auri s. xxix ad florenum.

---

(1) Aggiunto in margine da mano più tarda.

### X. De pena mictentis pannos venditos forensi nisi recepta solutione [*vel scripta* (¹)].

Statutum est quod nullus mercator huius artis qui vendit pannos possit dare vel mittere pannos venditos alicui forensi nisi primo dictus forensis ei vel sue sotietati soluerit pretium sicut tenetur aut cum hospite suo cartam fecerit vel scriptam libri cum hospite suo de solvendo ipsum pretium sicut tenetur post securitatem per ipsum *factam* (²) hospitem (³) mercatorum iuxta formam capituli constituti et quod forenses hospites intelligantur esse hospites eius cum quo hospitantur. Si quis vero contrafecerit puniatur et condempnetur per consules pro qualibet vice in libris duabus pro qualibet vice et quolibet panno de quibus perveniat in comune huius artis medietas et alia medietas solvatur et detur per consules denumptiatori qui eum denumptiaverit ipsis consulibus.

### XI. De pena facientis doganam pannorum et vendentis certos pannos ad apothecam affectatoris.

Pro meliori statu mercantie firmatum est quod nulli mercatori vel eius sotietati liceat habere vel tenere vel facere doganam vel aliquas conventiones cum aliqua alia sotietate vel cum aliquo alio mercatore de vendendo vel emendo pannos scarlattos vel auricellos integros vel ad talglium, facienti contra tollant consules nomine pene libr. L de qua medietatem dari et solvi faciant denumptiatori et alia medietas sit huius artis. Item quod nullus pannus tinctus mangnus de ipro vel de guanto debeat obstendi vel debeat vendi ad apothecam alicuius affectatoris sub pena s. c. pro quolibet panno et qualibet vice contrafacienti auferenda. Item cuilibet sotietati vel mercatori habenti apothecam in contrata Kallismale liceat vendere de dictis pannis ad apothecam suam de Kallemala et ad fundacum suum et ubique seu ubicumque voluerit dum tantum in ruga mercatorum Kallismale tantum et non extra dictam rugam sub pena predicta.

### XII. Quod nullus de arte Kallismale debeat vendere vel tenere aliquem pannum alicuius qui non sit de arte Kallismale.

Provisum est quod nullus de arte Kallismale vel tenutus dicte arti debeat vendere vel vendi facere nec se intromittere quod vendatur ad apothecam vel fundacum vel in alio loco aliquem pannum alicuius qui non sit de arte Kallismale et qui contrafecerit condempnetur per consules pro quolibet panno et qualibet vice in s. XL ad florenum et sub pena libr. X ad florenum pro qualibet scarlata et qualibet vice. Item quod nullus audeat retinere nec receptare ad fundacum vel apothecam vel alium locum aliquem pannum alicuius qui non sit

---

(1) Di mano più tarda, scritto con inchiostro nero.
(2) Richiamata a margine, da altra mano.
(3) Agg. di altra mano « procuratori ».

de arte Kallismale sine licentia consulum petita ab eis ante receptionem dictorum pannorum vel intra biduum postquam receperit vel habuerit ipsos pannos sub pena s. xx pro quolibet panno et qualibet vice.

### XIII. Quod nullus affectator debeat ire ad videndum vel emendum pannos extra suam apothecam vel monstrare forensi nisi presente domino panni.

Provisum est quod nullus affectator possit vel debeat ire in aliquo modo ad videndum vel emendum pannos aliquo modo in aliquo loco extra suam apothecam ad penam s. XL pro quolibet panno et qualibet vice et quod etiam non possit in apotheca sua vel ad tiratoria vel ad tintores obstendere aliquem pannum alicui forensi nisi presente illo cui esset pannus ad penam s. c. pro quolibet panno.

### XIV. Quod panni non deferantur extra fenestram venditoris.

Non deferat aliquis aliquem pannum nec deferri faciat vel permictat extra fenestram apothece vendentis nisi de voluntate procederet venditoris nec possit attestare pannos unius apothece cum pannis alterius apothece nisi essent sotii de illis pannis. Salvo quod possit tenere caput in manu extra fenestram coram apothecam. Additum est quod nec in Kallemala nec ad apothecam alicuius affectatoris possint attestari panni ad penam s. xx et cotiens et credatur de hiis duobus testibus.

### XV. Quod panni venditi ad ritalglium non mictantur sine pagamento.

Quicumque vendiderit pannum ad ritalglium non permictat ipsum extrahi de apotheca nisi toto pretio persoluto et quicumque iverit ad emendum pannos pro se vel alio teneatur non petere nec super se recipere nisi scripto pretio vel soluto pena s. x et cotiens et nullus de hoc capitulo teneatur iuramento.

### XVI. De pena vendentis vel monstrantis sartoribus.

Pro utilitate artis Kallismale firmatum est quod nullus mercator monstret vel vendat alicui sartori aliquem pannum vel partem panni ad penam s. XL pro quolibet et qualibet vice et incurrat periurium et consules debeant super predictis ponere duos accusatores de arte Kallismale de mense januarii et credatur accusatoribus cuiusque eorum et teneatur secretum. Salvo quod talis mercator qui vendiderit vel monstraverit si non congnoverit talem sartorem excusetur a dicta pena per sacramentum suum et unius de sotiis suis tunc presentibus qui iurent ad sancta dei evangelia dictum sartorem se non congnovisse.

### XVII. De bono consilio dando per ductum ductori suo ad emendum pannos.

Quicumque ductus fuerit ad emendum pannos teneatur et debeat suo ductori consilium et auxilium impendere bona fide. Et ritalgliator qui pannos alterius mercatoris vendiderit teneatur restituere domino panni totum superfluum ab uno davampie super. Teneatur insuper talis ductus proprio iuramento dicere tali emptori si ipse habet partem in aliquo panno quem ille emptor cum quo iret emere vellet et qui non dixerit et contrafecerit consules teneantur condempnare comuni huius artis in libr. v, et in minori quantitate ad voluntatem consulum, et super predictis teneantur consules eligere et ponere secretos accusatores.

### XVIII. Quod ritalgliatores vendentes pannos comunes dicant emptori quod ille qui est cum *eo* (1) habet in dictis pannis *partem* (2).

Firmatum est quod si quis ritalgliator pannorum venderet aliquem pannum quem haberet comunem cum aliquo mercatore huius artis et ille mercator qui haberet partem in tali panno veniret ad eius apothecam cum aliquo qui vellet emere de dictis pannis teneatur ille ritalgliator volens vendere dicere tali emptori vel emere volenti quod ille qui venit cum eo habet partem in illo panno ita quod emptor non decipiatur inde quod si non fecerit et non dixerit ut dictum est condempnetur per consules pro qualibet vice et quolibet panno in s. XL. Et teneantur consules facere inquisitionem omni mense de predictis.

### XIX. De pena vocantis aliquem existentem ad apothecam alterius vel euntem per Kallemmalam causa emendi pannos.

Quicumque vocaverit vel vocari fecerit aliquem existentem causa emendi pannos in apotheca vel ante apothecam alicuius quod veniat ad apothecam eius puniatur in s. XX et cotiens si consulibus denumptiatum fuerit et inde sciverint veritatem, item quod nullus audeat vocare aliquem vel aliquos emptores euntes per Kallemmalam ad emendum pannos, et qui contrafecerit puniatur in s. XX et singulis duobus mensibus fiat inquisitio de predictis et dictos XX s. solvat apotheca et fundacum talis vocantis.

### XX. De bona consuetudine in arte Kallismale.

Pro evidenti utilitate omnium et singularum personarum que pro mercantiis pannorum ultramontanorum cum mercatoribus Kallismale facere et contrahere habeant et pro legalitate servanda que per ipsos mercatores Kallismale actenus inviolabiliter est servata per longeva tempora quorum non existit memoria circa singula que fiunt in emptionibus dictorum pannorum per que singnia dictorum pannorum pretia declarantur et patent emptoribus quibus pretiis panni sic singnati empti sunt que singna tacche vulgariter appellantur per quarum taccharum

---

(1) Aggiunto in margine con inchiostro nero da mano più tarda.
(2) Id.

certitudine omnes tam consueti et experti quam non consueti et non experti in pannis emendis possunt esse veri et iusti emptores et in talibus emptionibus decipi non possunt. Unde ad hoc ut predicta comunis utilitas que ad bonum et utilitatem pertinet emptorum non minuatur vel tollatur et ut predicta legalitas mercatorum ut predicitur observata per malivolos et dolosos qui propter utilitatem propriam dolos et fraudes in dampnum et periudicium aliorum in pannis tacchandis ultra debitum et rei veritatem non timent commictere ledant vel violent in aliquo qui doli et fraudes inveniuntur actenus per varias personas fuisse commissi propter quod honori et legalitati mercantie mercatorum Kallismale multum detraherent et detrahi possit ex quadam infamia que ipsis mercatoribus et mercantie Kallismale de Florentia ex dolo et fraude malorum qui de levi solent bonis et legalibus invidere posset irogari ex eo quod ex singnatione talium taccharum emptores de quibusdam partibus quomodolibet per dolos et fraudes quam tutumcumque personarum invenirentur esse decepti. Ideo statutum et ordinatum est quod nullus forensis possit in civitate Florentie vel districtu vendere alii forensi pannos ultramontanos ubicumque emptos sive Florentie sive alibi, et hospites talium forensium teneantur non pati talia fieri pena libr. x et quotiens et hoc ponatur in carta securitatis quam faciunt hospites procuratori artis. Et nullus sensalis faciat tale mercatum immo si sciverit fieri denumptie et consulibus ea die pena libr. decem et quotiens, et de predictis teneantur consules facere tempore singularum nundinarum secretam inquisitionem et quilibet huius artis qui sciret contra factum esse teneatur proprio iuramento illud denumptiare consulibus et illum consules habeant secretum. Item nullus de hac arte debeat facere vel fieri facere aliquam relationem sive recatam pannorum ultramontanorum pro aliquo qui non teneatur sub consulibus et arte mercatorum Kallismale ad penam duorum florenorum auri pro quolibet panno contrafacienti auferendam, et ut predicta melius serventur faciant consules iurare de mense januarii clavarios et scriptores omnes sotietatum de non faciendo contra predicta et de non faciendo vel recipiendo exinde aliquam scripturam alicuius forensis ad penam predictam. Item nullus de hac arte possit vel debeat emere vel emi facere ab aliquo forense qui huic arti non teneatur aliquem pannum ultramontanum in Florentia vel districtu et comitatu Florentie neque circa montes ad penam libr. x ad florenum pro quolibet panno et incurrat periurium qui contrafecerit et quilibet possit inde esse accusator et habeat medietatem condempnationis et alia medietas deveniat in comuni huius artis et salvo quod qui fecerit recatam pannorum dictorum de uno vel duobus torsellis pro suo domino spetiali sine fraude non teneatur ad penam pro dicto uno vel duobus torsellis et quod sit sine fraude sit in provisione dominorum consulum cum consilio quod habere voluerint. Item quod quicumque sensalis fecerit contra hoc capitulum removatur ab arte sensarie et solvat penam in eo contentam et quod consules de mense januarii teneantur eligere duos secretos accusatores vel tres et denumptiatores qui teneantur proprio iuramento contrafacientes denumptiare consulibus et sit secretum et habeat medietatem exacte.

### XXI. Quod nullus hostellarius florentinus qui moretur in partibus ultramontanis possit mercari de pannis.

Provisum est pro utilitate dicte artis quod nullus hostellarius florentinus qui moretur in partibus ultramontanis debeat emere vel emi facere nec alio modo aquirere per se aliquem pannum causa remictendi citra montes vel ibidem revendendi ad penam et bannum duorum florenorum auri pro quolibet panno, et teneantur consules Kallismale per dictos hostellarios florentinos facere requiri et precipere eis quod dictum capitulum servare debeant et per ipsius observatione requirere eos singulariter quod prestent securitatem arti Kallismale de cc. florenis auri et se obligent efficaciter ad solvendum dictam penam, et qui talem securitatem facere noluerit et obligationem dicte arti vel consulibus Kallismale consules teneantur et debeant eum devetare et precipere mercatoribus Kallismale ut nullus cum tali devetato debeat hospitari ad penam libr. L f. p. pro qualibet vice, et quod consules Kallismale teneantur et debeant scribere consulibus mercatorum florentinorum in rengno Francie quod de predictis debeant solicite et actente facere inquisitionem et omni modo quo poterunt invenire contrafacientes et inventos contrafecisse notificare et transmictere inscriptis consulibus Kallismale ut de ipsorum culpis et excessibus puniantur et notarius inquisitionis similiter de predictis inquisitionem facere teneatur. Additum est quod ipsum capitulum pendeat quamdiu duraverit (¹) defensa regis francorum per quam defenditur quod moneta non trahatur de regimine francorum, et hoc predeat (*sic*) in eo casu dicti capituli tam ubi prohibetur emere pannos causa *remictendi* (²) pannos citra montes.

### XXII. De pena guidantis torsellos vel salmas pannorum ultramontanorum.

Quicumque de arte ista guidaverit tulerit seu differri fecerit de ultramontanis partibus versus Florentiam vel e contra aliquem torsellum vel salmam alicuius qui non sit de arte Kallismale puniatur in libr. c. et quotiens et hoc intelligatur de pannis ultramontanis et anglicis et qui consueti sunt vendi per mercatores Kallismale. Item quod illi qui faciunt reduci torsellos et pannos de partibus ultramontanis faciant de suis pannis veturam usque Saonam et non ultra durante guerra de Monaco ad penam libr. x pro quolibet torsello vel salma et hec consules faciant precipi in principio eorum offitii.

### XXIII. Quod nullus portet ultramontes pecuniam alterius causa (³) investiendi in pannis.

Quicumque receperit ad portandum ultramontes pecuniam vel aliquod avere alterius quam sue sotietatis aut alterius hominis quam de arte Kallismale occasione

---

(1) Aggiunto « presens » in interlinea con carattere più piccolo e più tardo.
(2) Scritto su rasura da mano più tarda ed in carattere più piccolo.
(3) Il Rubr. ha « occasione ».

investiendi in pannis a xx libr. parvorum turnensium supra seu investierit pro alio vel aliis puniantur et condempnentur in duobus florenis auri pro quolibet panno quem emeret contra dictam formam.

### XXIV. De non dando aliquid alicui ut magis veniat ad suam apothecam.

Teneantur mercatores et homines huius artis nichil penitus exibere per se vel alium alicui de florentina vel fesulana diocesi aliquid quocumque nomine ([1] censentur ad hoc ut magis ad suam quam alterius apothecam accedat ad emendum pena xx s. et cotiens.

### XXV. De non dando dirictum vel meritum de aliquo panno *ad* ([2]) talglium.

Non possit aliquis de Kallemala alicui persone dare dirictum vel meritum pro aliquo panno qui ad ritalglium venderetur sub pena s. xx pro qualibet vice nec de media petia aut pluri vel minori nisi esset petia integra nec senseria donum ve scomputum aliquod inde facere alicui emptori et qui contrafecerit condempnetur per consules pro vice qualibet in s. c. comuni huius artis solvendis et incurrant periurium et quilibet possit inde *esse* ([3]) accusator et teneatur secretum. Salvo quod hoc non intelligatur de cavezo de stanforte et de nerentone.

### XXVI. De inventis in furto et falsitate puniendis et devetandis.

Quicumque quindecim annorum vel amplius fuerit inventus in furto vel falsitate non possit postea mercari vel esse in nostra mercantia et etiam puniatur et condempnetur in c. libr. et nichilominus cogatur ydonee cavere et securare et securitatem facere de conservando illum indempnem qui ex tali furto vel falsitate lesus esset vel ledi posset vel dampnum pati. Et consules teneantur predicta exequi pena librarum vigintiquinque pro quolibet.

### XXVII. De pena dantis pannum de una terra pro alia.

Ordinatum est quod nullus mercator artis Kallismale a quo peteretur pannus de aliqua certa terra debeat vendere pro panno petito tali petenti pannum de altera terra sub pena s. XL pro qualibet canna et sub pena libr. xxv pro qualibet petia integra.

---

(1) Espunto « contra ».
(2) In interlinea, in nero, di mano più tarda.
(3) In interlinea, di mano più tarda.

### XXVIII. Quod mensuratores ad ritalglium ponant pannum in capite canne.

Ordinatum est quod omnes mensuratores et ritalgliatores pannorum in arte Kallismale in pannis mensurandis ad ritalglium ponant pannum in capite canne sicut est retroactis temporibus consuetum sub pena libr. x florenorum parvorum contrafacienti pro vice qualibet auferenda.

### XXIX. Quod pannus venditus non mictatur tintori nisi soluto pretio panni (¹).

Ordinatum est quod nullus pannus qui venditus mictatur ad tintorem nisi recepta prius integra solutione vel saldamento per scripturam publicam vel ad scriptam libri prout securitates prestite fuerint ut super dictum est sub pena s. lx pro quolibet panno et cotiens, et quod nullus mercator dimictat extrahi pannos de apotheca sua nullusque mercator vel eos pannos extra apothecam suam portare audeat vel deferre nisi solutione vel saldamento receptis ut superius continetur sub dicta pena. Additum est quod non intelligantur de pannis mangnis tintis Florentie qui micterentur affectatoribus ad affectandum et actandum, et quod propter ea que mictuntur affectatoribus non mutatur aliquis terminus sed termini contenti in Statuto sint firmi.

### XXX. De non mensurando pannum nisi dato denario dei et ipso panno sigillato.

Nullus pannus possit vel debeat mensurari nisi firmato mercato et denario dei dato et panno solempniter sigillato sub pena s. xx et cotiens.

### XXXI. De pena reducentis pannos anglicos qui non fuissent honerati in campania ante kal. decembr.

Item statutum est quod nullus pannus anglicus qui non fuisset ligatus et oneratus in torsello in nundinis campanie ante kal. decembris possit vel debeat possit adduci Florentiam vel ab Aquamorta citra ante kal. aug. ad penam libr. xxv pro quolibet torsello contrafacienti auferenda et quilibet possit inde esse accusator et habeat medietatem condempnationis predicte. Additum est quod observantia dicti Statuti sit in provisione consulum cum consilio sex mercatorum deputatorum super drapperiis superfluis si casus guerre vel vecturarum vel alterius impedimenti eveniret per que dictorum pannorum aventus impediretur. Additum est quod dictum capitulum totum pendeat et suspensum sit quamdiu guerra de Flandria cum rege Francie duraverit.

### XXXII. De iuramento clavariorum.

Consules mercatorum Kallismale teneantur mense januarii facere iurare omnes et singulos clavarios sotietatum Kallismale non ludere ad aliquem ludum taxillorum

---

(1) Aggiunto, in nero, da mano più tarda « vel scripta ».

ubi possint aliquid amictere donec erit clavarius nisi ad tabulas vel calculos pena xxv libr. et cotiens et quod quando aliquis de sua sotietate vadit extra Florentiam pro mercantia et negotia sue sotietatis ipse clavarius faciat eum iurare quod non ludat ad taxillos neque ad aliud ludum ubi quidquam possint amictere. Item quod salvabit custodiet et defendet ipsam sotietatem et eius bona et tale iuramentum sufficiat semel in anno, quicumque autem luserit et hoc clarum fuerit consulibus aut eis numptiatum fuerit per consules mercatorum de Florentia in illis partibus existentes puniatur in libr. x et quotiens et nullus qui sub consulibus teneatur possit mutuare ad aliquem ludum pena libr. x et quotiens, item iuret quilibet clavarius quod nec ipse nec alius de sua sotietate nec alius pro eo vel aliis dabit aliquid directum donum vel meritum vel aliquod aliud quocumque nomine censentur alicui persone pro aliqua venditione aut emptione pannorum ad ritalglium nec dabunt aliquid hospitibus vel sensalibus nisi quod intra in capitulo de sensalibus continetur. Salvo eo quod hospitibus dari pro eorum hospitibus forensibus consuevit, facienti contra tollant consules nomine pene libr. xxv et cotiens (1). Item teneatur quilibet clavarius quolibet anno semel videre et facere rationem cum suis sotiis qui sint in civitate Florentie vel dixtrictu ad voluntatem sotiorum ipsorum. Item non reponere teneantur vel reponi facere vel permictere in capsa vel soppidiano denarios qui dati sibi fuerint nisi primo scribantur ut debent, et de isto ultimo articulo teneantur ad penam s. xx et non per iuramentum.

### XXXIII. De pena periurii et qualiter procedatur contra degerantes.

Cum ad mercatores Kallismale inter ceteros alios mercatores et personas potissime *spectet* (2) legalitatem servare et puram et simplicem veritatem loqui et ad tollendam viam ne periuria commictantur que sunt mercatorum bone fame contraria, provisum est quod quicumque mercator de tenutis arti Kallismale super quocumque processu fiendo iuraverit dicere veritatem ad sancta dei evangelia corporaliter tacto libro de hiis que interrogatus fuerit per offitiales dicte artis, et super dicto processu responsiones scriptas fecerint in actis consulum et post dictas responsiones facta sub religione dicti iuramenti aliam responsionem fecerint contrariam prime dicte responsioni sub dicto primo prestito iuramento, negando dictam primam responsionem debeat per consules condempnari pro periurio in libr. xxv denariorum et pro periurio habeant et prime dicte responsioni stetur et detur plena fides, si vero in dictis responsionibus suis primis perseveraverit et ipse responsiones prime inveniantur facte contra veritatem silicet contra dictum iuramentum habeatur pro periurio et condempnetur in libr. xxv den. et predicta locum habeant super querimoniis et placitis que flent in curia dicte artis. Additum est in dicto capitulo quod quicumque de tenutis dicte arti

---

(1) A margine sono disegnati tre dadi.
(2) Aggiunto in interlinea da mano più tarda.

negaverit pecuniam vel rem quam suo creditori deberet per instrumentum vel scripturam libri vel scriptam sue manus vel alterius coram consulibus sit et habeatur pro periurio et si petita quantitate negata a c. libr. infra fuerit vel res petita et negata exactionis minoris centum libr. puniatur et condempnetur per consules in s. c. et cotiens et de quantitate c. libr. vel supra vel re extimationis libr. c. vel ultra petita et negata puniatur et condempnetur per consules in libr. xxv et cotiens.

### XXXIV. De requirendis civibus facientibus de hac arte ut iurent arti Kallismale.

Statutum est quod consules teneantur requirere et requiri facere omnes et singulos cives Florent. facientes et operantes et fieri et exerceri facientes aliquid de arte mercatorum Kallismale quod sub eis consulibus et ad constitutum huius artis iurent sicut faciunt homines huius artis et si quis hoc non fecerit et facere recusaverit devetent eum ab arte ista et mercatione et conversatione hominum artis huius, et si quis de hac arte postea commercium habuerit cum tali vetito tam mercator quam tintor et affectator et quilibet artis huius qui contrafecerit pro vice qualibet condempnetur per consules in libr. xxv comuni huius artis solvendis et teneantur consules ad petitionem cuiuslibet petentis ire ad dominum potestatem et capitaneum et procurare coram eis quod tales facientes de hac arte cogantur iurare sub ipsis consulibus vel omnino desistere ab ipsa operatione huius artis cum per capitulum constituti comunis Florentini hoc facere fieri dicti domini potestas et capitaneus teneantur. Et si consules predicta negligerint facere condempnentur per consules sequentes in libr. xxv.

### XXXV. De expensis fiendis pro conducendis apothecis Sancte Cecjlje.

Item provisum est quod consules cum consilio quod habere voluerint possint expendere usque in quantitatem libr. mille de pecunia artis Kallismale pro conducendis apothecis et providendis pannis florentinis ibidem pro utilitate dicte artis, et etiam pro causando et faciendo quod de bonis moribus et iustitie convenit et dicti consules procurent quo illi de Sancta Cecjlja quicumque sint qui vendent pannos franciscos iurent et iurare debeant sub consulibus et arte Kallismale vel si hoc recusaverint facere debeant abstinere a venditione dictorum pannorum.

### XXXVI. De facto Sancte Cecjlje.

Item provisum est quod consules teneantur et debeant esse per se et per alias personas tam de extra artem quam de arte soliciti et favorabiles ad faciendum et procurandum omni modo et via quibus melius poterint quod capitulum predictum sub rubrica de requirendis civibus florentinis facientibus de hac arte et que continentur in eo et in aliis capitulis loquentibus de hac materia sub facto Sancte Cecjlje mandentur executioni et hoc procurent coram regimine Florentie et alibi ubi visum eis fuerit expedire et si negligentes fuerint in predictis condempnentur pro quolibet consule in libr. x et teneantur dicti consules ea que fecerint de predictis referre ante exitum ipsorum offitii coram consilio generali dicte artis.

### XXXVII. De eligendo VI ritalgliatoribus ad consulendum super factis Sancte Cecjlje.

Statutum est quod consules teneantur et debeant de mense januarii eligere sex de ritalgliatoribus Kallismale et cum eis habeant consilium de facto Sancte Cecjlje et sicut provisum fuerit per eos sic consules faciant observari.

### XXXVIII. De canna ferrata.

Teneantur consules per totum mensem januarii ad penam s. xx pro quolibet una cum tribus legalibus mercatoribus videre cannam ferratam que facta fuit actenus pro hac arte et etiam singnari in tribus locis civitatis Florentie vel pluribus ubi viderint fore decens, et ad ipsam cannam teneantur consules de quatuor in quatuor mensibus colligere omnes cannas huius artis et si quam falsam invenerint eam rumpant et ei cuius est tollant nomine pene s. c. et precipiant mercatoribus Kallismale ut vendant et emant ad rectam cannam sicut per consules et tres mercatores fuerit desingnata et sit quatuor brachiorum cum singnis patentibus brachii integri et medii et quarti et tertii ab utraque parte canne et quod sine fraude volvant manum ad quartum et non plus et ad aliam manum non debeant tenere a quartis tribus in antea, et ad eundem rationem faciant sine fraude si mensura venerit plus vel minus, et contrafacientes puniantur arbitrio consulum predictorum: in capite vero cuiuslibet canne et quando manum mutaverit teneatur quilibet mercator mittere brocum pena s. v et cotiens.

### XXXIX. De habentibus partem in duabus sotietatibus.

Si quis habet vel habuerit partem in duabus vel pluribus sotietatibus uno eodem tempore teneantur consules si ab aliquo de una ipsarum sotietatum inde fuerint requisiti infra unum mensem compellere cum effectu ut in una tantum remaneat et ab alia separetur, et teneantur consules infra primos duos menses sui offitii invenire si aliquis contrafaceret et si aliquem invenerint et post preceptum ei factum quod unam dimictat sotietatem et infra unum mensem non dimicteret puniatur per consules in libr. c., et si consules non fecerint ut in hoc capitulo continetur perdat quilibet eorum consul de suo salario libr. quinque non tantum ad hec teneatur pater filius vel duo fratres carnales si aliter eorum esset in altera sotietate.

### XL. Quod scriptores non iurati non scribant in libris rationum.

Nullus possit scribere in libris rationum artis et sotietatum Kallismale nisi iuraverit et iuratum habeat sub consulibus mercatorum pena x s. et cotiens et hoc precipiant consules in omnibus apothecis fundacis et sotietatibus et inde inquisitionem faciant diligentem primo mense ipsorum introitus et quicumque scribit in libris et rationibus ante dictis teneantur scribere diligenter bona fide rationem coram eo quem tangit ante quam exiat apothecam si voluerit commorari sin autem in continenti sine aliquo intervallo scribendo nomina et prenomina dies terminos et omnia per ordinem diligenter. Ita quod semper possit negotii veritas inveniri similiter etiam quicumque receperit extra Florentiam aliquam credentiam pro sua sotietate vel pro facto sue sotietatis vel apothece sue teneatur et debeat infra quartam diem postquam reversus fuerit Florentiam ipsam in libro sotietatis scribere vel scribi facere per clavarium vel scriptorem pena xx s. et cotiens et similiter puniatur clavarius sive scriptor si non scripserit cum ei a tali sotio fuerit numptiatum et quod scriptores sotietatum Kallismale teneantur et debeant scribere rationes in eorum libris secundum dies et intratam mensium, scilicet die primo secundo et tertio usque ad ultimam diem et numerum mensium de omnibus creditis et debitis.

### XLI. Quod ludus non fiat de nocte in apothecis.

Item precipiant omnibus de arte Kallismale nec non tintoribus affectatoribus et remendatoribus ut neminem permictant ludere nocturno tempore ad aliquem ludum taxillorum vel alium ubi quidquam possit amicti in die tamen possit quis ludere ibidem ad tabulas vel calculos palam sub pena supra in alio capitulo denotata. Item precipiant ut nullus iaceat vel iacere permictatur in aliqua apotheca Kallismale nisi iuret vel iuratum habeat sub consulibus vel nisi sit discipulus apothece. Item quod nullus iacens in dictis apothecis vadat per tertium sonum campane extra suam apothecam neque de una in aliam. Item quod in dictis apothecis de nocte nullus ingnis accendatur nisi in candela vel lucerna vel alia necessitate urgente pena xx in quolibet articulo et plus arbitrio consulum inspecta negotii qualitate, et consules teneantur de predictis facere inquisitionem omni mense et contrafacientes punire sicut supra in hoc capitulo continetur et quilibet habens apothecam in Kallemala teneatur facere in ea iacere unum de suis discipulis quem putaverint meliorem.

### XLII. Quod pertice ponantur in Kallemala.

Procurent consules mense januarii per se ipsos et duos officiales quod tigna seu pertice de castaneis ponantur in Kallemala de una apotheca ad aliam super quibus vele seu vela ponantur et extendantur et nullum velum vel pannus debeat morari sub dictis castaneis et quicumque non posuerit ante tertiam velum ante suam apothecam puniatur in s. v et quotiens. Additum est quod non teneantur ponere velum si non volunt. Additum est quod per consules eligantur tres boni viri qui electi sint et esse debeant simul cum notario inquisitionis ad providendum super hac materia vel quidquid ipsi tres vel duo eorum duxerint providendum consules faciant observari et possint ipsi officiales super eis que circa predicta providebunt imponere penam.

### XLIII. De illis qui intelligantur esse de arte Kallismale.

Teneantur et intelligantur esse de arte Kallismale omnes illi qui solverunt libram c. s. dicte arti pro intrata artis et eorum fratres non divisi et descendentes eorum per lineam masculinam salvo quod de dicta arte non intelligantur qui dicte arti renumptiassent secundum formam Statuti dicte artis post ipsam renumptiationem. Item intelligantur de dicta qui publice fecissent de dicta arte nisi renumptiassent ut dictum est. Item quod quilibet qui de novo venerit ad aliquam sotietatem de sotietatibus Kallismale vel qui servisset dicte arti per quinquennium et vellet venire ad dictam artem solvat dicte arti s. c. et consules faciant talem solutionem fieri a dictis qui de novo recipientur, nisi benefitium haberent non solvendi secundum Statutum dicte artis et si qua persona dicte artis Kallismale renumptiaverit arti a. MCCLXXXXVIIII kal. jan. in ante ad ipsam artem cui renumptiaverit ipse renumptians de cetero non admictatur salvo quod qui actenus renumptiasset arti Kallismale si vellet redire ad ipsam artem teneatur et debeat solvere arti tantum quantum debebat solvere post ipsam renumptiationem tempore quo renumptiavit et quod consules teneantur facere legi et notarius consulum legere teneatur illis qui renumptiarent arti presens capitulum ad hoc ut renumptiantes sciant et sentiant gravitatem sue renumptiationis et consules tali persone que renumptiare voluerit debeant assingnare terminum trium dierum intra quem terminum possint deliberare si dictam renumptiationem facere vult vel non. « *Correctum est per approbatores dicto Statuto et addittioni facte dicto Statuto ubi dicebatur libras centum s. ad flor. dicat et correxerunt ut dicatur libras vigintiquinque s. ad floren. tantum et non plus* » (¹).

### XLIV. De fideiussione prohybita et legiptima (²) obligatione.

Nullus mercator Kallismale de cetero intret vel fideiubeat de panno vel pro panno huius artis nec pingnora prestet pro aliquo qui non sit et teneatur sub consulibus mercatorum pena s. c. nec possit vel debeat fideiussionem intratam aut principalem obligationem facere pro aliqua persona apud regimen et comune Florentie vel apud aliquam curiam vel offitialem dicti comunis sub pena cc. libr. et cotiens quam penam dicti consules exigere et non reddere teneantur. Salvo quod possit intrare pro hominibus sue domus et pro hominibus huius artis.

### XLV. Quod apothece et fundaci claudantur quando aliquis de arte decederet.

Quando contigerit aliquem huius artis decedere teneantur consules illa die qua sepellitur non morari ad curiam ad iura reddenda et facere precipi per artem

---

(1) Ciò che è in corsivo è scritto sul margine inferiore del foglio da mano più tarda.
(2) Il Rubr. ha « principali ».

Kallismale per nuntium quod vela non extendantur vel ponantur et quod thece et etiam fundaci non aperiantur illa die pena ad mandatum cons contrafacienti tollenda, possint tamen ea die portellos tenere apertos si qu luerint. Additum est quod fieri debeat pro morte corporalis sotii tantum.

### XLVI. De pena non venientis ad requisitionem artis.

Si consules miserint nunptium pro aliquo qui super hiis teneatur et non ve consules tollant ei soldos quinque et cotiens salvis aliis penis huius consti et si quis non observaverit preceptum consulum quod faciant consules vel faciant quomodocumque etiam eorum arbitrio puniatur in s. xx et quotiens. S superiori capitulo et salva pena non solventium.

### XLVII. De pena non obtemperantis preceptis consulum.

Si quis de hac arte non obtemperaverit et non obedierit consulibus et eorum p ceptis aut sub eis stare noluerit pro ut debet teneantur consules eum deveta ab arte et de qualibet apotheca et sotietate et etiam a foro vetere usque pontem veterem et per totum ipsum pontem et contra quoslibet eum tenent aut cum eo negotiantes et contra dominos apothece procedant consules sicu fortius et acrius viderint convenire. Item quod consules presentes et futuri pos sint et eis liceat punire et condempnare omnes et singulos huius artis qui e consulibus non obedirent occasione artis et de factis ad ipsam artem spectan tibus et pertinentibus ad arbitrium ipsorum consulum sicut eis videbitur secundun qualitatem excessus convenire et etiam ipsos devetare ab arte predicta. Item quod quicumque vetitus fuerit per consules aut eorum mandato ab arte Kallis male per suam inobedientiam et contumatiam nullo tempore per consules huius artis ad ipsam sotietatem et artem recipiatur nisi primo plene solverit penam et banna eidem impositas et imponenda per consules et debita contenta in pre ceptis ei factis et sententiis latis contra eum, et insuper solvat primo camerario huius artis pro ipsa arte recipienti que passus fuit se prohiberi vel vetari libr. L florenorum parvorum. Item quod si aliquis qui huic arti teneatur cum tali prohibito vel vetito post ipsam prohibitionem et ante quam ad mandatum consulum redierit faciat aliquam mercantiam vel cambium aut ei mutuaverit vel in depositum dederit seu mutuo vel in cambio vel deposito ab eo reciperet vel tenebit ab eo pecuniam vel denarium solvat nomine pene libr. xxv et quo tiens in quibus eum condempnare et exigere teneantur nullo in predicto ordine obstante.

### XLVIII. De pena dicentium rusticitatem vel offendentium aliquem in curia consulum.

Statutum est quod quicumque in Kallemala vel in curia consulum vel alibi coram consulibus dixerit aliqua improperia vel verba rustica turpia vel iniuriosa seu rusticas blafemmias puniatur usque in libr. xxv et si offendiderit aliquem seu rixam fecerit puniatur usque in libr. L vel amplius si placuerit consilio generali, et qui contra consules aliquod predictorum commiserit puniatur usque in duplum dicte quantitatis et quod venientes de extra artem ad causandum teneantur istud Statutum servare sub dicta pena et in principio cause prestet de hoc servando sub pena libr. L et de minori securitate prestanda sit in provisione dominorum consulum in personis pauperibus et egeris. Additum est quod quilibet qui dixerit dicta verba in dicta congerie verborum condempnetur in s. c. et a c. s. supra usque in libr. xxv sicut consulibus videbitur secundum formam dicti Statuti et qui contra consules vel aliquem eorum predicta commiserint puniantur in duplum.

### XLIX. De rationibus hospitum saldandis pagandis hospitibus de pretiis pannorum venditorum forensibus.

Ut ratio clarior habeatur de hiis que aguntur ordinatum est quod quilibet ratio initiata de venditione pannorum facta forensibus debeat durare duobus mensibus et in dicta ratione ultra poni non debeat neque scribi quibus finitis debeat nova ratio immutari et sic postea procedatur de duobus mensibus in duos menses ad novam rationem faciendam et scribendum quibus rationibus in capite singulorum duorum mensium adequatis hospites mercatorum forensium habeant terminum duorum mensium et dimidii ad solvendum mercatoribus pretia mercationum et pannorum venditorum eisdem. Quod si non solverint possint et debeant saldare et solvere, infra alios proximos sequentes sex menses et solvant dicti hospites eis vel ei cuius denarii tenuerint dictis sex mensibus vel minus dictis sex mensibus illud scomputum quod scomputaverit dicto suo creditori si solverit ante terminum duorum mensium et dimidii et nichilominus si non solverit et saldaverit intra dictos sex menses condempnetur et puniatur in libr. x f. p. pro qualibet ratione quam non saldaverit et pagaverit dictum est et quilibet scriptor teneatur et debeat elapsis dictis sex mensibus infra otto dies denumptiare et dicere notario inquisitionis et denumptiare quemlibet qui non saldaverit et non solverit ut dictum est ad penam s. c. den.

### L. De pena tintoris tingentis pannos forensibus nisi sint empti ab hominibus Kallismale.

Item statutum est quod nullus tintor qui teneatur arti Kallismale possit vel debeat tingere aliquem pannum mangnum vel parvum alicui forensi nisi primo certum fuerit per scriptam alicuius sotietatis Kallismale quod talis pannus emptus fuerit ab aliqua persona dicte artis et ad predicta teneatur tintor iuramento et pena xx s. pro quolibet panno, et notarius inquisitionis de predictis faciat inquisitionem omni mense et nullus mercator dicte artis debeat dicere vel scribere se vendidisse aliquem pannum alicui forensi quem non vendidisset ad penam libr. x pro quolibet panno.

### LI. De notificandis per artem artificibus tenutis arti.

Statutum et ordinatum est ad hoc ut homines artis per ignorantiam contra Statuta non peccent quod notarius inquisitionis debeat notificare per artem Kallismale ut moris est sodamenta hospitii tintorum affectatorum remendatorum et sensalium et dominorum tiratorum et tiratoriorum et donec notificata non fuerint qui haberent facere cum eis vel aliquo eorum non incidat in penam, qui vero post notitiam habitam de dictis sodamentis habuerit facere cum aliquo qui non sodasset puniatur pro quolibet panno in s. XL pro qualibet vice.

### LII. De requirendis mercatoribus ut dent scriptos scriptores sue sotietatis.

Statutum est quod notarius inquisitionis teneatur facere requiri mercatores singularum sotietatum et per eos facere sibi dari scriptos illos qui scribunt in libris et quaternis rationum sotietatis ipsius et etiam dictos scriptores facere requiri ut iurent servare Statuta artis et obedire preceptis consulum et hoc faciant et iurent intra VIII dies a die precepti facti computandos et fiat de mense januarii et qui nollet iurare condempnetur in libr. X et consules et notarius inquisitionis teneantur non facere nec fieri facere nec procedere contra aliquos de dictis scriptoribus non iuratis pro factis preteritis.

### LIII. De non singnandis torsellis vel pannis nisi suis singnis.

Provisum est quod nullus audeat singnare vel singnari facere torsellos pannos seu mercantias suas singno alterius sotietatis vel persone singularis de arte Kallismale nisi suo proprio singno sine licentia sotiorum dicte sotietatis vel singularis persone, et qui contra fecerit condempnetur per consules pro quolibet torsello in tribus florenis auri arti Kallismale solvendis et pro quolibet panno non existente in torsello in uno floreno auri et nichilominus teneatur et debeat conservare sine dampno sotios talis sotietatis vel singularem personam cuius singno eos singnasset.

### LIV. De illis (1) qui negarent se esse vel fuisse de arte Kallismale.

Provisum est quod si aliquando contingeret quod aliquis qui diceretur esse vel fuisse de arte Kallismale negaret se esse vel fuisse de dicta arte Kallismale pro eo quod talis negotia facta in persona eius qui de arte Kallismale fuisset detrahit honori totius artis Kallismale sufficiat cuilibet dicenti talem negantem esse vel fuisse de arte Kallismale probatio trium vel quatuor testium dingnorum fide de publica fama digentium illum negantem esse vel fuisse de dicta arte et talis probatio de fama sufficiens habeatur et talis persona de qua sic probatum

---

(1) Il Rubr. ha « hiis ».

fuerit habeatur et sit de arte Kallismale et ibidem sub consulibus conveniri possit et cogatur sub eis unicuique respondere.

### LV. Qualiter Ubertus et Ristorinus eius filius sunt deviatati ab arte et de pena habentium facere cum eis.

Item quia clamosa voce referente persensimus furita et incisiones pannorum smercatorum factas et facta esse per Ubertum remendatorem et Ristorinum eius filium et aliam eius familiam populi Sancti Apollinaris de pannis qui mictuntur eis ad remendandum ad hoc ut ratio correctionis et respectus habeatur exempli itatuimus et ordinamus quod nullus mercator artis de cetero habeat facere cum eis vel aliquo eorum vel cum aliquo alio qui cum eis staret de suis pannis et mercantiis vel alia aliqua re quocumque nomine censentur ad penam xxv libr. pro quolibet et qualibet vice et quod consules teneantur et debeant mense januarii facere procurationes et sindacum ad accusandum et denumptiandum predictos et quemlibet predictorum et de commissis contra homines nostre artis et omnes alios qui aliquo tempore contra nostros mercatores talia presumpserint impetrare.

### LVI. Quod ubi dicit pena iuramenti dicatur pena s. XL.

Item provisum est quod in quocumque capitulo constituti continetur quod psum capitulum sub pena iuramenti debeat observari ubi pena non sit, additum est quod in tali capitulo scribatur: et sit pena XL s. florinorum parvorum.

# LIBRO IV.

### I. De consiliis artis Kallismale.

Consilia consulum et artis Kallismale sint duo videlicet generale et aliud spetiale: generale consilium possit ad impositam et propositionem prioris consulum deliberare statuere et iudicare omnia et singula negotia et facta pertinentia ad consules et universitatem consulum Kallismale et ad omnes et singulos mercatores et ad istud consilium debeant ad minus requiri unus de qualibet apotheca huius artis ut conveniant in aliquo certo loco qui consulibus conveniens videatur. Consilium vero spetiale sit et esse debeat XII mercatorum de diversis XII apothecis et consules coram eis proponere questiones et reformare consilium ad partitum salvo quod omne consilium tangens privatam personam debeat reformari ad secretum scruptinium ad pissides et panlotas (*sic*) et quidquid reformatum fuerit et statutum per alterum dictorum consulum (¹) a duobus partibus supra consules dummodo non sit contra Statuta artis huius approbata per approbatores vel Statuta comunis Florentie exequi et facere teneantur salvo quod per consilium spetiale mutari non possit aliquod capitulum constituti, et si daretur consulibus aliqua petitio que peteretur poni ad consilium generale si contineret generale factum artis debeant consules prius ipsam ponere ad consilium XII mercatorum intra tres dies si ponenda sit ad generale consilium et si decreverint eam ponendam esse ad generale consilium et si decreverint super ea teneant consilium generale et sicut de ipsa in eo consilio deliberatum fuerit ita consules observent et observari faciant per mercatores huius artis quod generale consilium fiat intra secundam diem proximam ea aprobata.

### II. De electione consulum et camerarii artis.

Consules mercatorum Kallismale sint quatuor et camerarius debeat esse unus et omnes sint et esse debeant guelfi et amatores sancte romane ecclesie et quod in eorum consulum electione non debeant aliqui milites interesse quorum electio debeat fieri in hunc modum videlicet quod consules qui modo sunt emendato et sigillato Statuto artis huius quam cito poterunt faciant congregari artem ut moris est in loco quem putaverint aptiorem et ante quam discedant faciant secretum scruptinium vocando ad se ad ipsum scruptinium separatim unum de melioribus et sufficientibus cuiuslibet apothece et sotietatis artis huius qui se faciant scribi de sua sotietate quod veniant ad dictum consilium et si non ve-

---

(1) Aggiunto in interlinea « orum », corretto forse in « consiliorum ».

nerint condempnetur quilibet in s. XL in eodem consilio, quod si consules non fecerint perdat quilibet eorum de suo salario s. XL. Ita quod quilibet nominet tres de melioribus supradictis quos ad eligendum consules crederint meliores de tribus diversis apothecis et (1) sotietatibus et demum facta electione illi tres qui plures voces habuerint sint electores novorum consulum et camerarii Kallismale. Et isti tres debeant esse de adstantibus in dicta congregatione sed ante quam eligant faciant eos iurare consules coram dicta arte congregata quod ipsi non tractaverunt nec consulerunt cum aliquo nec prestiverunt se esse debere ad dictam electionem et quod in continenti ante recessum artis eligant IIII consules et unum camerarium et non de sociis alicuius ipsorum trium nec alicuius consulum veterum sed de mercatoribus de melioribus et utilioribus quos noverint dum tamen non sint in deveto et nullus possit esse camerarius huius artis qui sit minoris etatis XXX annorum et huiusmodi electores habeant devetum in eodem offitio per unum annum a die depositi offitii computandum, consules habeant autem devetum per unum annum a die depositi offitii computandum, et de illa sotietate unde erit consul sex mensibus non possit nec debeat esse in aliis proximis sequentibus sex mensibus, et quilibet consul habeat a camerario et de pecunia huius artis pro suo salario pro sex mensibus libr. X. Et camerarius habeat de pecunia huius artis libr. otto pro suo salario offitii camerlingatus cuius offitium duret per annum et eligatur (2) tantum de mense decembris et debeant dicti consules eligendi esse sotii vel magistri scripti in libro in quo scripta sunt nomina sotiorum sotietatis Kallismale et non discipuli vel factores. Postquam vero novi consules et camerarius electi fuerint teneantur consules veteres illos electos compellere ut ipsa offitia recipiant et iurent et exerceant puniendo eos et quemlibet eorum usque in XXV libr. et quotiens voluerint et viderint expedire. Verum si dicti electores non eligerint secundum ordinem constituti puniantur in s. c. pro quolibet et electio facta contra dictum ordinem sit inanis. Et consules veteres faciant loco electi contra ordinem elegi alium per alios electores et eodem modo fiat de mense junii electio IIII consulum pro sequentibus aliis sex mensibus et habeant tantumdem salarium ut dictum est supra de aliis, non tamen fiat tunc mutatio vel correctio constituti sed servent vetus Statutum ut tunc est, et dicti consules sint oriundi de civitate vel comitatu Flor.

### III. De iuramento consulum.

Iurent consules electi quod a kal. jan. tunc proximis futuris in antea usque ad sex menses proximos continuos et sequentes regent ducent et manutenebunt bona fide mercatores Kallismale qui huic arti et iurisdictioni tenentur et observare et observari facere sine fraude presens constitutum in totum. Item

---

(1) Scritto « fundacis » e poi cancellato.
(2) Corretto su altra parola di cui resta ancora leggibile, sebbene cancellata, la fine « liter » in principio della linea seguente.

offitium consulatus propter aliquid aliud offitium non dimictent nec per ali
causam quin ipsam exerceant in cessanti sine parabola sotiorum et sex men
torum de diversis sex apothecis. Item quod non ibunt ultramontes Apule
Romam seu Venetias vel ad alia loca similia et longinqua sine parabola n
esset causa orationis divine vel pro negotiis huius artis vel comunis Florent
Item in consiliis comunis Florentie non consulent tamquam consules pro ai
Kallismale nisi primo deliberaverint inter se vel cum consilio spetiali et gen
rali sub pena s. XL et cotiens in singulis articulis ante dictis. Item quod n
eligent ad aliquod offitium huius artis aliquem eorum sotium vel alicuius eoru
nec de ipsorum apothecis nisi ad consilium vetaretur. Item quod de duobus
duobus mensibus facient sibi legi capitula constituti si poterunt sine fraude
hoc ut ea melius habeant in memoriam et notarius consulum ad memoria
eorum sub debito iuramenti ea que habeant facere singulis mensibus redige
teneatur, et si consules predicta neglexerint et negligenter obmiserint puniantu
in s. XL den. parvorum pro quolibet et qualibet vice.

### IV. Quod notarius inquisitionis teneatur requirere consules quod veniant ad caria diebus ordinatis et nisi venerint condempnentur.

Provisum est quod notarius inquisitionis teneatur et debeat requirere seu re
quiri facere consules quod diebus ordinatis per formam Statuti dicte artis a
iura reddendum et faciendum venientibus et comparentibus coram eis et qui no
venerint vel si venerint et non steterint modo convenienti et decenti condem
pnentur per dictum notarium usque in s. c. den. pro qualibet vice et si de predicti
fecerint excusationem referat in scriptis dictus notarius coram consilio VII mer
catorum dicte artis quos eligat dictus notarius et sicut per dictum consilium
decretum et ordinatum fuerit de ipsa excusatione ita fiat et observetur et exe
cutioni mandetur.

### V. De offitio et iuramento camerarii artis.

Camerarius consulum et artis Kallismale teneatur solvere et custodire quidquid ad eius manus pervenerit ratione sui offitii et fraudem non commictere in
expendendo vel recipiendo et finito suo offitio reddere rationem villicationis sue
et omnia restituere novo camerario que sibi superaverint et infra xv dies intrante mense januarii det et prestet ipse camerarius ipsis consulibus de predictis
servandis cautionem sub pena libr. v/c, quam si non fecerit et non prestaverit
cautionem cassetur ab offitio et consules alium eligi faciant loco eius qui predictam faciat cautionem. Et quilibet tam primus quam postea electus recipere et
facere offitium compellatur cum penis et cohertionibus opportunis. Et teneatur
camerarius per totum januarium vendere omnia pingnora que sibi a veteribus
consulibus vel camerario fuerint resingnata requisito prius domino pingnoris per
numptium artis et per triduum expectato, et si camerarius iret extra Florentiam
moraturus ultra xv dies non dimisso vicecamerario qui placeat consulibus ex
tunc consules alium camerarium substituant loco eius dum tamen nulli nisi pro

rata temporis de salario satisfiat. Item provideat camerarius comuni huius artis de lucro et comodo denariorum quos tenuerit ad rationem unius denarii et dimidii per libram et mensem sine pecato tamen a kal. jan. in antea. Item habeat camerarius unam dodicinam ferream cum uno anulo et unum marchium XII librarum et dimidie ad rectum pondus comunis Florentie et semper habeat duas libras candelarum ad minus et unam libram cere viridis pro litteris sigillandis et unum quaternum de cartis bombicinis et unum soppidaneum pro rebus conservandis, consules vero teneantur dare et assingnare camerario huius artis quidquid ad eorum vel alicuius eorum manus pervenerit occasione offitii consulatus infra tres dies postquam fuerit reversus Florentiam vel infra totidem postquam fuerit reversus ad eamdem. Camerarius autem non possit aliquas expensas facere sine consensu consulum et consilii spetialis vel nisi sint determinate per formam alicuius capituli constituti. Et teneatur camerarius tenere sparadrappos et litteras sotietatum huius artis in continenti quod aperietur scarsella relata per cursorem artis ad fundaca illorum qui non habent apothecas in contrata Kallismale et de hoc teneatur iurare et si contra fecerit perdat de suo salario s. v.

### VI. De iuramento notarii consulum.

Notarius consulum iuret si voluerint consules suum offitium bene et legaliter exercere et ipsis consulibus prestare auxilium et favorem et arengare in consiliis et ubicumque voluerint et ire in ambaxiatas pro facto artis et mercatorum si ei dictum fuerit per consules cum consilio XII mercatorum de diversis XII apothecis Kallismale concorditer vel per duas partes eorum consulum et XII mercatorum per eosdem consules et XII mercatores eiusdem notarii salarium statuatur.

### VII. De electione notarii forensis artis facienda.

Pro manifesta et evidenti utilitate mercatorum Kallismale et pro honorificentia et conservatione capitulorum Statuti dicte artis provisum et firmatum est quod consules dicte artis teneantur et debeant cum consilio XII mercatorum de diversis XII apothecis quos habere voluerint ad predicta comprobato Statuto dicte artis in consilio ut moris est eligere unum providum et discretum notarium qui non sit de civitate districtu vel iurisdictione Florentie pro tempore unius anni incipiendi in kalendis jan. proxime futuris cum eo salario eidem notario persolvendo de pecunia dicte artis sicut et quomodo de ipso salario in forma ipsius electionis per dictos consules et consiliarios fuerit ordinatum, et talis notarius debeat esse Florentie ante dictas kal. jan. cuius notarii offitium tale est et tale esse debet, videlicet quod dictus notarius teneatur et debeat facere observari per homines dicte artis omnia et singula capitula constituti dicte artis et quod omnes et singuli dicte artis teneantur et debeant parere requisitionibus que fient per numptium dicte artis pro parte dicti notarii sub pena XX s. pro quolibet et quotiens et quod talis notarius pro observantia dictorum capitulorum et cuiusque eorum possit teneatur et debeat facere inquisitionem contra omnes et singulas personas dicte artis que facerent contra aliquod capitulum dicte artis in quo aliqua pena aposita fuerit pro observatione ipsius Statuti. Et facta tali inquisitione diligenter et redacta in scriptis incontinenti sine dilatione dictus notarius coram consilio septem mercatorum ad petitionem dicti notarii eligendorum per ipsos consules incontinenti coticns fuerint requisiti in loco eidem notario deputato debeat legere et recitare dictam inquisitionem factam per ordinem. Et inquisitione lecta et recitata ab ipsis septem prestito corporali iuramento de bene et legaliter consulendo sub pena s. c. den. per dictos septem consiliarios, et intra eos debeat fieri et celebrari secretum scruptinium ad pissides et pallotas. Et si per maiorem partem dictorum septem ad dictum scruptinium consultum fuerit quod dicta inquisitio sufficiens habeatur, incontinenti dictus notarius coram consulibus et XII mercatoribus Kallismale eligendis per ipsos consules debeat legere et recitare dictam inquisitionem aprobatam de consilio dictorum VII mercatorum non recitando nomina eorumdem. Salvo quod ille qui invenietur culpabilis per suam confessionem non posita inquisitione nec ponenda inquisitione facta contra eum ad consilium dictorum septem condempnetur per dictos consules secundum dictam suam confessionem ad requisitionem dicti notarii et dicta inquisitione aprobata modo predicto, lecta et recitata coram dictis consulibus et XII mercatoribus consules dicte artis debeant et teneantur incontinenti facere et reformare condempnationem de illis personis contra quas dicta inquisitio facta fuerit condempnando dictas personas et quamlibet earum in penis contentis in Statuto dicte artis contra que Statuta fecisse invenirentur ille persone contra quas dicta inquisitio facta fuerit quam condempnationem si dicti consules non facerent dictus notarius dictos consules silicet quemlibet eorum debeat condempnare in libr. x flor. parvorum arti solvendis Kallismale. Et nichilominus dictam condempnationem facere teneantur quam condempnationem si non fecerint possit dictus notarius dictos etiam dictos consules condempnare silicet quemlibet eorum in libr. x, iterum et pluries condempnare et dictus notarius teneatur et debeat facere omnem inquisitionem que ex forma quorumlibet Statutorum dicte artis consulibus commictitur facienda et etiam facere inqnisitionem contra omnes et singulas personas quibus ex forma alicuius Statuti potest fieri denumptiatio vel accusatio per consules Kallismale et talis notarius die qua venerit Florentiam in presentia consulum et illorum mercatorum quos dicti consules adesse voluerint et fecerint in curia ipsorum consulum debeat iurare ad Statutum artis Kallismale ad sancta dei evangelia libro corporaliter tacto suum offitium sollicite fideliter ac legaliter exercere, et debeat dictus notarius stare ad sindacatum de offitio suo eo finito offitio per tres dies et debeat sindacari per tres sindacos eligendos de arte Kallismale primo die finito offitio dicti notarii per consules Kallismale cum cousilio XII mercatorum et si talis notarius inveniretur contra suum offitium fecisse vel deliquisse consules cum consilio XII mercatorum ipsum notarium possint condempnare usque in libr. L vel minori considerata conditione facti et excessus.

#### VIII. De consulibus in rengno Francie.

Teneantur consules novi paullo post electionem et iuramentum ipsorum de mense decembris eligere per publicum instrumentum duos consules in rengno Francie existentium unum ex ibidem subiornantibus et alium ex aliis mercatoribus qui sint sotii et de sotietatibus Kallismale et instrumentum ipsius electionis mictatur quanto citius poterunt per cursorem consulibus et mercatoribus in dicto rengno reparantibus, ipsi autem electi cogantur et debeant ipsum offitium recipere et iurare ipsum coram omnibus florentinis tunc in nundinis existentibus bona fide congregatis in certo loco intra biduum postquam eis dictum instrumentum fuerit presentatum; iurent autem regere et manu tenere omnes mercatores qui sub eis erunt et eorum iura defendere bona fide toto eorum posse ab ipsa die usque ad diem presentationis alterius instrumenti de electione que fiet de subcessoribus eorumdem. Item iurent quod omnes ludentes et eis non obedientes scriptos consulibus Kallismale et ipsi consules eos et eorum sotios punire debeant sicut in presenti Statuto et capitulo continetur, consules autem Francie habeant potestatem reddendi iura et congnoscendi de causis usque ad libr. x turnenses. Item habeant potestatem imponendi penam et penas usque ad s. XL cui et quotiens voluerint pro eorum offitio et ipsam penam auferre. Verum etiam si quod preceptum fecerint alicui de voluntate consulum sotietatis lombardorum tunc possint imponere et tollere penam et penas usque ad libr. L et plus eorum arbitrio. Item debeant compellere et compelli facere omnes qui huic arti tenentur et qui utuntur in rengno predicto pro mercantia vel mutuo faciendo exceptis commorantibus ad casanas causa mutuandi ut iurent stare sub eis et parere mandatis eorum et non facere intratam vel fideiussionem seu principalem obligationem pro aliquo vel aliquibus nisi pro sua sotietate et si fecerint quod exceptabunt suos sotios et sotietatem et bona eorum. Item quod non ludant nec ludi faciant ad taxillos vel ludum aliquem ubi quidquam possit amictere. Item teneantur dicti consules Francie cum IIII ex melioribus mercatoribus qui sint ibi in singulis nundinis semel ante ora et semel post et etiam pluries si viderint expedire circare et examinare omnes merces Florentie que venduntur ad pondus et precipue zafferanum granam et fricum et alumen, et si in eis viderint fraudem vel aliquam falsitatem debeant cum cuius sunt compellere ne ipsas vendat. Et alias eum inde punire prout negotii malitie viderint convenire. Et nichilominus nomen factum et causam eorum singnificent consulibus Kallismale ut procedant gravius contra eorum sotios et magistros. Et similiter teneantur intimare consulibus Kallismale illos qui sub eis iurare noluerint nec eorum parte mandatis et consules Kallismale devetent et prohibeant illos ab arte et mercatoribus huius artis ita quod nullus habeat aliquid facere cum eisdem sub pena libr. centum et cotiens.

#### IX. De eligendo consule in civitate pisana.

Teneantur consules de mense januarii vel quando eis visum fuerit eligere unum consulem in civitate pisarum de mercatoribus de artis in dicta civitate morantibus qui electus ipsum offitium recipere et exercere teneatur et regere et iuvare per unum annum omnes mercatores dicte artis in ipsa civitate morantes et dicti mercatores ei subesse et obedire teneantur et iurare sub eo si ab ipso fuerint requisiti.

### X. De numptiis eligendis artis Kallismale.

Statutum et ordinatum est quod numptii consulum et artis Kallismale sint duo quorum electio debeat fieri per consules cum consilio XII mercatorum Kallismale cum salario consueto et quod numptii debeant stare continue ad obsequia artis et mercatorum Kallismale ad voluntatem consulum et notarii artis.

### XI. De sindacis eligendis per artem.

Teneantur consules mense jan. ea die qua legitur Statutum coram arte eligere de nostris mercatoribus tres ratiocinatores qui debeant sindacare veteres consules et camerarium et omnes alios offitiales huius artis anni proximi preteriti et videre rationem introituum et expensarum et si invenerint eos vel aliquem eorum percepisse vel occupasse de bonis artis vel domorum suppositarum defensioni dicte artis ultra vel aliter quam in dicto Statuto artis contineatur seu quod camerarius expendiderit nisi sicut in capitularibus continetur debeant eum et eos condempnare in duplum habi vel exercorti (¹) similiter debeant investigare per apothecas et alios mercatores si solverint anno preterito pedagia ipsius anni et omnia faciant et compleant intra XV dies post eorum electionem et camerarius pro eorum electione expendat s. XX in una commestione et consules ad predicta facienda impendant eis favorem et fortiam oportunam et eos si predicta infra predictum tempus predicta non fecerint puniantur in XX s. pro quolibet et nichilominus complere offitium compellantur.

### XII. De sigillo artis et litteris sigillandis.

Sigillum artis et universitatis mercatorum Kallismale stet et moretur apud camerarium in aliquo sacculo sive bursa sub sigillis omnium consulum qui Florentie tunc adessent et nulle littere scripte vel albe nullaque autentica instrumenta vel exempla possint cum eo sigillari nisi servata infrascripta solempnitate videlicet quod si que occurrerint sigillanda que spectent ad rem publicam artis Kallismale debeant consules convocare VI mercatores de diversis VI sotietatibus Kallismale non de sotietate alicuius consulum vel camerarii et coram eis exponere factum totum et sicut per eos vel duas partes eorum iudicatum fuerit ita fiat si vero expectant ad privatas personas et negotia privatorum debeant convocare consilium spetiale in quo *non* (²) sit aliquis de sotietate consulum vel

---

(1) O extracorti?; nel cod. è scritto « excorti ».
(2) In interlinea.

camerarii et exposita facti serie coram eis litteris lectis diligenter faciant inde scruptinium inter eos ad pissides et pallotas et sicut per duas partes vel tria obtentum ita per consules observetur, et nemini dictum sigillum commodari debeat nec prestari sub pena libr. centum que a quolibet contrafaciente pene nomine per consules exigatur, et nichil debeat sigillari nisi in curia consulum, et teneatur camerarius non dare vel prestare dictum sigillum consulibus neque permictere disigillari bursam in qua tenetur nisi in presentia sex mercatorum Kallismale et si contrafecerit perdat salarium suum et sit periurius.

### XIII. De inveniendo loco ubi teneatur curia consulum.

Mense jan. teneantur consules invenire et constituere sibi locum habilem et decentem in Kallemala vel circa pro curia retinenda et consiliis faciendis et camerarius artis solvat pensionem.

### XIV. De arbitris eligendis (1) pro constituto artis corrigendo.

Duobus diebus intrante mense decembris silicet ante quam novi consules eligantur debeant consules eligere XII ex assiduis mercatoribus Kallismale de diversis XII apothecis qui sint vere guelfi et amatores sancte romane ecclesie qui sint arbitri et statutarii et habeant potestatem faciendi corrigendi et mutandi presens constitutum addendi et minuendi prout eis videbitur expedire et valeat quod per duas partes vel ultra factum fuerit de predictis dummodo approbentur per approbatores comunis et debeant morari ad dictum offitium quinque diebus si expedierit in quibus camerarius artis emat det et faciat ut moris est semel in die prandium dictis arbitris consulibus et notario et camerario artis de pecunia artis faciendo expensas ad voluntatem consulum pro predictis et dicti arbitri non debeant stare ad dictum offitium aliquo dictorum quinque dierum ultra seu post prandium et quod prandium summatur qualibet die post nonam et quod in aliquo dictorum prandiorum non habeant nisi de duabus maneriis carnium vel piscium et si steterint ultra quinque dies ab inde in antea ad expensas dictorum arbitrorum et non artis vel opere et post prandium nichil faciant de offitio supradicto, et in dictis conviviis non possint aliqui interesse nisi servientes eorum nec possint aliqua fercula nec exennia mitti extra set relique dictorum conviviorum debeant pauperibus erogari, postquam vero Statutum fuerit emendatum sigilletur clausum et deponatur in custodia diligenti usque ad consilium de electione novorum consulum in quo aperiantur et legantur capitula et fiant iuramenta que faciunt ad dictam materiam quibus peractis per ordinem in locis decentibus vel si opus fuerit totum transcribere de novo per partes et materias seriatim scribendo a principio capitula et numeros eorum et rubricando per totum et camerarius ei satisfaciat de labore suo prout consulibus videbitur fore

---

(1) Il Rubr. ha « inveniendis ».

decens, et consules teneantur quando morantur ad curiam tenere Statutum super discum ita quod pateat universis sed de capitulis que iam completa sunt nullatenus teneantur. Additum est quod nullus possit esse arbiter in arte Kallismale qui assidue faciant aliam artem quam artem Kallismale. Item provisum est quod consules teneantur et debeant in principio eorum offitii facere transcribi de novo totum Statutum artis et quod additiones correctiones et mutationes omnes scribantur in capitulis super quibus singnate sunt in locis congruis et decentibus et quod verba que sunt in dictis capitulis loco quorum debet esse ipsa correctio extrahantur de ipsis, et quia homines Kallismale pro maiori parte sunt ilicterati et per illicteratos melius Statuta vulgurata et processus causarum et precepta vulgariter scripta melius intelliguntur et observantur statutum est quod consules teneantur eligere tres bonos viros expertos de arte Kallismale in principio eorum offitii intra tertium diem qui debeant esse cum uno de notariis dicte artis conscriptum in litterali sermone facere transcribi in vulgari sermone et omnia Statuta et materias Statutorum simul convenientium unum iusta aliud conscribi faciendo seriatim et consules teneantur predicta fieri fecisse per totum mensem februarii sub pena libr. x pro quolibet consule et offitiali et similiter provisum est quod omnes et singule petitiones que dantur coram consulibus Kallismale dari debeant scripte in vulgari sermone et aliter non recipiantur et processus causarum et testificationes testium vulgariter conscribantur solummodo sententie scribantur in litterali sermone.

### XV. Quod ponatur ad scruptinium quando esset differentia inter consiliarios de aliquo capitulo.

Item ordinatum est quod si in aliquo capitulo vel aliqua additione vel detratione facta de aliquo capitulo per dictos arbitros contradiceretur in aliquo in consilio dicte artis quando talia capitula additiones et detractiones de novo facta et facte legentur causa approbandi quod debeat ire ad secretum scruptinium ad pissides et pallotas. Et quod per maiorem partem obtemptum fuerit utrum placeat dicto consilio tale capitulum additio vel detractio ita valeat et servetur.

### XVI. Quod capitula legantur et approbentur in consilio dicte artis.

Ad hoc ut negotia artis Kallismale per consules dicte artis qui pro tempore fuerint pro ipsa arte melius et utilius valeant expedire provisum est et firmatum per dictos arbitros quod facta electione novorum consulum ut moris est et iurato ipsorum offitio teneantur et debeant post consules predicta facere legi et approbari in consilio dicte artis, ut moris est, capitula dicti Statuti, et omnia et singula facta addita correcta et mutata in ipso Statuto per dictos arbitros ante kal. jan. in quibus kal. offitium novorum consulum debet habere initium; et etiam quod ante dictas kalendas predicti consules novi teneantur et debeant facere inquisitionem de viceoperario et omnibus familiaribus opere Sancti Johannis Batiste et si quem invenerint male fecisse in dicta opera pensatis eius malefactis et lectis et expositis coram consilio VI mercatorum dicte artis quos dicti consules ad predicta habere voluerint, illum talem et tales quos invenerint malefactores de dicta opera et omni offitio et benefitio removere et in eo casu omne capitulum quod esset favorabile tali remoto vel remotis in constituto dicte artis sit cassum et vanum et quod inde dicti novi consules ante dictas kal. jan. debeant eligere omnes offitiales qui debent eligi ex forma capitulorum dicti constituti et aperto et aprobato presenti Statuto artis predicte dicti novi consules facere teneantur ante dictas kal. jan.

### XVII. De custodibus nocturnis et luminariis Kallismale.

Provisum et ordinatum est quod custodes noctis sint XX et consules eligant tempore quo eliguntur alii offitiales tres vel IIII mercatores qui debeant providere ubi ponantur luminaria et quot luminaria accendantur et quomodo et unde solvatur dictis custodibus et luminariis et consules debeant providere quomodo et ubi morentur custodes ad custodiam faciendam et quomodo luminaria accendantur et quomodo et per quos revideantur si bene custodiam faciant et si bene dicta luminaria fuerint accensa et habeat unusquisque custos de pecunia dicte artis pro suo salario unius anni libr. novem s. p. et consules teneantur providere et facere cum domino potestate et aliis dominationibus Florentie ita et taliter quod ipsi consules possint tenere de nocte ad custodiam arma offensibilia et defensibilia et quod notarius inquisitionis et numptius artis teneatur et debeat qualibet nocte eosdem custodes consingnare et quem non invenerint ad custodiam condempnent in s. V pro qualibet nocte.

### XVIII. De pecunia recolligenda occasione maletolte.

Provideant consules Kallismale per omnem viam et modum sicut melius viderint convenire quod pecunia recolligenda occasione maletolte que ordinata fuit inter mercatores florentinos et januenses recolligatur et exigatur ab illis personis a quibus dicta exactio fieri debet et similiter procurent de pecunia recolligenda quam abstulit dicte arti Coppus Ciampani et quod redibeatur pecunia que soluta fuit procuratoribus et filiis Bencivennj Grifi et eorum sotiis et similiter procedatur contra sotios et sotietatem domini Cherici del Pazzo occasione casei empti apud Motronem et Cardinalem de dicta sotietate a certis mercatoribus dal Finale et de Janua et similiter procedatur ad recuperandum omnem pecuniam que dicte arti debetur contra omnem personam et locum, et super predictis dicti consules consilium et auxilium dominorum potestatis capitanei et dominorum priorum sicut magis expedire congnoverint requirere teneantur, et quod dicti consules debeant procurare et intendere ad recuperandam pecuniam que debetur arti a cantoribus Guccio et Gianne de Erris et Duccio Davizini et sotiis et ad hoc ut predicta melius fieri possint per consules liceat dictis consulibus et possint et debeant dicti consules pro dicta pecunia recolligenda et recuperanda pro dicta arte constituere procuratorem unum et plures sicut eis cum consilio XII mercatorum placuerit et pacisci et convenire cum predictis procuratoribus de solvendo eis de dicta pecunia que recuperabitur per eos procuratores usque in eam quantitatem sicut dictis consulibus cum dicto consilio visum fuerit et quod in .predictis et circa predicta dicti consules possint et debeant facere et promictere cum consilio seu voluntate dicti consilii que utilia noverint pro dicta pecunia recuperanda pro dicta arte et possint etiam dicti consules cum dicto consilio si hoc viderint expedire totam pecuniam que recuperabitur de predictis erogare et erogari promictere dictis procuratoribus qui constituti essent ad pecuniam recuperandam cum melius sit quod exigenda et exacta dicta pecunia perveniat ad procuratores artis Kallismale quam remaneat illis personis que sic iniuste retinent et retinuerunt eam et consules cum dicto consilio possint vendere et iura cedere de predictis pro pretio quod voluerint cum consilio supradicto et consules infra primos duos menses sui offitii predicta fieri facere teneantur.

### XIX. De representando scripturas ad dictam artem spectantes.

Mense januarii quando legitur constitutum precipiemus mercatoribus in comuni ut quicumque habeat scripturam publicam aliquam vel patentes licteras de Janua Monteferrato vel aliunde seu de aliis factis huius artis eas nobis vel nostro camerario representet et undecumque poterimus studebimus eas reaquirere et eas inventas faciemus diligentius custodiri ad utilitatem et comodum huius artis.

### XX. Quod notarius consulum reinveniat instrumenta et licteras ad artem spectantes.

Procurent consules quod notarius eorum consulum reinveniat omnia instrumenta et licteras que ad artem pertinent occasione quacumque et ea registret in uno libro dividendo materias et negotia diligenter ita quod inde perpetua memoria valeat obtineri et camerarius ei satisfaciat de labore prout consulibus videbitur et similiter solvat notarius de instrumentis et litteris que recolligentur ab eis et predicta debeant consules facere fieri de mense januarii vel in totum ipsorum tempus eorum consulatus, quod si non fecerint perdant eorum salarium, quibus sic peractis et registratis conserventur in capsa per camerarium huius artis singulis annis ut semper inde copia haberi possit, et de hiis non debeant consules petere absolutionem nec inde absolvi ab aliquo vel ab aliquibus.

### XXI. Quod consules solvant totum debitum artis.

Item teneantur novi consules integre solvere totum debitum artis quod eis auctoribus consulibus et camerario fuerit numptiatum et ante kal. junii ut moris est teneantur generale consilium convocare et coram ipso proponere et narrare debitum artis et petere consilium, unde quando per quos et qualiter exsolvatur et sicut per duas partes ad Statutum ordinatum fuerit ita debeat observari.

### XXII. De electione prioris consulum et eius offitio.

Debeant consules quolibet mense habere et eligere unum priorem de se ipsis qui prior possit de factis et negotiis consulatus et mercantie precipere, et alii tam consules quam mercatores teneantur mandatis eius parere circa predicta salvis capitulis huius constituti, et si prior nequierit interesse debeat uni sotiorum commictere vices suas qui in omnibus locum obtineat prioratus.

### XXIII. De modo condempnandi et absolvendi.

De duobus in duobus mensibus ad minus debeant consules vel cotiens voluerint facere condempnationem et absolutiones in consilio generali vel spetiali, teneantur tantum de mense jan. exigere *ante* (¹) eorum exitum condempnationes sui temporis procedendo contra condempnatos et eorum bona et contra eorum sotios et clavarios et scriptores et contra illos qui habent de denariis et rebus eorum quandocumque et quomodocumque voluerint ad eorum arbitrium et si consules predicta facere commiserint condempnentur per eorum sindacos in duplum.

### XXIV. De condempnationibus exigendis.

Ordinatum est quod consules dicte artis qui pro tempore fuerit teneantur et debeant infra mense circa introitum eorum offitii invenire et exigere omnes et singulas condempnationes factas per consules Kallismale de hominibus dicte artis a. MCCLXXV Kal. jan. circa et illas inventas et exactas redigere et redigi facere in comune dicte et dictis condempnatis et condempnationibus inventis consules teneantur et debeant facere requiri dictos tales condempnatos et percipere eis seu precipi facere quod condempnationem de se factam solvant camerario dicte artis intra x dies ad penam quarti pluris quod si suam condempnationem non solverit intra dictum terminum teneantur et debeant dicti consules ipsos condempnatos et condempnationes in scriptis prestare domino capitaneo ad penam libr. x pro quolibet et sub debito iuramenti, qui capitaneus debeat dictas condempnationes exigere de quibus condempnationibus ad cameram comunis florentie debeat pervenire dictum quartum in quo per consules fuerint condempnati et prima condempnatio perveniat ad camerarium artis Kallismale et idem faciant et observent consules de condempnationibus quas facerent et fecerint in futurum et si qua persona condempnata per consules Kallismale recurreret ad alium iudicem vel curiam pro aliquo iure habendo occasione dicte condempnationis non solvende, consules teneantur talem personam devetare et facere devetari ab arte Kallismale atque commercio dicte artis, salvis omnibus aliis penis contra eum que super dicta materia imponerentur per aliqua statuta. Item quod consules non debeant

---

(1) In interlinea.

recipere aliquam petitionem que daretur pro repetenda aliqua condempnatione que soluta esset pro termino habendo de ipsa condempnatione solvendo et predicta locum habeant in condempnationibus factis et fiendis.

### XXV. De procedendo contra illos qui recurrerent ad aliquem offitialem de extra artem Kallismale.

Item statuimus quod si in questionibus et placitis vertentibus coram dominis consulibus vel aliis mercatoribus Kallismale deputatis ad tales questiones et placita audienda et terminanda aliquis litigantium vel alius pro eo fecerit fieri aliquod preceptum vel inhibitionem quocumque modo pro parte alicuius domini offitialis vel persone de extra artem Kallismale quod super talibus questionibus domini consules vel alii qui dictas questiones audirent non procederent, ex quo precepto et inhibitione talium questionum et processuum et causarum expeditio impedietur puniatur et condempnetur in lib. c. den. et quotiens et solvat dirícturam et nichilominus ita facere et curare quod dictum preceptum et inhibitio cassetur et irritetur et elevetur ita quod super dictis questionibus et placitis libere possit procedi secundum Statutum dicte artis et consules teneantur debito iuramenti et pena lib. L cogere dictum talem quod dictum preceptum et inhibitionem fieri fecerit vel pro aliquo fieret cuiuscumque motu vel quocumque modo per omnem viam et modum quod faciat dictum preceptum et inhibitionem elevari.

### XXVI. De commictendo questiones pendentes novis consulibus.

Teneantur consules veteres ante eorum exitum commictere novis consulibus questiones pendentes et alia omnia et singula que fuerint commictenda et novi consules eas commissiones recipere et exequi teneantur.

### XXVII. Quod consules non faciant aliquam impositam vel obligationem absque licentia consilii generalis.

Statutum est quod consules non possint facere aliquam impositam vel prestantiam aut executionem aliquam vel colletam seu quid alio loco imposite quocumque nomine censeatur nec ad predicta offitialem eligere sine consilio generali et si secus factum fuerit ipso sit iure et iritum et inane. Item quod consules non possint obligare artem Kallismale et mercatores Kallismale pro aliqua prestantia facienda imposita vel colleeta seu debito apud aliquam personam nisi hoc facerent habita per eos primo licentia super predictis a consilio generali dicte artis.

### XXVIII. Quod cursores Francie debeant esse duo.

Cursores Francie sint duo unus de ara et alius de pagamento nundinarum campanie qui debeant et teneantur vinculo iuramenti ire et redire temporibus debitis et statutis et per dietas continuas et directas, qui autem eorum secus fecerit repellatur et eligatur alius sui. Item teneantur non petere recipere vel portare aliquas litteras nisi illas que sibi assingnate fuerint per camerarium in scarsella sub pena s. XL et quotiens, et quando cursor remittitur ultra montes, consules eligant duos mercatores quorum inter sit qui simul cum camerario recipiant litteras in Franciam destinandas, et isti duo teneantur non recipere litteras vel sparadrappum nisi ab illis mercatoribus Kallismale qui solvunt de denariis cursorum ita quod quilibet inde solvens possit mittere litteras de suo proprio facto. Item uxor pater filius et frater carnalis mercatoris existentis ultramontes et solventis de denariis predictis possit ei mittere suas proprias litteras de aliis vero litteris recipiant den. XII pro singulis et eos mittant in scarsella exceptis litteris notarii et camerarii que sine denario transmictantur. Redeunte vero cursore camerarius incontinenti debeat mittere numptium artis seu discipulum suum ad apothecas positas extra Kallemmalam ut mittant pro eorum litteris sine mora; quod si camerarius non fecerit puniatur in s. X et ante recessum cursoris consules teneant consilium de die sui motus et illam singnificent per artem ex ore (¹) numptii vel cursoris et omnes denarii qui recipiuntur de litteris colligantur per camerarium sed non expendat eos nisi pro salariis predictorum et aliorum cursorum et quelibet sotietas Kallismale debeat solvere pro uno sparadrappo et si aliqua sotietas habet plures sotietates pro qualibet solvat pro uno sparadrappo et quilibet scriptor et clavarius cuiuslibet sotietatis mercatorum Kallismale teneantur non recipere nec mittere in suo sparadrappo aliquam litteram alicuius alterius cui non licet mittere per formam huius capituli nisi ab eo recipiat den. XII pro qualibet littera, et si contra fecerit puniatur per consules pro qualibet littera in s. V, et eius sotiis teneantur illud denumptiare si sciverint contra factum esse. Additum est quod consules teneantur et debeant de mense jan. per cursorem pagamenti de langrino iturum scribere consulibus Florentie de rengno Francie quomodo provideant super facto cursorum pagamentorum an videatur esse utile quod cursores ipsorum pagamentorum differant plus venire quam differre soleant vel illud quod super hoc eis videtur utile et rescribant eisdem consulibus Kallismale omne quod inde providebunt.

### XXIX. De cursore habendo in (²) cammino curie romane.

Provisum est quod consules teneantur intra X dies circa principium eorum offitii facere requiri et congregari in loco in quo viderint convenire mercatores artis Kallismale qui conversantur et habent facere in curia romana quod debeant providere et ordinare de cursore vel cursoribus habendis eorum expensis et illud quod per dictos mercatores fuerit ordinatum ita servetur et consules teneantur predicta facere sub pena iuramenti et s. c. pro quolibet de mense januarii.

---

(1) *Ms.* « eore ».
(2) Il Rubr. ha « pro ».

#### XXX. De providendis represaliis.

Consules teneantur quam cito poterunt convocare consilium spetiale vel si ipsi maluerint generale et ab eis petere consilium (¹) quid faciendum sit super represaliis que sunt per diversas terras in quibus mercatores nostri pluries offenduntur et nichilominus per se ipsos et alias capitudines civitatis procurent et dent operam efficacem quod represalie sedentur omnino et quod omnes florentini quarum occasione contra alios florentinos represalie sunt concesse efficaciter satisfacere compellantur ita quod florentini pro inde iacturam ulterius [non] patiantur, item procurent apud regimen et comune Florentie quod in civitate Florentie vel districtu nulla gabella maletolta vel pedagium auferatur et quod mictantur ambaxiatores ad alias civitates et loca ut florentini apud eorum terras similiter sint immunes. Item quod consules teneantur et debeant se simul congregare et convenire cum capitudinibus VII maiorum artium et cum eis petitiones facere sicut viderint convenire et petere quod videatur et firmetur per consilia comunis Florentie oportuna nulla represalia possit dari vel concedi alicui persone pro comune Florentie absque presentia dictorum VII capitudinum et absque ipsorum consilio celebrato ad secretum scruptinium per eos et inter eos, et aliter data represalia non valeat et predicta dicti consules debeant procurare et facere fieri in introitu eorum offitii quam citius poterunt bona fide cum dominis prioribus et vexillifero iustitie cotiens et quando fuerit opportunum.

#### XXXI. De faciendo hospitio in camino Francie et provisione facienda super torsellis conducendis de Nimisi.

Teneantur consules de mense januarii mittere pro illis mercatoribus qui reduci faciunt pannos de partibus ultramontanis sive Francie et cum eis tractent quod fiant hospitia in cammino de Francie et maxime apud Arlim et apud Sanctum Egidium, et id quod per ipsos mercatores seu maiorem partem eorum provisum fuerit debeat per consules iuxta posse bona fide sine fraude executioni mandari et similiter proponere debeant coram eis et consilium petere pro utilitate et salvitate pannorum dictorum mercatorum quid cummodo et qualiter faciendum et providendum sit de torsellis qui veniunt et conducuntur apud Nimisi et Aquam mortuam pro salva conductione ipsorum et similiter debeant provideri super omnibus ostellariis rengni Francie et quod per eos provisum fuerit super predictis sic faciant observari consules predicti.

#### XXXII. Quod non referatur (²) dampnum mercatoribus in stratis (³) ultramontanis vel aliis.

Quicumque civis vel districtualis florentinus qui huic arti teneatur fecit aut fecerit vel tractabit aliquid per quod strata ultramontana vel de urbe apulea

---

(1) È cancellato « generale » tra consilium e quid.
(2) Il Rubr. ha « inferatur ».
(3) Manca nel Rubr.

Venetiis aut aliis quibuscumque locis seu in ipsis locis dampnum aliquod inferatur mercatoribus vel mercantie in comuni vel alicui mercatori et hoc denumptiatum fuerit per scripturam nobis requiremus eum ut inde asint et stent ad mandatum nostrum et tunc de eo procedemus et iudicabimus sicut viderimus convenire, verumtamen si inde ad mandata nostra redire et stare noluerint procedemus contra eum et suos devetando ab arte segregando a sotiis condempnando et omnia faciendo que operi suo videbimus convenire et expedire.

### XXXIII. De colligendo sex denarios per torsellum et salmam.

De unoquoque torsello vel salma undecumque nostri mercatores reduxerint faciemus colligi VI denarios per camerarium artis huius et quicumque dictos denarios vel alios qui imponerentur pro torsellis et mercatoribus securius deferendis solvere noluerint consules compellant eum efficaciter cum penis et cohertionibus opportunis.

### XXXIV. De solvendis XXX s. per annum a mercatore artem exercente.

Quicumque exercet artem Kallismale seu miserit aut stare fecerit aliquem vel aliquos ultramontes vel in Lombardiam urbe seu Venetiis solvat et solvere teneatur quolibet anno XXX s. camerario huius artis si pedagium ei non caperet ex forma statuti quod incipit « de unoquoque etc. » illud plus integre solvere teneantur et si una sotietas habet plures apothecas pro qualibet dictam summam solvere teneatur.

### XXXV. De prestando auxilio mercatoribus pro eorum pecunia rehabenda.

Si quis ex nostris mercatoribus debet vel debebit aliquid recipere ab aliquo extra Florentiam et districtum et illud nequierit rehabere, aut in terra ipsius debitoris plenam *iustitiam* (¹) obtinere teneantur consules per se ipsos et alios quoslibet huiusmodi mercatori nostro prestare iuvamentum consilium et favorem tam contra debitorem quam contra homines de sua terra et ad voluntatem et requisitionem recipere debentis stagiendo capiendo personas et bona eorum in civitate ac districtu Florentie et prout expediens viderint procedendo.

### XXXVI. De aiuvando cui furtum factum fuerit.

Si cui mercatori nostro factum fuerit furitum teneantur consules omnibus modis quibus poterunt sine fraude eum in curia et extra curiam adiuvare expellendo et devetando furem et eius complices et adiutores et alias pro ut voluerint contra eos acrius procedendo.

---

(1) Su rasura, della stessa mano.

### XXXVII. De aiuvando cui facta esset derobatio.

Cuicumque persone undecumque sit facta fuerit preda vel derobatio in civitate Florentie vel districtu debeant consules ad petitionem passi ingiuriam si eis videbitur contra equitatem et iustitiam perpetrata prestare in curia et extra curiam consilium auxilium et favorem.

### XXXVIII. De oratore destinando ad instantiam mercatoris extra Florentiam.

Si contingat aliquem de nostris mercatoribus dampna recipere in alia terra ultra valorem c. libr. consules teneantur ad eius requisitionem mittere unum ambaxiatorem qui vadat pro dampno recuperando et habeat a camerario huius artis pro se et tribus equitaturis s. xv omni die usque ad summam xx libr. que expense si sufficientes non fuerint compleri debeant ab eo in cuius servitium est iturus.

### XXXIX. De impendendo auxilium [illi] qui pingnora habuerit.

Quicumque habuit vel habuerit pingnora imbrigata teneantur consules si ab eo fuerint requisiti ei adiuvare consiliis et auxiliis opportunis.

### XL. De procurando quod libri sotietatis filiorum Ghiberti perveniant ad camerarium artis.

Teneantur consules a principio sui regiminis facere et curare quod libri rationum sotietatis filiorum Ghiberti et filiorum Calcaneri et aliorum de dicta sotietate perveniant et consistant apud camerarium Kallismale ita quod quilibet cuius interesse possit inde habere copiam et exemplum.

### XLI. De renovatione iuramentorum.

Per totum mensem aprilis vel prius teneantur consules hoc anno precise facere renovari et fieri iuramenta ab omnibus et singulis qui huic arti tenentur aut teneri debent ex aliqua consuetudine vel capitulo constituti, que iuramenta scribantur in uno libro per notarium artis, ita quod quando expendiat possint de omnibus et singulis fieri publica instrumenta et super inveniendis illis qui iurare debent et eorum nominibus et compellendis quibuslibet ad iurandum consules habeant plenitudinem potestatis inveniendi condempnandi devetandi et alia quecumque voluerint faciendi et alia iuramenta debeant de decenio in decenium renovari. Et de hiis consules absolvi non possint.

### XLII. Quod consules procurent rehabere pecuniam artis a comuni Florentie.

Procurent consules eorum posse apud regimen Florentie quod restituant mercatoribus Kallismale certas pecunie quantitates quas olim mutuaverunt comuni et populo florentino.

### XLIII. Quod consules vadant ad statutarios comunis Florentie.

Tempore quo Statutum civitatis Florentie corrigitur vadant consules ad statutarios et procurent quod in ipso Statuto ponantur capitula que eis et consilio spetiali pro statu artis et operarum ac domorum que nostre subieccioni subicient fore utilia videbuntur et tempore correctionis statutorum comunis Florentie teneantur consules tenere generale consilium huius artis et in eo reformari facere quid tunc agendum sit pro utilitate huius artis et sicut tunc reformatum fuerit procurent cum domino defensore artium quod capitula utilia pro arte Kallismale et pro domibus dicte artis subiectis ponantur in dictis statutis.

### XLIV. Quod consules conveniant cum aliis capitudinibus pro bono comanis et populi florentini.

Pro honore et utilitate comunis et artium et artificum civitatis Florentie teneantur et debeant consules dicte artis quolibet mense sui consulatus semel vel pluries cotiens viderint convenire cum illis capitudinibus cum quibus viderint esse conveniens convenire ad tractandum et ratiocinandum de hiis et super hiis que ad bonum et pacificum statum ac commodum et utilitatem artium et artificum civitatis et comunis Florentie debeant pertinere.

### XLV. Quod moneta cudatur pro comuni et non vendatur.

Mense januarii teneantur consules si viderint expedire per se vel alias capitudines procurare cum regimine Florentie quod moneta cudatur pro comuni et non vendatur et quod monete que non sunt in nostra lega cernantur et non currant et quod nullus florentinus cudat extra Florentiam aliquam monetam, item procurent cum aliis capitudinibus quidquid de parva moneta viderint faciendum.

### XLVI. De provisione supra draperiis superfluis.

Eligant consules de mense januarii sex mercatores Kallismale qui sint de illis qui mittunt in Franciam et de ritalgliatoribus et sint tales qui faciant artem pannorum per quos provideatur super drapperiis superfluis et non habentibus bonam venditam et ordinent dicti sex de qua drapperia non debeant panni reduci et habeant dicti sex potestatem providendi et ordinandi et faciendi falliri nundinas fieram et fleras et intelligatur quod de fiera et fleris de quibus dictum fuerit quod falliri debeant non debeant panni reduci et quousque non debeant reduci et obtineant quod per IIII ex illis vel ultra de predictis fuerit ordinatum et sicut per eos fuerit ordinatum ita consules faciant observari et notarius inquisitionis de mandato dictorum consulum seu de mandato dictorum sex vel alterius eorum teneatur et debeat dictos sex facere conveniri et congregari pro predictis et predictorum occasione et condempnare non convenientem in s. xx pro quolibet et quotiens et si tempore quo dictos sex contingerit congregari aliquis dictorum sex non esset in civitate Florentie teneantur sotii et sotietas talis absentis ad requisitionem dicti notarii quemdam de suis sotiis et talis absentis bonum dare ad predicta sub dicta pena et possint dicti sex super predictis imponere penam et penas et consules teneantur illa exigere, et teneantur predicta facere observari que ordinata fuerint per eos ut dictum sub pena xxv libr. pro quolibet consulum predictorum.

### XLVII. De providendis averis civium et forensium sicut tutius credi possit.

Tertia die post publicationem statuti vel prius eligant consules sex de melioribus Kallismale qui intra xv dies post ipsorum electionem teneantur et debeant invenire modum pro civibus et forensibus qualiter avere creditorum Kallismale securius et tutius credi possit et melius et facilius valeat rehaberi. Item provideant de securitatibus recipiendis a tintoribus remendatoribus et affectatoribus et de quanto quomodo et per quos item requirant ritalgliatores Kallismale si quid volunt ordinare pro utilitate artis qui dantur affectatoribus et sicut maior pars ritalgliatorum voluerit ita fiat. Item provideant super melioramento mercantie precipue de habendo sotietatem in partibus ultramontanis et sicut dicti sex nel IIII eorum decreverint ita consules faciant observari et observent et predicta electio fiat solum de mense januarii et eorum offitium duret per annum. Additum est quod satisdent et satisdare debeant ipsi coram consulibus aut in eorum curia de libr. CCC ad flor. ad minus quilibet ipsorum per manum notarii artis, et similiter additum est quod illi de domo Falconeriorum et de Albizis quorum sunt tiratoria satisdent et dent securitatem de satisfaciendo et emendando omne dampnum mercatoribus Kallismale quod eveniret de pannis vel in pannis eorum mercatorum vel alicuius eorum et de emendando pannum si perderetur vel vastaretur et talem securitatem dent et prestent de lib. CCC pro quolibet eorum ad florenos ad minus sicut et quomodo per dictos offitiales in dicto capitulo contentos ordinatum fuerit.

### XLVIII. De securitate prestanda per illos qui consueti sunt tenere forenses de extra artem.

Consules teneantur et debeant in principio medio et fine ipsorum offitii invenire et investigare omnes cives florentinos qui sunt de extra artem Kallismale qui retinent forenses solitos et volentes emere et mercari de pannis cambiis contractibus rerum pertinentium ad artem Kallismale et eos requirere ut arti et procuratori dicte artis pro ipsa arte prestent securitates et cautiones hoc modo videlicet quod illi qui sunt de extra artem qui securare voluerint debeant exibere consulibus scripta nomina securitatum et consules non ea die sed alia die convocent sex mercatores quorum magis putaverint interesse et coram eis legi faciant nomina predictorum et tranctent de negotio diligenter et sicut per omnes consules vel tres eorum et per dictos sex vel quinque eorum ad secretum scruptinium fuerit ordinatum ita debeat observari dum tamen sex promissores sint ad minus ultra hospites securantes qui omnes et singuli debeant se principaliter et insolidos obligare procuratori dicte artis pro singulis personis et sotietatibus et mercatoribus dicte artis et se subicere consulibus statutis statiamentis et ordinamentis dicte artis editis et edendis cum omnibus et singulis pactis modis et conditionibus in ipsa securitate apponendis ad voluntatem et arbitrium consulum predictorum vel sapientis eorum et predicti securantes et promissores simul incontinenti in ipsa obligatione et promissione quam facient procuratori dicte artis debeant facere unum vel plures procuratores sicut ipsi voluerint de se ipsis principaliter obligatis qui recipiant et faciant instrumenta de emptionibus pannorum et aliarum rerum ad artem et mercantiam Kallismale spectantium de quibus dicti procuratores vel alteri eorum contraxerint et contrahere voluerint cum hominibus dicte artis vel aliqua persona recipienti pro eis et de dictis emptionibus pannorum et aliis contractibus qui fient per dictos procuratores vel alterum eorum cum hominibus dicte artis vel alia persona recipienti pro eis debeant rogari et fieri publica instrumenta per notarios consulum deputatos ad hoc. Et quod nullus mercator dicte artis debeat credere alicui persone sine instrumento fiendo per dictos notarios vel alterum eorum sub pena libr. c. f. p. a contrafaciente solvenda camerario dicte artis pro ipsa arte pro qualibet vice et predicta instrumenta debeant rogari in civitate Florentie et non alibi et sit in potestate et arbitrio securantium se in dictis instrumentis obligare cum forense vel sine forense sicut de ipsorum processerit voluntate si vero aliquis de extra *artem* (¹) Kallismale, qui olim prestitit dictam securitatem, et terminus sit finitus sue securitatis aut si quis alius qui retineat et retinere solitus sit hospites forenses huiusmodi securitatem prestare noluerit non possit vel debeat aliquis de Kallemala cum tali persona contrahere nec venditionem pannorum vel aliarum rerum dicte artis cambium vel permutationem facere credendo eis de predictis vel aliquo eorum sub pena libr. c. f. p. et quotiens talisque hospes qui dictam securitatem facere noluerit devetetur ab arte. Item provisum est per dictos arbitros quod omnes assidui mercatores Kallismale qui retinent hospites forenses teneantur et debeant securare ad scriptam libri eorum et teneantur et debeant facere et prestare dictam securitatem procuratori dicte artis Kallismale in qua quidem securitate debeant esse omnes et singuli hospites securantes per se vel eorum sufficientes procuratores et decem promissores adminus qui omnes et singuli et quilibet eorum principaliter et in solidum se obligent procuratori dicte artis pro dicta arte et pro singulis mercatoribus et sotietatibus mercatorum Kallismale integre solvere et pagare omnes et singulas quantitates pecuniarum pretiorum pannorum et aliarum rerum ad terminos contentos in scriptis inde factis in libris et libro suis et sue sotietatis et quod pro securitate predictorum approbanda consules debeant eligere sex de melioribus mercatoribus Kallismale quorum magis putaverint interesse qui securitatem talium hospitum debeant approbare et in approbatione talium ipsorum ipsam securitatem approbare debeant sufficienter

---

(1) Aggiunto a margine da mano più tarda.

et ydoneam de quadraginta milibus libr. ad flor. adminus consideratis facultatibus tam principalium securantium quam promissorum et quod talis aprobatio fiat per dictos sex ad secretum scruptinium ad pissides et pallotas ed quod per dictos sex vel quinque ex eis ad dictum scruptinium fuerit ordinatum debeat observari. Ita tamen quod in dicto numero dictorum sex non possit nec debeat interesse aliquis consanguineus vel coniunctus talium securantium et quod consules teneantur et debeant compellere omnes et singulos mercatores hospites retinentes hospites forenses ad prestandum ed faciendum dictam securitatem dicto procuratori recipienti ut dictum est de mense januarii non obstante quod alia forma vel modo tales hospites securitatem aliquam prestitissent procuratori dicte artis predicta arte et si tales hospites nollent dictam securitatem facere et prestare dicto procuratori secundum dictam formam debeant dicti consules mandare mercatoribus dicte artis quod nullus ex eis habet aliquid facere de commertiis et factis dicte artis cum predictis vel aliquo predictorum qui dictam securitatem facere noluissent in credendo sub pena libr. centum a contrafaciente solvenda camorario dicte artis pro dicta arte et quotiens et quod de instrumento fiendo per dictos notarios quando dicitur quando creditur alicui persone etc. intelligatur de hiis qui securant ad instrumenta et si contingeret aliquo emergente casu librum vel libros mercatorum Kallismale securantium non apparere ad voluntatem consulum huius artis et ad voluntatem creditoris eorum quod in eo casu predicti mercatores qui securitatem prestitissent et quilibet eorum teneantur et cogi possint ad solvenda debita suis creditoribus ad voluntatem ipsorum creditorum secundum quod scripta reperiuntur in libro et libris talis et talium suorum creditorum et si appareret liber talis et talium securantium et esset differentia inter scriptam libri eorum et scriptam libri creditorum ipsorum promictant predicti securitatem prestantes stare et solvere sicut decretum fuerit inde per consules tunc consulatus offitio presidentes cum consilio sex mercatorum huius artis quos dicti consules ad predicta voluerint habere et ad observationem omnium predictorum predicti securitatem prestantes se obligent ad sensum et voluntatem dictorum consulum huius artis et illorum sapientum virorum quos dicti consules habere voluerint ad predicta.

Item quod dicti consules debeant facere iurare notarios quos ad predicta duxerint deputandos quod omnia instrumenta que scripserint ad artem Kallismale pertinentia ab initio eorum offitii ad tres menses proximos secuturos debeant reducere in scriptis coram dictis consulibus et terminos ipsorum instromentorum que facerent pro mercatoribus dicte artis et hoc faciant de tribus mensibus in tres menses et postquam dicti consules habuerint dictam scriptam a dictis notariis debeant dicti consules intra quinque dies mittere pro omnibus scriptoribus cuiuslibet sotietatis ad quos aliquod de predictis instrumentis pertineret et faciant eos iurare si eis est solutum de creditis contentis in dictis instrumentis unde terminus sit elapsus et de hiis dicendis consules statuant eis terminum scriptoribus qui eis consulibus videbitur assignandum et si invenerint quod solutum non sit eis ut provisum extitit precipiant hospitibus obligationem in instrumento quod omnem rationem unde terminus est elapsus habeant saldatam et pagatam a die termini ad duos menses proximos vel primo ad penam libr. c. et scriptoribus precipiant per iuramentum et ad penam s. c. quod ad dictum terminum duorum mensium revertant coram dictis consulibus ad denumptiandum si solutum est eis de dictis rationibus et instrumentis unde foret terminus elapsus et si de aliquo dicerent eis esse solutum. procurent consules quod magistri et sotii dicte sotietatis faciant cancellari et dampnari dicta instrumenta incoutinenti et si dicerent ipsi scriptores et sotii aliquam ipsorum rationum eis non esse saldatam et pagatam infra dictum terminum duorum mensium post terminum in strumento ordinatum tunc consules iterum de novo precipiant illis talibus hospitibus et debitoribus quod inde ad x dies tunc proximos ad pena libr. trium habeant pagatas et saldatas suas rationes et dicta sua instrumenta et si non facerent auferant ei dictam penam et incontinenti faciant eis aliud preceptum ad penam libr. x quod inde ad x dies tunc proximos habeant saldatas et pagatas ipsas rationes et instrumenta quod si non fecerint intra dictum terminum tollant eis dictas lib. x pro pena et incontinenti faciant eis aliud preceptum ad penam lib. xxv et dictas rationes et instrumenta saldent et solvant intra alios x dies proximos et si huic tertio precepto non obbedient tollant eis dictas penas et incontinenti preceptum fieri faciant mercatoribus huius artis quod ab inde in antea non habeat facere aliquid cum tali hospite nec cum aliquo forense qui cum eo hospitaretur de aliqua mercantia ad eam penam quam consules imponere voluerint et eis consulibus videbitur imponenda et auferenda contrafacienti quousque dictas rationes et instrumenta saldaverint et solverint et penas quos incurrissent non solvissent faciant etiam dicti consules iurare dictos notarios ipsorum offitium bene et legaliter exercere et quod ipsi vel alter eorum pro eorum salario non accipient pro imbreviando ultra quam denarios xii pro qualibet carta et pro complendo eam in publicam formam s. tres et debeant dicti consules petere et recipi facere fideiussores a dictis notariis et quolibet eorum de libr. c. et iuramentum et promissionem ab utroque ipsorum de observando predicta que pertinent ad offitium ipsorum sub pena s. xl et quotiens et quod dicti notarii vel alter eorum in faciendo instrumenta non debeant exercere quantitatem usque quam securitas prefata fuit et hec frequenter et diligenter dicti notarii videre debeant et notificare hiis quibus fuerit opportunum. Additum est quod obligatio securitatis possit per sindacum artis recipi et fieri in presentia unius ex consulibus aliorum consulum absentia non obstante.

### XLIX. De requirendo clavarios et scriptores ut iurent.

Item teneantur et debeant dicti consules mittere pro scriptoribus et clavariis omnium sotietatum apothecarum et fundacorum pro omnibus dictorum fundacorum et apothecarum de quibus videbitur dominis consulibus si non videretur eis quod sufficerent scriptores et clavarii et omnibus debeant notificari et legi hoc capitulum totum et iurare eos de non faciendo contra.

#### L. De requirendo hospites ut iurent non facere contra Statutum.

Item mictant consules pro omnibus retinentibus hospites et legi eis faciant capitulum et iurare faciant eos non venire contra et precipiant eis ad penam libr. cc pro vice cuilibet eis auferenda quod predicta actendent et observent et faciant dicti consules quod omnes sotii talis sotietatis et apothece et quod apothece quod haberent partem in facto hospitum irent de non faciendo contra et etiam de solvendo denarios quos hospites reducent et mittent eis illi et illis cui et quibus hospes eorum dare teneretur intra duos dies post receptionem talium denariorum et si quis contrafecerit condempnetur per consules in libr c. pro qualibet vice et si consules non procurarent et non facerent predicta debeant in libr. xxv per novos consules condempnari vel per sindacos et inde debeant sindacari et hoc capitulum debeant consules facere totum legi illis qui hospites retinent ita quod sciant illud quod habent facere ut exinde non possint se tenere gravatos et de predictis omnibus et quolibet eorum notarii inquisitionis si fuerit opportunum inquisitionem facere teneantur.

#### LI. De scribendo nomina et terminos mercatorum sotietatum.

Cum aliquis mercator vel hospes prestat procuratori mercatorum securitatem secundum formam Statuti debeant consules mittere pro scriptoribus librorum sotietatum que vendunt pannos et eos cogere ut ante quam recedant de curia transcribant nomina et meritos securitatum ut inde habeant memoriam futurum.

#### LII. De eligendo (1) unum procuratorem ad recipiendum stipulationes artis.

Mense jan. eligant consules unum de mercatoribus Kallismale qui sit et constituatur procurator artis et hominum de arte Kallismale ad recipiendum stipulationes et instrumenta hospitum et aliarum personarum qui et que facient et prestabunt securitatem arti Kallismale cui procuratori camerarius de pecunia huius artis et pro suo salario exhibeat libras duas denariorum.

#### LIII. De sindaco constituendo pro pecunia artis deponenda.

Item statuimus quod consules dicte artis teneantur et debeant facere et ordinare pro dicta arte qui pecuniam artis deponat et locet pro ipsa arte et nomine dicte artis sicut et quando visum fuerit dictis consulibus et sex mercatoribus dicte artis ad utilitatem et commodum dicte artis salvo quod camerarius artis possit retinere c. lib. pro necessariis expensis fiendis pro arte et dictus sindacus possit dictam pecuniam et de ea repetere et recolligere pro dicta arte quotiens et quando domini consules cum consilio xii mercatorum dicte artis voluerint pro dicta arte.

---

(1) Il Rubr. ha « obligando ».

### LIV. De petendo absolutionem a consilio per consules.

Provisum est quod consules si quando voluerint petere absolutionem de aliquibus que habuerunt facere et expedire seu facere expediri debuissent occasione eorum offitii per sententiam vel condempnationem vel alio modo quod talem absolutionem petere non possint nisi nominatim peterent de quibus rebus et factis velint et se petant absolvi et aliter de aliquibus rebus et factis absolvi non possint et hoc capitulum non preiudicet in aliquo eis que continentur in secundo capitulo de processu causarum.

### LV. De salario eius qui pro arte Kallismale iverit extra Florentiam.

Quicumque iverit extra pro facta comitatis mercatie Kallismale habet a camerario die qualibet libr. unam sed cum uno equo XII s. percipiat et non ultra.

### LVI. Quod canne adequentur.

Mense januarii vel februarii procurent consules cum regimine Florentie quod omnes canne civitatis coequentur cannis de Kallemala et omnia pondera coequentur ponderibus campsorum.

### LVII. De viis Kallismale lastricandis et purgandis et purgatis tenendis.

Quia ad salubritatem personarum pertinet et tutelam quod turpitudines et immunditie in viis publicis non ponantur per quas sic positas coruptiones abominabiles in corporibus hominum inducantur statuentes decrevimus esse civile decorum utile et honestatum quod in via Kallismale et in mercato novo et in aliis viis per quas homines ingrediuntur in Kallemmalam et egrediuntur eo silicet in via per quam itur in platea Cavalcantum et in mercatum novum et via que dicitur (¹) . . . . . non ponantur turpitudines et immunditie quas trahi et portari de fundacis et apothecis Kallismale per discipulos et alios quoscumque qui in predictis apothecis et fundacis nocturno tempore comorantur ad custodiendum ut solitum est non ponantur si autem inventum fuerit quod aliquis discipulus vel alia quecumque persona de dictis fundacis et apothecis vel aliquo aut aliqua earum vel eorum huiusmodi turpitudines et immunditias quocumque tempore in dictis viis vel aliqua earum posuerit vel proiecerit pro qualibet vice per consules dicte artis condempnentur in s. v. solvendis camerario dicte artis et quod huismodi positores turpitudinis et delator teneatur et debeat in eius verecundiam talem turpitudinem deferre ad alium locum non prohibitum et aliis non nocivum et locum coinquinatum purgare, ita quod metu pene et verecundie huiusmodi persone talia committentes a talibus moribus retrahantur et quilibet qui predicta

---

(1) Manca il nome.

sciverit possit et esse debeat denumptiator et accusator et eius denumptiatio vel accusatio teneri debeat in secretum. Et consules teneantur et debeant requirere et requiri facere hospites mercatorum Kallismale quas et que tenent mercatores dicte artis debeant siliciari lateribus vel lastris ad terminum datum per consules quod si infra dictum terminum non fuerit factum cogant dicti consules dictos mercatores tenentes dictos fundacos et apothecas illud facere de denariis pensionum infra terminum ordinatum per dictos consules rogent etiam dicti consules et reqùirant seu requiri faciant dictos hospites ut in dictis viis de domibus eorum equas vel immunditias prohici permictant vel faciant quod dictas vias teneant apertas et liberas. Ita quod alicui fundaco vel apothece nullum prestetur impedimentum aliquo modo vel causa.

### LVIII. Quod reformationes preterite sint casse.

Provisum est quod omnes reformationes consiliorum artis actenus facte cuius cumque tenoris vel conditionis existant sint casse pro tempore futuro salvo quod reformationes que facte forent super aliquibus posuris factis pro factis artis inter homines artis et per artem debeant observari et in sua firmitate perdurent et quod notarius artis teneatur et debeat omnes reformationes consiliorum in eo factas reducere et legere coram arbitris qui pro tempore fuerint ut videant si utile fuerit quod tales reformationes ponantur in statuto artis et quod reformationes que fient in antea ex quo facte erunt valeant solum et servari debeant usque ad kal. januarii proximi tunc sequentis postea.

# LIBRO V.

### I. De sensalibus Kallismale et eorum offitio.

Statutum et ordinatum est quod consules teneantur et debeant de mense januarii vel prius requirere omnes sensales qui mediant de avere et mercatoribus Kallismale ut iurent et promittant et dent fideiussores de extra artem quilibet eorum de libr. L stare et parere consulibus et observare capitula ed ordinamenta Kallismale quantum ad exercitium eorumdem et sensariam facere bene et legaliter pro emptore et venditore et de quolibet mercato quod facerent dent et dare debeant unum denarium venditori pro mercato facto quem si non dederint condempnetur sensalis qui non dederit pro quolibet et denario non dato in s. v. comuni huius artis, si quis vero iurare noluerit consules devetent ipsum ab arte, et contra eum et quoslibet alios conversentes aut mercantes cum ipso procedant in penis et devetis et aliis cohactionibus opportunis et iurent etiam dicti sensales ire bene et legaliter in omnes et per omnes apothecas et fundacos huius artis non plus in unam quam in aliam et non interogare mercatorem de quibus nundinis sint illi panni nec dicere mercatori cum vadunt in tali loco non habent panni novi aut talibus nundinis et non dicere sit factum mercatum si pannus mihi placeat pro mensura sub pena s. XL in singulis articulis antedictis credendo inde consules iuramento trium de assiduis mercatoribus Kallismale item non petent nec recipient per se vel alios pro salario vel mediatura ultra den. XII parvorum de qualibet petia panni, ad hoc ut non ascendat vel excedat summa XX s. pro unoquoque mercato vel sensaria que fiat cum hominibus vel mercatoribus forensibus. Item quod non petent nec recipient aliquid ab aliquo nisi intersit mercator occasione sensarie, item quod non ibunt ad aliquod mercatum nisi vocati vel ducti ab aliqua partium, item non facient simul sotietatem de senseria, et intelligatur quod omnes panni mercati qui emuntur ad marcum de ypro sint solumodo unum mercatum, omnes vero alii panni qui emuntur ad libram pariginensem vel astiensem sint simul unum forum, omnes panni educendi sint unum forum, omnes panni de camo unum forum, omnes parisienses de sancto deonisio sint unum forum, panni catalenses uuum forum, omnes panni de pruino unum forum, omnes de astanforte anglie unum forum, omnes panni de luia anglie unum forum, et ita intelligatur de pannis singularum terrarum per se sigillatim. Item iurent sensales denumptiare secrete consulibus Kallismale omnes et singulos mercatores facientes contra formam capituli constituti huius vel contra ordinamenta loquentia de sicuritate averis Kallismale et hominum dicte artis et de retinentibus hospitum forensium et de scribentibus et promictentibus pro forensibus et de ipsis foretanis et ad hoc ut ea que in hoc presenti capitulo continentur in plenam deveniant notitiam quorumcumque faciant consules mense januarii quando coram arte legitur constitutum presens capitulum legi facere per ordinem diligenter et nichilominus quando consules recipient a clavariis iuramenta faciant ipsos clavarios iurare quod nec ipsi nec eorum sotii dabunt vel dari facient alicui sensali ultra quam superius contineatur et nulli hospiti dabunt occasione sensarie aliquid aliquo modo et quod denumptiabunt consulibus omnem contrafacientem et consules contrafacienti tollant pro vice qualibet s. c et unus sensalis *non* (¹) possit ire uno tempore ultra quam cum duobus mercatoribus pena s. xx et quotiens item quod nullus sensalis petat aliquod mutuum alicui mercatori Kallismale et nullus mercator mutuet ei aliquos denarios, facienti contra tollant consules Kallismale nomine pene tam sensali quam mercatori s. xx pro vice qualibet consules vero teneantur quolibet mense facere secretam inquisitionem contra sensales per homines artis Kallismale et si diceretur consulibus per duos mercatores Kallismale quod aliquis sensalis fecisset vel faceret contra hoc capitulum in aliquo consules eum devetent et prohibeant ab arte et conversatione mercatorum Kallismale nullo tempore resumpturum nullam excusationem faciendo (²) ab eo. Item quod nullus sensalis possit habere vel habeat partem sotietatis vel sotietatum cum aliquo mercatore Kallismale vel cum tintore neque cum aliquo alio qui teneatur sub consulibus Kallismale et hoc clarum esset consulibus per tres mercatores Kallismale devetetur et eiciatur ab offitio sensarie ut superius dictum est. Item quod nullus mercator audeat vel presummat facere vel faciat de suis pannis cum aliquo sensale qui non iurasset sub consulibus fideiussores dedisset ut superius continetur, et qui contra fecerit puniatur per consules pro qualibet petia panni in s. x et tunc consules eum devetent et prohibeant ab arte et conversatione mercatorum Kallismale nullo tempore resumpturum. Item quod nullus sensalis possit vel debeat ire cum aliquo mercatore vel sine mercatore ad emendum pannos nisi in fundacis et apothecis mercatorum Kallismale nec alium vel alios inviare vel inducere ad emendum vel eundum emere pannos nisi in dictis apothecis et fundacis dictorum mercatorum et qui contra faceret in eundo ad emendum pannos vel inducendum alium vel alios emere vel eundum emere debeat per consules condempnari pro qualibet vice in libr. xxv et nichilominus devetetur ab arte. Item est ordinatum quod sensales artis debeant stare ad curiam dominorum consulum et quod prior eorum ibidem eos resingnare teneatur. Item provisum est quod Stefanus Guidalotti recipiatur et sit sensalis et in numero sensalium dicte artis.

### II. De tintura grane.

Quicumque mercator huius artis miscueret vel fecerit imisceri robiam cum grana ad tingendum scarlattam vel sanguineam auricelli teneantur consules pannum ita tintum ingnis incendio concrimare infra otto dies ex quo sciverint

---

(1) In interlinea, aggiunto da mano più tarda.
(2) In interlinea, scritto da mano più tarda in scrittura minuta « recipiendo ».

et patratorem talis misture pro falsario publicare et alios punire pro ut viderint fore bonum, tintor etiam condempnetur in libr. x et tamquam falsarius publicetur et devetetur ab arte, denumptiatori vero de dicta pena exhibeant libr. tres et credentiam teneant et si opus fuerit denuntient regimini Florentie, possit tamen quilibet facere occellum de robia tantum vel de grana tantum sicut mercator voluerit et quando mercator pannum ipsum vendiderit teneatur tintor dicere si est de grana vel de robia et mercator qui fecit tingi faciat sigillum occelli in panno de grana, sed in panno de robia minime sub pena libr. xxv, et quotiens et de predictis teneantur consules omni mense facere secretam inquisitionem contra mercatores et tintores et tintura scarlatte flat et fieri debeat de pura grana et si quis aliquis civis vel forensis emerit aliquem pannum scarlattum tintum aliter quam de grana teneatur et debeat cum tali panno integro vel partito venire coram consulibus Kallismale et dicti consules teneantur facere quod talis persona qui pannum talem vendiderit restituat emptori pretium quod inde percepit cum expensis quas fecerit ipse emptor occasione dicti panni et quod talem personam que tingi fecerit et tintorem qui tinxerit silicet quemlibet eorum consules debeant condempnare in libr. c/v de qua condempnatione medietas ipsius condempnationis debeat solvi et dari camerario artis Kallismale pro ipsa arte et reliqua medietas camerario comunis Florentie et pannus debeat concremari et si tintor non solverit talem condempnationem et de eo factam et potestas civitatis et comunis Florentie teneatur et debeat ei facere manum amputari et tales panni debeant sigillari sigillo plumbeo per offitiales artis ad hoc deputatos ante quam dentur affectatoribus et aliter affectatores non debeant affectare talem pannum nisi sigillatum ad penam libr. x solvendam comuni dicte artis et ad hoc ut venditores non possint negare pannum suum fuisse emptores pannorum scarlattorum debeant facere dictum pannum sibi sigillari sigillo plumbeo dicti venditoris in cuada (sic) dicti panni pro quo sigillo dabitur plena fides de parte vel de toto panno qui coram consulibus educetur et liceat tali emptori pro predictis ire coram potestate Florentie vel coram dictis consulibus pro predictis sicut elegerit et quod predicta potestas Florentie presens capitulum tamquam capitulum comunis Florentie teneantur observare et executioni mandare quos offitiales ad dictos pannos sigillandos consules debeant eligere de mense januarii et predicta debeant observari de sigilis apponendis omnibus pannis sanguineis tintis de verzino super quibus pannis de verzino non ponatur vel mittatur oricellum sub pena libr. L pro mercatore venditore libr. x pro tintore contrafaciente pro quolibet panno et sigillo venditoris in dictis pannis sicut scarlattis dabitur fides et penam patiatur ut supra et potestas et cognoscat ut supra et quod occella flat de ea tintura de qua tintus est pannus sub pena libr. x tintori et x mercatori auferenda.

### III. Quod omnes panni ultramontani allentur.

Quicumque faciunt reduci vel reducunt pannos anglicos vel ultramontanos teneantur facere et curare ita quod eorum sotii et factores qui sunt in partibus antedictis faciant allari omnes pannos et in curtis singnari curtitudinem in capite ita quod emptoribus pannorum huiusmodi reficiant sicut eis refectum fuerit in partibus in quibus ipsi panni empti fuerint dando vel habendo de turnense denarios tres de parisciense denarios IIII et de sterlingo denarios xv et teneantur consules eligere de mense januarii duos bonos offitiales unum de drapperiis et alium de ritalgliatoribus qui diffiniant et congnoscant de questionibus que essent et moverentur de curtitudine maculis et mancaneis pannorum et de tintura et affectatura eorum et ea occasione et de pretio et salario tinture et affectature possint statuere et ordinare quidquid voluerint et viderint expedire. Ita tamen quod si pannus adeo maculatus vel magagnatus ut non sit recipiendus non cogatur emptor recipere si peioramentum macularum vel maganearum unius panni extimatum fuerit esse libr. trium vel ab inde supra sin autem provideant de emenda vel refectione pro ut viderint expedire et si pannus inventus malo modo curtus licet non sit ibi curtitudo singnata nichilominus dicti duo inde congnoscant et videant sicut supra verumtamen qui tacuerit xv diebus a die incepti termini de pannis venditis ad monstram alicui florentino vel uno mense a die incepti termini de pannis venditis alicui forensi et qui tacuerit uno mense et dimidio de pannis emptis ad litteram non audiatur. Item habeant dicti duo baliam statuendi quid et quantum accipiatur de tintura a forensibus et camerarius det cuicumque ipsorum pro salario suo libras duas de pecunia artis.

### IV. De dogana non facienda.

Mense januarii inhibemus tintoribus affectatoribus et remendatoribus huius artis nec aliquam doganam facere vel habere presummat et si factam habet eam incontinenti cassent et irritent alioquin deveantur et puniantur arbitrio consulum.

### V. De fornimentis que debent habere tintores.

Congemus tintores mense januarii ut pro qualibet caldaria duo tiratoria et duas marras ad voluntatem nostram et quod ipsa tiratoria singulis mensibus si opus fuerit faciant reactari et quod non permictent super hiis poni lanam vel pannum vel aliquid aliud quod obesse valeat nostris pannis et quod facient claudi loca ubi sunt tiratoria et habebunt malleum et clavellos et quod tendent petiam equaliter ad sextam sub pena s. v in singulis articulis supradictis et teneamur nos consules mense januarii precipere camerario nostro ut predicta fideliter exequatur et si dampnum aliquod eveniret in aliquo panno alicuius mercatoris ad caldariam vel ad tiratoria teneatur illud tirator emendare secundum mandatum consulum et ad eorum provisionem vel illorum quos ad id deputarent.

### VI. De occello grane non facendo super robiam.

Statutum est quod quicumque mercator vult tingere vel tingi facere pannum in auricello supra non faciat neque fieri faciat vel permictat occellum de grana in eo panno ad penam s. c. tam mercatori quam tintori tollendam.

### VII. De hiis quibus dari possunt panni Kallismale ad laborandum.

Statutum est quod nulli tintori seu remendatori vel eorum discipulo liceat vel possit per aliquem mercatorem dari aliqui panni nisi de mense januarii tam ipsi quam eorum discipuli iurent sub consulibus Kallismale et nisi prestent eis fidem pro securitate artis secundum quod per sex offitiales ad hoc per aliud capitulum deputatos fuerit ordinatum et consules teneantur eos inde requirere dicto mense et contra non obedientes procedere sicut viderint expedire.

### VIII. Quomodo tintores debeant affectatoribus pannos dare (1).

Non liceat tintoribus dare affectatoribus aliquos pannos nisi primo scripti sint ad rationem mercatoris cuius sunt pena v. s. et quotiens et similiter affectatores non debeant emptoribus pannos aliquos exhibere nisi primo scribantur ad rationem illorum quorum sunt sub pena predicta.

### IX. De observantia quam tenentur facere affectatores et remendatores.

De mense januarii precipiant consules affectatoribus et remendatoribus ut ante omnia dispicare pannos et rimari diligenter de maculis et maganeis et si quam invenerint aut si pannus non fuerit bene tintus incontinenti debeat denumptiare domino panni sub pena xx s. et quotiens et teneantur non dicere malum de aliquo panno ad dampnum mercatoris cuius est sed laudare non plus unum quam alium nisi fuerit plus laudandus et requisitus ostendat petiam mercatoris quesitam ab eo in fraudem non permaneat quando ostendat eam.

### X. De preceptis tintoribus et aliis artificibus artis faciendis.

Eodem mense precipiant consules tintoribus et remendatoribus tonsoribus et affectatoribus et cotonatoribus ne aliquis eorum pingnoret aliquem pannum mercatorum nec faciant pingnorari sub pena xx s. et cotiens et pannum luere et restituere compellantur.

### XI. De pena petentium pannos ad laborandum.

Inibeant consules mense januarii tintoribus et affectatoribus et huiusmodi laboratoribus ne qui eorum petat aut peti faciat pannos ad laborandum pena v. s. et quotiens et mercatores teneantur nullum pannum petentibus exibere.

### XII. Quod panni per affectatores non mictantur extra apothecam ad affectandum.

Similiter inhibeant affectatoribus quod non dent aliquem pannum vel aliquos pannos ad adfectandum vel remendandum extra eorum apothecas pena xx s. et

---

(1) La Rubr. è scritta su rasura.

quotiens quos si non solverit ab arte penitus devetetur. Item quod nullus affectator mensuret aliquem pannum ad penam s. XL et quotiens de qua consules dari mediante secreto denumptiatori eiusdem et quod panni de saia de luia forensium possint mensurari sine pena.

### XIII. De salario verzini sensarie et aliarum rerum.

Debeant accipi pro sensaria de centenario verzini et de centenario grane et de quolibet bulglome allumis ab emptore den. XII et a venditore s. II et non plus et de hiis teneantur mercatores et sensales per iuramentum et ad penam s. XL mercatori et sensali XX contrafacienti vice qualibet auferenda.

### XIV. De tribus offitialibus eligendis pro ordinandis pretiis tintorie et affectature et aliarum.

Statutum provisum et ordinatum est per dictos arbitros quod consules teneantur de mense januarii eligere tres de mercatoribus Kallismale qui sciant de tinctis et tractent cum hominibus dictarum artium cum quibus voluerint de pacto statuendo de tinturis affectaturis et tiraturis et sicut per dictos tres firmatum et ordinatum fuerit ita fiat et observetur et ultra vel aliter pro eis vel eorum discipulis pro lavatura vel aliquo alio modo vel eam non possit vel peti quam per dictos tres fuerit ordinatum et debeant providere et ordinare de pretio tinturarum omnium pannorum exceptis pannis scarlattis auricellis de sorte de ypro et quod mercatores artis qui vendiderint tales pannos tintos debeant recipere et petere dicta pretia ordinata ab emptoribus civibus vel forensibus et non ultra sub pena s. XL pro quolibet panno contrafacienti tollenda.

### XV. De mensura pannorum.

Statutum ordinatum atque firmatum est quod quelibet petia scarlatta de tinta sit et esse debeat ad rectam mensuram canne XIII et brachius unus et si minus fuerit inventa teneatur venditor eis reficere emptori eiusdem sive de pretio dimictere ad eamdem rationem ad quam emit et si plus invenerit illud sit emptoris sive pretio et quod petia scarlatta de ypro sit canne XIII et brachius unus et scarlatta de guanto et auricello de guanto canne XII et dimidia et cavezzi et stanforte canne otto et auricella de sorte sit et esse debeat brach. LI et de minori et pluri servetur ut supra de scarlatta dictum est. Item quod gamurra tinta sit et esse debeat brachiorum XXXVIII et si plus vel minus esset servetur inde ut supra de scarlatta dictum est et quod panni de ypro tincti in Florentia sit quelibet petia canne X et de pluri et minus servetur ut supra dictum est et quod cavezi de stanforte tinti sint brach. XXXVIII et cavezzi de nerontione sint XXXI de pretio vero tinture quod venditor debeat accipere ab emptore de infrascriptis cannis et de ypro tintis in Florentia videlicet de sanguinea de tirea nigra de tirea vermilglia de tirea rosata de tirea auricella et de gamurra nigra et de gamurra vermiglia sit sicut ordinatum fuerit inter venditorem et emptorem et quod panni de cambrasio debeant esse ad rectam mensuram XLIII brachiorum et si invenietur in eo singnata curtitudo debeat reficere emptori sicut eis refectum fuit et si inveniretur minus debeat ei reficere ad eam rationem quam emit et si plus esset sit emptoris.

### XVI. Quod nullus pannus scarlatta vel auricelle integer tingatur alicui nisi teneatur Kallismale.

Firmatum est quod nullus mercator tintor vel affectator huius artis possit vel debeat tingere vel affectare aut tingi vel affectari facere aliquem pannum scarlattam vel auricellam alicuius mercatoris vel persone qui et que non teneantur sub consulibus et arte mercatorum Kallismale de Florentia, si quis vero contrafecerit puniatur per consules pro qualibet petia dictorum pannorum in libr. x huic arti solvendas item quod consules teneantur de mense januarii et debeant eligere sex bonos mercatores huius artis in facto tinture scarlatte et auricelli et eos sex iurare faciant de ipsorum offitio bene fideliter et legaliter sine aliqua fraude faciendo et precipiant eis consules sub debito iuramenti quod inde ad unum mensem proximum inveniant et ordinent et scribi faciant modum et viam per quem et quam totum lucrum quod sequetur de tintoria dictorum panum et tota et aliorum pannorum quos tingi fecerint homines sotietatis Kallismale per illas partes quas dicti sex statuerint inter eos et si predicti sex vel maior pars eorum ex inde concordaverit valeat et observetur id quod per eos intra dictum terminum fuerit ordinatum, si vero intra terminum dicti sex vel maior pars eorum de predictis non fuerint concordes totum supradictum capitulum quod est sub dicta robrica sit cassum et vanum et ad eius observationem nemo teneatur. Item ordinatum est quod si quis de arte Kallismale fuerit requisitus ab aliquo florentino quod tingat seu tingi faciat eidem unam saiam de iralanda vel de luia possit illam tingere et tingere facere uni persone et semel in anno tantum.

### XVII. De tenendo consilio de habendis tiratoriis pro arte.

Item provisum est quod consules de mense januarii cum consilio XII mercatorum quos magis utiles et idoneos crediderint ad predicta debeant habere et tenere consilium et providere de tiratoriis habendis et faciendis pro dicta arte et sicut per dictos consules et consiliarios provisum fuerit de predictis ita consules faciant observari etc. et finaliter debeant providere super malitiis hospitum et hostellariorum Francie et provincie.

### XVIII. De offitialibus deputatis ad mensurandum pannos de quibus esset questio inter mercatores et emptores.

Mense januarii eligemus duos ex mercatoribus nostris de arte Kallismale qui in toto tempore nostri consulatus et per totum annum mensurent bene et legaliter pannos de quibus esset differentia tam pro emptore quam pro venditore quando vocati fuerint et pro unaquaque venditione habeant ab emptore et venditore denarios duos ab utroque.

### XIX. De non dando dirittum de proviniginis.

Statutum est quod nullum dirictum detur de proviniginis in Florentia per aliquem forensem, facienti contra tollant consules pro pena s. XL.

### XX. De sensalibus facientibus sensariam proviniginis.

Consules teneantur facere et curare et curent quod sensales omnes et singuli qui faciunt sensariam proviniginorum et cambiorum iurent promictent et securent coram eis consulibus sicut faciunt et facere tenentur sensales pannorum huius artis et quod ipsi sensales faciant bene fideliter et legaliter sensariam tam pro una parte quam pro alia et possint et eis liceat petere habere et recipere pro sensaria et eorum salario pro quibuslibet lib. c. proviginorum a venditore et emptore ab utroque den. XII f. p. et non plus non obstante quod de una summa proviginorum aliquis eorum faceret duo mercata quod propterea maius salarium vel ultra possint habere. Item quod consules procurent quod consules campsorum habeant et faciant scribi simile capitulum in constituto eorum artis et quod per eos iuretur observari debere et quod consules teneantur predicta contenta in dicto capitulo executioni mandare sub pena admissionis salarii eorum et insuper libr. XXV et teneantur etiam iuramento et quod etiam observent et teneantur dicti consules facere observari et de quolibet mercato detur denarios dei et quod qui nollet iurare et securare sub eis devetetur ab hac arte.

## [Aggiunte dell'anno 1302].

In nomine dei amen, Tempore consulatus prudentium et discretorum virorum Duccij Magalotti Neronis Cambii Vanni Colti et Lapi Donati Ardinghelli consulum artis mercatorum Kallismale pro sex mensibus complendis in kal. jan. MCCCII, ind. prima.

Hec sunt nova capitula facta per infrascriptos prudentes viros ad hoc in arbitros et statutarios artis dicte per dictos consules deputatos super Statuto artis dicte pro anno futuro a kal. jan. initium habituro proximis accessuris quorum arbitrorum nomina sunt hec:

Boninsengnia Angiolini, de sotietate Bardorum;
Lapus Littifredi, de domo et sotietate Pazzorum;

Ranerius Ardinghelli, de sotietate sua et sotiorum;
Lapus Guazze, de sotietate Johannis Donati et sotiorum;
Ranerius Guidinghi, de sotietate sua et sotiorum;
Borghinus Lottieri, de sotietate Mozzorum;
Lippus Falchi, de sotietate sua et sotiorum;
Ceffus Boninsengne, de sotietate domini Folgle Amieri et sotiorum;
Giottus Peruzzi, de sotietate Peruzzorum;
Guido Bisdomini, de sotietate Marchi Rainerii et sotiorum;
Lambertescus Lamberti, de sotietate sua et sotiorum;
Foresinus ser Tani, de sotietate Spinorum;
qui iurati eorum offitium inceperunt die v decembris anno dicto.

### XXI. De non ponendo aliquem in domo opere sine consilio mercatorum.

Statutum et ordinatum est quod consules non possint nec debeant ponere recipere aut aliquatenus acceptare aliquam personam in familiam vel conversum opere Sancti Johannis aut Sancti Miniatis ad Montem nisi de consensu et licentia consilii generalis dicte artis obtempta per omnes ipsos consiliarios vel per duas partes ad minus ex eis ad secretum scruptinium celebrandum per pissides et pallotas sub pena libr. L f. p. pro quolibet consule et pro qualibet vice camerario artis pro arte recipienti solvenda et quod aliter vel alio modo factum esset non valeat nec teneat sed cassum sit et irritum et inane. Item quod nullus de numptiis dicte artis possit vel debeat aliquo modo bibere vel comedere stare vel conversari vel habitare in opera vel in domibus opere Sancti Johannis vel in domo opere Sancti Miniatis ad Montem nisi quando consules ibi comederent si tunc placebit consulibus et de hoc mutando vel absolvendo non possit tenere consilium, silicet de nuntiare sub pena s. XL f. p. cuilibet numptio qui secus fecerit auferenda pro qualibet vice. Item quod viceoperarius dicte opere non possit vel audeat aliquem de numptiis dictis aliter receptare vel ei dare ad comedendum vel bibendum sub pena s. XL f. p. pro qualibet vice et teneatur etiam camerarius sub pena s. XL denumptiare continenti si quem de dictis numptiis noverit contra predicta facere vel venire.

### XXII. De non faciendo sotietatem cum aliquo foresterio de pannis emendis Florentie.

Statutum est quod nullus de arte Kallismale aut (¹) eidem arti tenutus possit vel debeat facere sotietatem cum aliquo foresterio de pannis emendis Florentie sub pena duorum florenorum auri pro quolibet panno quem emerent et quod notarius inquisitionis teneatur et debeat de hoc facere inquisitionem palam et secrete et sicut viderit convenire salvo et reservato quod non preiudicet nec

---

(1) L'*a* in interlinea, in carattere più piccolo, è di altra mano.

intelligatur contra illos vel de illis qui ab uno anno proximo preterito retro fecissent sotietatem cum aliquo foresterio de pannis emendis pro revendendis extra iurisdictione civitatis Florentie aut qui facerent sotietatem de pannis emendis Florentie pro illis navigandis et deferendis ultra mare Romaniam Ceciliam Sardiniam vel insulam de greci (*sic*).

### XXIII. De uno libro faciendo de sotietatibus Kallismale.

Statutum est et ordinatum quod fiat et componatur unus liber sotietatum et sotiorum artis Kallismale hoc modo videlicet consules teneantur quolibet anno de mense jan. requirere et cogere omnes sotietates artis huius et eorum capita silicet maiores et eorum scriptores quod per totum dictum mensem reducant et dent in scriptis omnes et singulos sotios dicte sotietatis et postmodum requirantur *omnes* (¹) illi sotii qui relati erunt ut veniant coram dicto notario artis ad confitendum vel diffitendum sotietatem et scribatur eius confessio vel negatio; verumtamen si quis relatus fuerit qui fuerit absens habeat terminum arbitrio consulum prefigendum infra quem debeat venire ad confitendum vel diffitendum sotietatem per se vel procuratorem ad hoc spetialiter constitutum per publicum instrumentum vel per litteras patentes sigillatas sigillo autentico vel per litteras patentes sigillatas suo sigillo et sigillis trium florentinorum mercatorum sub pena consulum arbitrio auferenda.

### XXIV. De sollicitando quod pecunia promissa per comune domino Karulo persolvatur.

Consules dicte artis quorum offitium initiabit in kal. jan. proximis venturis teneantur et debeant sollicite per se vel alios quos ad habere voluerint procurare cum dominis prioribus artium et vexillifero iustitie quod pecunia promissa ex parte comunis domino Karulo filio regis Francie in proximo festo Sancti Johannis de mense junii detur et persolvatur eidem ita quod mercatores dicte artis non habeant inde impedimentum aliquod vel iacturam.

### XXV. De revidenda ratione vendagi et posture et de offitialibus eligendis.

Quoniam pacta inter singulos sunt de iure servando statutum et ordinatum est quod consules novi quorum offitium initiabit in kal. mensis januarii in MCCCII, ind. prima, teneantur et debeant facere restaurari omnibus et singulis illis sotietatibus de arte Kallismale et mercatoribus dicte artis que restaurari debent occasione posture vendagi quam fecerunt simul mercatores Kallismale et ipsam restaurationem fieri facere teneantur per totum mensem februari proximi venturi et eligantur per dictos consules de mense januarii unum mercatorem vel plures ad recolligendum et exigendum denarios restauramenti ab illis qui re-

---

(1) Su rasura.

staurare debent et solvendum illis quibus restauratio fieri debet ex dicta postura, hoc etiam adiecto quod quicumque debet restaurare restauret de capitali et de tempore quo tenuit restaurum ad dictum dictorum offitialium secundum rationes ex inde revisas et recircatas per illos tonnerios qui iam ad eas revidendas fuerunt in quibus aperte patet qui restaurare debet et qui restaurari et de quo et in quanto restaurari debeat et a quo, quod si consules predictas restaurationes per totum mensem februarii non fecerint fieri cadant in penam arti dicte de libr. xxv ad floren. quilibet ipsorum et de hoc teneatur etiam notarins inquisitionis seu de faciendo exequi et fieri predicta per totum mensem februarii proximi venturi sub pena libr. xxv f. p. sibi de suo salario per camerarium retinenda.

### XXVI. De providendo super impositis factis arti predicte et hominibus dicte artis.

Quoniam ut plurimum sunt gravate diebus elapsis per comune Florentie quedam sotietates et homines artis Kallismale et ars eadem et opprimuntur et gravati fuerunt mutuare et prestantias facere et solvere comuni ultra modum debitum et comunem, et ultra quam gravari videantur alie artes et artifices civitatis Florentie statutum et ordinatum est quod si per comune Florentie fiet imposita dicte arti aut sotietatibus eiusdem artis aut spetialibus personis dicte artis de aliqua petitione solvenda mutuanda vel prestanda comuni que non tangeret similiter alios homines divites aut alias artes et sotietates de aliis artibus civitatis Florentie teneantur et debeant consules dicte artis suo motu vel ad requisitionem cuiuscumque de arte dicta et dicta de causa gravari et congregare consilium generale dicte artis et cum ipso consilio et eiusdem consilii auctoritate et consensu et per eum modum et viam qui et que placebit dicto consilio vel maiori parti eorum sollicite intendere et procurare cum dominis prioribus et vexilliferis et aliis dominatiobus (sic) Florentie quod tale gravamen et imposita tollatur et removeatur a comunitate et sotietatibus et hominibus dicte artis vel quod redigatur et flat ad comodiorem modum et ordinem et ad hoc ita servandum teneantur per sacramentum.

### XXVII. De condempnatione facta de Nerio Ridolfi suspensa.

Quoniam Neri Ridolfi sensalis qui actenus dicte artis hominibus servivisse dicitur et suum fecisse misterium sensarie pure et legaliter et fideliter et longo tempore de drappis et mercantiis artis Kallismale ob quamdam curialitatem quam facere credebat sotiando quemdam mercatorem ad fundacum pannorum medilanensium denumptiatus fuit et postmodum condempnatus quasi si iuvisset dictum mercatorem foresterium emere de pannis medilanensibus faciendo mercatum contra Statutum dicte artis in libr. xxv et in devetum sensarie et quia pauper est et egens curialis et bonus in quantum potest statutum est quod dicta pecuniaria condempnatio facta de eo tempore et officio ser Tini de Podiobonzi notarius inquisitionis pendeat et sit subspensa usque ad quinque annos proximos venturos et dictum devetum sit cassum et inane et sit et esse intelligatur absolutus a dicto deveto ita quod repositus sit quantum ad devetum et misterium sensarie predicte in eo statu quo erat ante condempnationem ipsa condempnatione in aliquo non obstante. Item statutum est quod ser Tinus ser Alavarchi de Podiobonzi qui notarius est fuit iam sunt otto mense et circa notarius inquisitionum artis Kallismale sit etiam notarius ad ipsum offitium pro uno anno venturo initium habituro in kal. jan. proximi venturi cum eo salario quod consules una cum consilio quod habere voluerint ordinabunt de mense januarii.

Item quod ser Matheus Biliotti notarius qui fuit notarius consulum dicte artis iam sunt otto mense et ab inde circa sit etiam notarius ab illud idem offitium pro anno venturo habituro initium in kal. jan. proximi venturi cum eo salario quod consules cum eo consilio quod habere voluerint de mense januarii ordinabunt.

### XXVIII. De scribendis pannis penes tintores et affectatores.

Ad evitandum discordias et questiones que ut plurimum consueverunt et possent esse inter homines artis Kallismale et tintores et affectatores pannorum aliquando negatorum per errorem statutum et ordinatum est quod omnes tintores et affectatores teneantur et debeant scribere solempniter quemlibet pannum quem recipient ad adfectandum vel tingendum sub pena s. XL pro quolibet panno quem scribere obmiserint et quod quilibet mercator dicte artis teneatur et debeat quando mittit pannum ad affectandum vel tingendum mittere puerum sive discipulum ad videndum scribi pannum.

Lecta sunt quidem per me notarium Matheum dicte artis scribam in presentia et audientia et voluntate infrascriptorum arbitrorum et per ipsos approbata in totum et per omnia sicut superius sunt scripta silicet per

Boninsengniam Angulini,
Ranerium Guidinghi,
Ranerium Ardinghelli,
Giottum Peruzzi,
Lippum Falchi,
Lapum Guazze,
Borghinum Lottieri,
Ceffum Boninsengnie,
Lambertescum Lamberti,
Foresinum ser Tani,
Passam Passavantis habitum loco Lapi Lictifredi de sotietate Pazorum.

In domo opere Sancti Johannis de Florentia die xv mensis decembris anno domini MCCCII ind. prima.

Lecta sunt omnia supradicta per me Matheum notarium de voluntate dictorum quatuor consulum et in eorum presentia coram consilio generali dicte artis in quo fuerunt XXXVII mercatores numero et per ipsum consilium ea omnia preter illa de quibus infra sit mentio concorditer approbata vice et nomine dicte artis valitura et observanda pro anno futuro initiaturo in kal. jan. proximis venturis.

Verumtamen super cassationem dictam factam de dicto capitulo primi libri sub robricha quod Gherardinus Bonaffedis sit conversus opere audito arengatore et celebrato scruptinio solempniter ad pissides et pallotas obtentum est per duas partes et ultra quod dicta cassatio non sit et per non facta habeatur.

Item capitulum novum factum sub robricha de restauratione vendagii mutatum est et corectum hoc modo in hac parte videlicet quod per consules novos eligantur tres boni viri de arte Kallismale quos non tangat dictum negotium qui debeant revidere et recircare rationes dicti vendagii diligenter primam silicet rationem per totum mensem februarii et secundam per totum mensem martii (¹) sub pena et ad penam libr. xxv ad flor. pro quolibet eorumdem rationeriorum qui tres eligi debeant per consules intra otto dies ab introitu eorum offitii et consules dictis rationibus revisis a capite per dictos offitiales eligendos eos teneantur executioni mandare sub pena in eodem capitulo contenta et quod notarius inquisitionis teneatur ad ea executioni mandanda sub pena in dicto capitulo posita. Amen.

In Cristi nomine amen. Anno sue salutifere incarnationis millesimo trecentesimo secundo indictione prima die prima mensis martii. Tempore nobilium et potentium virorum dominorum Fulcerii de Calbulo honorabilis potestatis et Vagnoczi de Ascisio capitanei et defensoris civitatis et populi florentini approbata et confirmata fuerunt omnia et singula suprascripta capitula et statuta et correctiones et additiones in volumine presentis Statuti conscripta et compilata per providos et discretos viros:

Dominum Boninsegnam de Becchenugis judicem, pro arte judicum et notariorum;
Pagnum dello Strocza, pro arte campsorum;
Micaelem Jacobi Riccialbani, pro arte medicorum et spetialiorum;
Vannem Benintendi de Albiczis, pro arte lane et
Arrigum Philippi, pro arte pellipariorum;

offitiales et approbatores Statutorum artium civitatis Florentie pro comuni Florentie secundum formam Statuti domini capitanei et ipsius comunis solempniter et spetialiter deputatos salvis semper in predictis et quolibet predictorum omnibus capitulis statutis et ordinamentis et reformationibus comunis et populi florentini nec non honore iurisditione et balia dominorum potestatis capitanei et omnium et singulorum officialium dicti populi et comunis tam presentis quam futuris, ita quod si contra dicta Statuta ordinem reformationem iurisditionem et honorem dictorum dominorum potestatis capitanei et aliorum officialium dicti comunis et ipsorum offitii essent et seu viderentur esse approbata vel aliquatenus confirmata, non intelligantur vigore dicte approbationis esse firmata vel aliquatenus

---

(1) Il tratto « per totum ... martii » è scritto su rasura.

approbata sed ex nunc prout ex tunc auctoritate et vigore approbationis predicte si contraria essent seu esse viderentur ipsa statuta capitula et ordinamenta additiones et correctiones predicti approbatores cassaverunt irritaverunt et nullius valoris et momenti esse dixerunt voluerunt et asseruerunt esse velle et haberi ac si non essent scripta, approbata vel aliquatenus confirmata.

Ego Johannes notarius filius condam ser Lapi (S. N.) Bonamichi notarii, ad dictum officium una cum dictis officialibus deputatus predictam approbationem predictorum Statutorum de voluntate et mandato predictorum officialium scripsi publicavi ideoque subscripsi feliciter.

DOCUMENTI

## I.

### 1192, dicembre 9.

*(Diplomatico. Strozziane-Uguccioni).*

**Vendita di poderi ai Consoli dei Mercanti come procuratori dell'ospedale di S. Eusebio.**

..... Manifesti sumus nos Ravignanus et Buosus fratres filii quondam Renaldi de Sescalco et Solomcka mater eorum ipsorum filiorum et mundualdorum meorum adhibito consensu in simul quia per hoc instrumentum iure proprio vendimus eiusque rei causa tradimus atque concedimus vobis Giani Cavalcantis et Rainerio filio Ugonis de Bella et Ugoni Angiolotti consulibus mercatorum de Callemala recipientibus procuratorio nomine vice et utilitate totius collegii domus malactorum de Sancto Eusebio tam presentium quam futurorum et ad vicem rectorum eiusdem domus et collegii pro tempore existentium in perpetuum, integre videlicet omnes terras et possessiones atque res quas habemus vel tenemus seu alii per nos et que ad nos pertinent iure vel usu seu alio modo in curte de sexto ubicumque per loca et vocabula de ipsis rebus invenientur.
..... *(descrizione del podere)* ..... Vobis, ut supra dictum est, recipientibus vice et nomine prefate domus et collegii vendimus, tradimus et concedimus ad habendum tenendum possidendum et quicquid placuerit rectoribus ipsorum malactorum ad utilitatem eiusdem collegii faciendum, absque nostra et nostrorum heredum vel alterius contradictione ab omni quoque homine utriusque sexus prescriptas terras et res proprietario iure legiptime semper defendere et auctorizare vobis dictis mercatorum consulibus pro prefato collegio stipulatione interveniente promittimus. . . . . . . . . . . . .

## II.

### 1193, ottobre 21.

*(Diplomatico. Strozziane-Uguccioni).*

**Donazione di poderi ai consoli di Calimala come procuratori dell'ospedale di S. Eusebio.**

...... Manifesti sumus nos Cencius filius Giamboni de Ceffolis et Diede filius eius consensu paterno et Gemma uxor predicti Cencii et Compluta (?) uxor Diedi maritali videlicet consensu legiptime quoque a Guerio iudice interrogante, non per violentiam sed voluntarie confitemur hec facere comuniter quia per hoc instrumentum iure proprio inter vivos et irrevocabiliter donamus eiusque rei causa tradimus atque concedimus vobis Johanni filio Boninsegnie et Ugoni Angiolotti consulibus mercatorum veteribus de Callenfala, nec non et consulibus novis Orlando Clavaioli et Giannibello atque Gianni Guidalotti procuratoribus domus et collegii malactorum de Sancto Eusebio recipientibus vice et nomine ipsius domus et collegii tam sanorum quam infirmorum et tam presentium quam futurorum et ea scilicet lege ut neque ex ingratitudine nec alia qualibet ex causa hec nostra donatio ullo tempore possit revocari. Integre videlicet unam petiam terre et vinee que est posita infra parochiam Sancti Iusti ad Signanum, cum omnibus que super se et infra se habet, et cum omni iure, actione, usu et accessione nobis quoquo modo vel ingenio pro ipsa terra et vinea vel ex ea competente ..... (*descrizione del podere*).....

## III.
### 1202, aprile 7.
*(Archivio capitolare. Reg. 26 a$\underline{18}$) (1).*

**Giuramento del Castello di Semifonte al Comune di Firenze, per la conservazione della concordia stipulata.**

..... Nos infrascripti de Semifonti iuramus ad Sancta dei evangelia observare adimplere et facere et firmam tenere in omnibus et per omnia concordiam factam a domino Alberto Sancti Jeminiani et Clarito Pilli consule mercatorum Flor. sicut scripta est vel erit in duobus instrumentis uno tenore confectis per manum Rustici iudicis et not. et alio per manum Andree iudicis et not........

## IV.
### 1204, ottobre 29.
*(Archivio capitolare, Reg. 26 a$\underline{28}$).*

**Giuramento del conte Guido Borgognone e figli e uomini del comune di Capraia per l'osservanza dei patti conchiusi col comune di Firenze.**

..... Hec sunt sacramenta promissiones et obligationes que comes Guido Borgognone et filii eius et homines castri et curtis et districtus Caprarie fecerunt consulibus et comuni Florentie, et pro comuni Florentie infrascripto modo.

Ego iuro ad Sancta dei evangelia audire et non cessare et observare et adimplere et facere adimplere et facere preceptum et precepta omnia quod et que et quanta michi sub nomine Sacramenti fecerint potestas Flor. vel consules eiusdem civitatis omnes vel maior pars vel priores vel prior eorum vel qui ab eis positus fuerit pro comandamento faciendo per se vel per litteras aut certum nuntium, dum tamen non possint michi precipere ut eos absolvam ab his que michi iurabunt.....

Item nos Guido Borgognone et filii specialiter iuramus curtem nostram quam habemus in castro Capraie liberam et expeditam dare consulibus militum et prioribus artium

---

(1) Gli atti tolti dall'Archivio Capitolare fiorentino mi furono gentilmente comunicati dal sig. Pietro Santini, a cui rendo le dovute grazie.

— 175 —

et consulibus mercatorum Flor. et Gianni Bernardi Rogerio filio Ugucionis Giandonati, ut eam teneant pro comuni florentino, et custodes in ea ponant quot voluerint usque ad guerram finitam cum Pistoriensibus, et ipsa guerra finita, teneant eam et custodiri faciant pro comuni Flor. predicti Gianni Bernardi et Rogerius..... (2).

## V.
### 1212, aprile 2.
*(Archivio capitolare. Reg. 26 a[84]).*

**Atti e capitoli relativi a' creditori, fatti tra' consoli di Prato ed i consoli dei soldati e dei mercanti di Firenze.**

..... promittimus vobis Arnuldo, consuli militum Flor. et Giraldo Kiermuntisi, consuli mercatorum eiusdem civitatis, recipientibus pro comuni Flor. et omnibus hominibus Flor. civitatis et districtus in perpetuum quod a kalendis aprilis proxime preteritis in antea nulla persona de civitate Flor. eiusque districtus de persona vel mercibus aut rebus impediretur.....

## VI.
### 1216, febbraio 19.
*(Archivio capitolare. Reg. 26 a[90]).*

**Patto di concordia tra il comune di Bologna e quello di Firenze.**

..... Lecto in consilio, sono campane collecto, tenore conventionis atque concordie facte seu statute inter dominum Vicecomitem Bononie potestatem nomine comunis Bononie ex una parte et Guidottum de Clarito consulem mercatorum Flor. et Melliorem de Abate, ambaxiatores comunis Flor. nomine ipsius comunis ex altera.....

## VII.
### 1216, luglio 2.
*(Diplomatico. Strozziane-Uguccioni).*

**Vendita di poderi ai consoli di Calimala come procuratori dell'ospedale di S. Eusebio.**

..... Manifesti sumus nos quidem Strocza de porta russa filius olim Ardovini Russi, et Ubertinus eius filius paterno consensu et voluntate quia per hoc venditionis instrumentum iure proprio vendimus atque tradimus atque concedimus vobis Guidotto Clariti

---

(2) Arch. cap. Reg. 26 c. 30. 1204, ottobr. 29. Il comune di Fir. giura per l'osservanza dei patti al conte Guido Borgognone e figli Guido Uberti, Rogerio Giandonati, consoli del comune, Vinciguerra Donati, Sizio Butrigelli, cons. milit. Francesco Kiermontisi, Latino Galigai, cons. mercat., Ugo de Ebraico e Ricomanno e Galdano de Pancole, priori delle arti....... In questa carta sono ricordati gli arbitri: qui futuro anno constitutum facturi sunt comunis Florentie,......

et Bonaguise Uguiccionis Ockidiferri, et Rainerio Rinuccii consulibus mercatorum Callemale, recipientibus procuratorio nom'ne et vice pro domo et mansione malactorum Sancti Jacobi de Sancto Eusebio in perpetuum, integre videlicet quamdam petiam terre et rei posite in populo Sancte Lucie..... (*descrizione del podere*).....

### VIII.
### 1216, ottobre 19.
(*Diplomatico. Strozziane-Uguccioni*).

**Vendita di poderi ai consoli di Calimala come procuratori dell'ospedale di S. Eusebio.**

..... Manifesti sumus nos quidem Gottolinus et Parente et Gualkieri fratres filii quondam Burnetti Nuvolani, quia per hoc venditionis instrumentum iure proprio vendimus et tradimus atque concedimus vobis Guidotto Clariti et Rainerio Rinuccii consulibus mercatorum Callemale, recipientibus procuratorio nomine et vice pro domo et mansione malactorum Sancti Jacobi de Sancto Eusebio in perpetuum. Integre videlicet quamdam petiam terre et rei posite in populo Sancte Lucie....... (*descrizione del podere*).......

### IX.
### 1228, maggio 16.
(*Diplomatico. Olivetani di Firenze*).

**Compromesso per controversia sorta tra l'abate ed il Monastero di S. Miniato da una parte ed i consoli di Calimala dall'altra.**

In nomine domini nostri Jesu Cristi, anno dominice incarnationis eiusdem millesimo ducentesimo vigesimo octavo, septimadecima kalendas Junii, indictione prima, feliciter. Actum apud ecclesiam Sancti Miniatis de Monte, dominus Joseph abbas Sancti Miniatis et monaci eiusdem monasterii videlicet Leo,..... Ugo, Buonus, Rainerius, atque Soffredus ex parte una, et Schiatta Cavalcantis et Giraldus Chiermontesi et Bonaiuta Cambiati et Boninsengna de Ripa consules mercatorum Callismale, obligantes se unusquisque eorum suo proprio et privato nomine insolidum pro se ac tota sotietate mercatorum Callismale ex altera, super controversia et discordia que erat inter eosdem abbatem et monasterium et consules ac sotietatem occasione domus que dicitur opera Sancti Miniatis et personarum possessione iuris ac rerum et statu ac dispositione et correctione et institutione ac forma gubernationis ipsius opere ambe quidem predicte partes comuni concordia compromiserunt in magistrum Bonsegnorem Archipresbiterum Florentie de controversia et discordia supradictis dantes eidem plenam licentiam et liberam potestatem statuendi ordinandi componendi laudandi atque percipiendi suo arbitrio et voluntate prout melius sibi visum fuerit promictentes se ad invicem pro se suosque successores observare adimplere et facere ac firma tenere et observari et impleri facere in totum et per omnia et singula ut iam dictus archipresbiter super premissis et quolibet supradictorum statuerit ordinaverit preceperit atque laudaverit alioquin libras trecentas pisanas nomine pene pars infidelis parti fidem servanti dare omneque dampnum et expensas resarcire invicem inter se solempni stipulatione promiserunt, et post pene solutionem omnia et singula predicta observabunt et facient et observari et fieri facient sub ypotheca et obligatione bonorum suorum et dicti monasterii, abrenuntiantes in hiis omni legum et iuris auxilio et constituti et exceptioni doli mali omnique ab exceptioni spetiali ac generali sibi competentibus vel competituris.

Testes fuerunt rogati Jacobus quondam Cavalcantis, Donatus quondam Francisci, Jacobus Juliani et Benincasa Borgognoni Beralsini et alii quamplures.

Item eodem die et loco, et coram supradictis testibus, cum esset controversia et discordia inter dominum Josephum Abbatem et Monacos Sancti Miniatis ex parte una, et operarios et ipsam operam Sancti Miniatis et consules mercatorum Callismale Florentie super correctione administratione ac dispositione et statu dictorum operariorum et ipsius opere ex altera, prefatus abbas et monaci pro ipso monasterio et Schiatta Cavalcantis et Giraldus Chiermontesi et Bonaiuta Tabiati et Boninsengna de Ripa consules mercatorum pro se et tota sotietate mercatorum Callismale (qui quasi defensores pietatis causa prefate opere) contra abbatem ac monasterium in predictis se opponebant, unde longo tempore gravia dampna et scandala tam monasterium quam opera substinuerant de omnibus predictis ac toto statu et dispositione ac forma ipsius opere statuat, ordinet, componet et laudet atque precipiat quicquid utilius et honestius tam monasterio quam opere viderit expedire, promictentes invicem pro se suisque successoribus observare adimplere ac firma tenere et observari et impleri facere quicquid predictus magister Bonsegnore Archipresbiter florentinus super premissis et quolibet premissorum statuerit, ordinaverit, preceperit, atque laudaverit sicut in compromisso per me Ugonem infrascriptum notarium scriptum latius continetur. Sic itaque sepe dictus magister Bonsengnore Archipresbiter florentinus Cristi nomine invocato pensata utilitate et honestate monasterii, et opere iamdictorum statuens, ordinans, componens atque precipiens laudavit ut domus que dicitur opera Sancti Miniatis cum bonis sibi pertinentibus perpetuo conservetur separata ab aliis bonis dicti monasterii, et semper sit in ea operarius qui dictam operam et bona ipsius administret et nullo tempore abbas vel monaci ipsam operam et eius possessiones retrahant in alium usum vel utilitatem dicti monasterii aut alienent vel subponant aut obligent, sed semper dictam operam et eius possessiones ac iura per operarium qui pro tempore in ea sicut infra dicetur fuerit institutus administrari et gubernari libere et quiete permictant pro constructione refectione atque reparatione ecclesie gloriosissimi martiris Sancti Miniatis pro quo dicta opera ab ipso primordio potissime dingnoscitur instituta. Item ut abbas qui nunc est et qui pro tempore fuerit in dicto monasterio, vocatis duobus aut tribus ex consulibus mercatorum Callismale, aut qui prior esset eorum quando operarius in ipsa opera esset instituendus sive ponendus nominet tres aut quatuor de melioribus conversis et utilioribus dicti monasterii, sive in opera sive alibi in monasterio predicto reperiatur ut dicti consules sive prior eorum ex hiis tribus vel quatuor dicant et consulant ipsi abbati quem reputent meliorem et magis utilem ipsi opere pro operario et administratore. Et abbas illum instituat in operarium quem dicti consules seu prior eorum dixerint ex illis tribus vel quatuor magis utilem et meliorem. Sed si consules predicti aut prior eorum maleciose forte nullum ex tribus aut quatuor nominatis approbarent, tunc abbas instituat quem ipsemet putaverit meliorem. Quod si aliunde dictus abbas et consules sive prior eorum operarium comuni concordia duxerint aliquando ad summendum postquam ipse abbas cum consulibus vel eorum priore eum qui esset aliunde assummendus approbaverint, ut dictum est abbas eum instituat operarium salvo integre ipsi abbati eisque successoribus iure corrigendi tam operarium ut supradictum est institutum, quam familiam ipsius opere per solum abbatem constituendam. Item operarius ante quam administrare incipiat admodum inventarium faciat universa que ipsius opere sunt bona conscribi presente abate vel eius nuntio ad hoc destinato et priore consulum mercatorum vel aliquibus ex consulibus eorundem. Inde ut semel aut bis in anno abbas cum dictis consulibus vel eorum priore rationem sibi faciant reddi et assingnari ab operario, super administratis et receptis atque expensis; et tunc assingnent ipsi operario pro victu suo et familie ipsius opere quantum viderint expedire. Residuum vero faciant expendi in constructione vel refectione aut reparatione ecclesie supradicti martiris gratiosi assingnando eidem operario in qua parte ecclesie et qualitate et quanto debeat operare. Et si forte dicti consules vel eorum prior in hoc casu adesse non possent vel nollent solus abbas ita procuret et faciat operarium ut dictum est operari. Item ut dicti mercatores aut eorum consules vel prior eorum nullo modo aut ingenio se opponant aut impediant quominus abbas dicti monasterii possit corrigere dictum operarium et familiam et ordinare ut dictum est atque disponere. Set potius ei favorem et auxilium si ab eo fuerint requisiti super predictis exibeant. Salva consuetudine ipsis consulibus bis comedendi in anno apud operam supradictam. Item ut abbas et monaci permictant operarium pro ipsa opera libere et expedite uti consuetudine quam dicta opera et operarii eius actenus habuerunt de lingnis et silva et oblationibus Sancti Miniatis.

Lata et publicata et acta sunt hec a magistro Bonsengnore Archipresbitero florentino in claustro Sancti Miniatis presentibus abbate predicto et monaci ipsius monasterii et presentibus supradictis consulibus mercatorum, et domino Bene de Montificalli iudice ordinario et me Ugone Gagluci notario et testibus ad hoc rogatis; Jacobo Cavalcantis, Jacobo Juliani, et Donato del Fronte et Benincasa Borgognoni Balsami, anno millesimo ducentesimo vigesimo octavo, septimadecima kalendas Junii, indictione prima, feliciter.

(*Seguono le autenticazioni dei notai*).

## X.

12[79] (3), marzo 1.

(*Diplomatico. Mercatanti*).

**Il Senato Romano scrive al comune di Firenze, perchè sia permesso ad un mercante di Roma tingere panni in Firenze, non ostante il divieto imposto dallo Statuto di Calimala.**

Magnificis, discretis et sapientibus viris potestati et consilio Florentie civitatis amicis carissimis et dilectis. Matheus Rubeus de filiis Ursi et Nicolaus de comite alme urbis dei gratia senatores illustres, salutem et amoris perpetui firmitatem.

Quoniam non magis equitatis quam iuris ratio persuadet, quod sapiens eo iure utatur quod a tramitibus iustitie non divertat, sed potius id fideliter exequatur, quod sibi fieri ab aliis displicere non possit; et hec est bona et condecens maneria inter omnes, maxime inter eos quos vere et sincere dilectionis sinceritas viget astringit, et facit, actendentes itaque quod inter vos et nos quedam cognationis linea dignoscitur exi-

---

(3) Nello spoglio del Diplomatico è segnata all'an. 12... Ma i due senatori che scrivono la lettera appartengono appunto al 1279. V. Gregorovius, *St. di Roma*. V. pg. 554.

stere, multum decet inter vos et nos ea semper agere que possent ipsam affectionem dilectionis honore et comodo augmentare, et abstinere prorsus ab illicitis operibus que provocant animos diligentium ad discordiam et iacturam. Sane nuper ex querela Nicolai de Raynerio nostri concivis et mercatoris romani didicimus quod dum Paulus eius natus ex Anglia quamdam quantitatem pannorum non modicam ad dictam vestram civitatem proveniret, quos dum tingi et aliter procurari facere vellet non potuit obtinere propter quoddam iniquum Statutum quod factum esse dicitur per consules mercatorum de Calamarie, quo cavetur, quod extraneorum et aliis partibus panni portati ibidem nullus audeat tingere vel aliter procurare, quod Statutum est iniquissimum quia procedit ex vitio invidie et avaritie que sunt iniquitatis segmenta, maxime contra romanos quos ex debito rationis tenemini in ipsa vestra civitate tamquam vestros cives in omnibus confavere, cum nos tamquam nostros cives romanos vestros in omnibus pertractemus. Quo circa amicitiam et discrectionem vestram omni modo quo possumus actentius deprecamus quantum nostrarum precum presentium interventu velitis procurare secundum quod efficaciter videritis expedire, quod dicto iniquo ordinamento sive Statuto aliquatenus non obstante, prenominatus Paulus ad nostram instantiam vere possit notarium suum consequi de dictis pannis tingendis et procurandis et hec per vos se sentiat percepisse ut ad nos redire de suo proposito vacuus non cogatur, et quicquid exinde duxeritis faciendum nobis si placet vestris litteris per latorem presentium rescribatis. Scientes quod nos tenemus et adstringimus ex forma capituli Statuti urbis iuvare cives et mercatores Romanos et bona eorum omni modo et iure quo possumus et defendere toto posse.

Datum Rome prima die mensis marcii, X indictione.

## XI.

### 1281, giugno 21.

*(Diplomatico. Monache di S. Ambrogio).*

**Costituzione di società mercantile per la vendita di panni.**

..... Dominus Jacobus Plebanus, Gallianus Cecchus et Nannuctius fratres filii olim Homodei de Florentia populi Sancti Jacobi ultrarni et Deus filius olim Mori filius dicti Homodei pro se ipsis et pro Guidone filio dicti Homodei et Guiduccio filio Buscii filii dicti Homodei fecerunt et contraxerunt quilibet eorum in solidum inter se ad invicem sotietatem in arte et de arte mercatantie emendi et vendendi et conducendi pannos et lanas et omnes alias mercimonias sive mercatantias duraturam hinc ad quinque annos proxime venturos. In quam sotietatem confessi sunt quod dicti dominus Jacobus Gallianus Cecchus et Nannuctius et Deus pro se ipsis et pro dictis Guidone et Guiduccio habere de eorum propria pecunia libras septingentas bonorum danariorum tornensium parvorum, tali pacto inter se habito quod teneantur et debeant ipsam sotietatem ad eorum comune et utilitatem bona fide sine fraude omni malo sophismate remoto exercere et facere: et promiserunt et convenerunt quilibet eorum in solidum inter se ad invicem stipulatione solempni interposita observare et facere bona fide sine fraude totum id quod ad dictam artem seu sotietatem pertinet. Et reddere rationem eorum que gesserint inter se occasione dicte sotietatis. Quicumque autem ipsorum contra predicta vel aliquod predictorum fecerit vel venerit seu in aliquo defraudatus fuerit dictam sotietatem seu bona ipsius sotietatis promisit et convenit alterius vel alteris in fide stanti et gerenti seu stantibus sive gerentibus negotia ipsius sotietatis dare et solvere nomine pene duplum eius quod defraudatus fuerit, et insuper libras quingentas florenorum parvorum et dampna et expensas emendare et restituere eidem premissis firmis et rettis manentibus et pro predictis omnibus et singulis observandis et firmis tenendis et pro pena solvenda si commissa fuerit obligaverunt inter se ad invicem omnia eorum bona mobilia et immobilia presentia et futura que constituerunt inter se ad invicem pre . . . . . possidere. Et renuntiantes in predictis omnibus exceptioni non contracte sotietatis et non missorum denariorum sive tornensium et beneficio nove et novarum constitutionum et exceptioni et condicioni sine causa et ex iniusta causa doli mali et infactum et privilegio fori et omni alii exceptioni eis in predictis vel aliquo predictorum patrocinanti omnique alii iuris legum et constituti auxilio spetiali et generali.

. . . . . . . . . . . . . . . . . . . . . . . . . . . . . . . . . . . . . . . . . . . . . . . . . . . . . . . . . . . . . . . . .

## XII.
### 1297, settembre 13.

*(Diplomatico. S. Maria Novella — Domenicani).*

**Lettera del comune di Firenze al comune di Lucca, in favore di certo Vermillio, mercante Fiorentino.**

. . . . . . . . . . . . . . . . . . . . . . . . . . . . . . . . . . . . . . . . . . . . . . . . . . . . . . . . . . . . . . . . .

Nobilibus et sapientibus viris dominis potestati capitaneo antianis prioribus sotietatum, consilio et comuni civitatis Lucane precipuis amicis suis. Bonifatius de Jaconis de Perusio potestas, Rossus de Castello, defensor et capitaneus, priores artium et vexillifer iustitie consilium populus et comune civitatis Florentie quam sibi salutem pluries per ambaxiatores nostros et litteras vos rogasse ac requisisse recolimus quod placeret vobis satisfacere ac satisfieri facere honorabili et dilecto civi et mercatori nostro Vermillio filio condam Jacobini de Alfanis de fruttibus, affittibus et redditibus presentibus et detemptis in preterito plagiarum culmatarum et possessionum suarum quas habet in terra et curte de Ficecchio vestri districtus sibi acceptis et detemptis ut dicitur a vobis et vestris absque gravamine et dispendio et iustitiam ei faceretis et procuratori suo et expeditam et summariam rationem nostris precibus et amore ita quod sua possessio iura et debita consequi et habere et querendi materiam non haberet. Quapropter cum neutrum feceritis premissorum sicut ambaxiatorum nostrorum et etiam dicti Vermilli relatione didicimus, compellimus iterato ad vos dirigere preces nostras et vos affectuosius requirere ac precari quatenus infra unum mensem proximum postquam vobis erint hec littere presentate per nuntium nostrum latorem earum eisdem Vermillio civi nostro de predictis satisfaciatis et satisfieri faciatis, absque gravamine et dispendio et iustitiam ei faciatis et procuratori suo et expeditam et summariam rationem nostris precibus et amore, ita quod sua iura et debita consequatur et materiam non habeat ulterius conquerendi. Quod si feceritis bene quidem, alioquin denuntiamus vobis et dicimus quod nostris civibus et distrettualibus deesse non possumus nec debemus et eis providere tenemur nisi satisfeceritis ex forma nostre iurate legis ad cuius osservationem tenemur vinculo prestiti iuramenti. Et has nostras litteras fecimus ad memoriam registrari et de ipsarum presentatione latori earum nuntio nostro dabimus plenam fidem.

Datum Florentie die XIII septembris, decime inditionis. Die XXIII mensis septembris ad petitionem dicti Vermillii Ranerius Bonsengnoris populi Sancti Georgei nuntius comunis Florentie, retulit se ex parte comunis et populi Florentini presentavit dictas litteras capitaneo antianibus et consilio civitatis Lucane et pro se ipsis et Lucano comuni die sabati XXI septembris.

XIII.

**1300, febbraio 22.**

(*Diplomatico. Mercatanti*).

**Alcune società dell'arte di Calimala costituiscono un procuratore comune.**

..... Notum sit presentibus et futuris presentem scripturam publicam inspecturis, quod infrascripti cives et mercatores florentini, quilibet eorum pro se ipso et suis sotiis, et quolibet sotiorum sue sotietatis, videlicet Villanus Stoldi pro se ipso et sotiis suis et quolibet sotiorum suorum de sotietate domini Bindi de Cerchiis, Bonacorsus Bouincontri modo quo supra de sotietate domini Lapi de Cerchiis, Ceffus Bouinsengne modo quo supra de sotietate Manetti de la Scala et sotiorum Gianus Bentevegne modo quo supra de sotietate Mozzorum, Nicolaus Ardinghelli modo quo supra de sotietate Francisci Ardinghelli, Adimari Rote modo quo supra de sotietate Pulcium, Philippus Lamfredi modo quo supra de sotietate Canigianorum, Rogerius Burnetti modo quo supra de sotietate Manfredi Odarighi, Chiarus Ulivieri modo quo supra de sotietate Bardorum, Pacinus Faffi modo quo supra de sotietate Lapi Faffi, Toctus Rinucii modo quo supra de sotietate Baldovini Rinuccii, Geri Cardinalis modo quo supra de sotietate Pazzorum, Nerus Cambii modo quo supra de sotietate Spinorum, Lapus Marini modo quo supra de sotietate Duccii Marini, Rogerius Benci modo quo supra de sotietate Megloris Guadagni, Michele Benci modo quo supra de sotietate Portinariorum, Albizus Carini modo quo supra de sotietate Benuccii Senni del Bene, Ranerius Ardinghelli pro se ipso et sotiis suis et quolibet eorum, Musus diricte de Mozzis pro se se ipso et sotiis suis et quolibet eorum, Banchus Raugi modo quo supra de sotietate Peruzzorum, Baldus Gherardi modo quo supra de sotietate Lapi Tieri Diecisalvi, Cione Magalotti modo quo supra de sotietate Duccii Magalotti, Ranerius Guidinghi pro se ipso et sotiis suis et quolibet eorum, Tignosus de Macciis pro se ipso et sotiis suis et quolibet eorum; Albertus del Judice pro se ipso et sotiis suis et quolibet eorum, et Rucchus Picci nomine quo supra de sotietate domini Johannis Frescobaldi, quilibet predictorum in solidum et in totum pro se ipso et sotiis suis et quolibet sotiorum sue sotietatis fecerunt constituerunt et ordinaverunt providum virum Caruccium Rinieri civem et mercatorem florentinum licet absentem, ipsorum et cuiusque eorum verum et legiptimum sindicum procuratorem actorem factorem certum et sufficientem nuntium ad petendum, adquirendum, recipiendum et confitendum ex causa mutui, a domino Gianni Buiamontis et sotiis suis civibus et mercatoribus florentinis, sindicatus et procuratorio nomine predictorum et cuisque eorum, sex milia quingentos florenos boni et puri auri per publicum instrumentum . . . . . . . . . . . . . . . . . . . . . . . . . .

## XIV.
### 1824.

(*Statuto del Podestà. Lib. V, R. LXXXXII*).

**Quod mercatores Kallismale
et mercatores porte Sancte Marie inter se ad invicem non accipiant apothecas vel fundacos (4).**

Cum questiones et discordie pluries emergant inter mercatores Kallismale et mercatores porte Sancte Marie ex eo quod apothecas et fundacos quas habent conductas sibi ad invicem accipiunt ac etiam propter promischuum usum venditionum pannorum ultramontanorum et citra montanorum quas faciunt ad tollendas dictas questiones et discordias statutum et ordinatum est quod mercatores porte Sancte Marie inter se et mercatores Kallismale inter se, ac etiam mercatores porte Sancte Marie mercatoribus Kallismale, vel mercatores Kallismale mercatoribus porte Sancte Marie non possint vel eis liceat ullo modo per se vel per alios accipere conducere vel tenere apothecas vel fundacos quos predicti vel aliquis predictorum conduxisset, vel conductam haberet vel teneret, volente illo qui teneret apothecam vel fundacum tenere et iuxta pensionem persolvere. Et si quis eorum contrafecerit condempnetur per dominum capitaneum et defensorem in libr. centum f. p. quolibet et qualibet vice, et quod apothecam vel fundacum ei dimictat qui prius tenebat, et quod nullus de mercatoribus porte Sancte Marie in civitate Flor. possit vendere pannos ultramontanos et e converso quod nullus de mercatoribus Kallismale possit vendere pannos in civitate Flor. nisi ultramontanos. Et si quis de mercatoribus Kallismale vel porte Sancte Marie contrafecerit puniatur per dictum capitaneum et defensorem pro quolibet et qualibet vice in libr. vigintiquinque f. p. et quilibet possit denuntiare et accusare de omnibus et singulis supradictis et habeat medietatem condempnationis, salvo quod si quis de mercatoribus Kallismale vellet iurare sub consulibus mercatorum porte Sancte Marie teneantur ipsum recipere et ipso recepto ex tunc possit vendere pannos quoscumque voluerit et citramontanos, et e converso si quis de mercatoribus porte Sancte Marie voluerit iurare sub consulibus mercatorum Kallismale teneantur dicti consules mercatorum Kallismale ipsum recipere et ipso recepto ex tunc liceat ei vendere pannos quoscumque etiam ultramontanos.

---

(4) V. St. Ediz. Friburgo. Lib. IV; R. XXXVII. « Quod mercatores Calismalæ, mercatores portæ Sanctæ Mariæ inter se ad invicem non accipiant apothecas vel fundacos. R. XXXIX. Quod mercatores portæ S. Mariæ non possint vendere pannos ultramontanos et illi (sic) de Calismala, salvo nisi iuraverint sub consule alteius ». Riunite, formano questa Rubr. dello St. del Podestà, con leggere variazioni.

## XV.
## 1324.

*(Statuto del Podesta. Lib. V, R. CVII).*

### De mercatoribus Kallismale (5).

Cum ex mercatoribus civibus et districtualibus civitatis Florentie conversantibus et reparantibus in Campanie nundinis et regimine Francie ad morcandum et mercantias et negotia peragenda, aliqui habitis rebus et ere alienis nequiunt absentare, procuraverunt de dictis nundinis et regimine cum mercantiis et rebus sibi creditis quod dampnum non modicum infert aliis bene merentibus mercatoribus florentinis nam custodes seu magistri nundinarum ad petitionem creditorum talium fugientium solent mictere ad comune Florentie sergentem vel licteras quod talis cessans personaliter capiatur et eius bona apprehendantur quod creditoribus satisfaciat et si per comune tunc non fierent custodes nundinarum reprehendunt contra singulos florentinos qui in illis partibus conversantur et sic alii homines et sotietates et eorum mercantie impediuntur et coguntur solvere quod non debent. Ideo statutum et ordinatum est quod omnis pecunie quantitas que soluta fuerit seu data occasione et vigore sententiarum unius vel plurium latarum contra florentinos mercatores actores per magistros nundinarum Campanie occasione cessationis et fughe quam fecit olim Naffus Doghi et eius sotietas florentini civis de nundinis supradictis quibusdam senensibus et aliis mercatoribus ius petendi habentibus, imponatur et imponi possit illis personis et sotietatibus florentinis qui tempore cessationis prefate conversabantur et negotiabantur in regno Francie et specificabuntur et declarabuntur provisione consulum mercatorum Callismale et consulum artis campsorum et consulum mercatorum porte Sancte Marie vel maioris partis cuiuslibet consulatus dictarum artium et aliorum trium bonorum civium quorum facta in dictis nundinis vel regno Francie pertractentur qui non sint de artibus supradictis, et quod tales quibus dicto modo imposita facta fuerit illud quod sibi continget solvere teneatur et debeat, et hoc etiam intelligatur deinceps, videlicet si similis casus evenerit, videlicet si quis tali modo cum rebus alienis recesserit de dictis nundinis quod omnes expense omneque dampnum quod propterea contra florentinos incurreret, imponatur ut supra dictum est illis mercatoribus florentinis qui tempore cessationis huiusmodi in dictis nundinis ad provisionem dictorum consulum et aliorum trium bonorum civium ut dictum est superius declarandum, et quod tales quibus dicto modo imposita fuerit facta solvere teneantur, et quod dominus potestas et capitaneus et quilibet eorum et eorum iudices et quicumque ex eis pro parte dictorum consulum vel alicuius dictorum consulatuum fuerit requisitus teneatur et debeat cogere personaliter et in rebus tales quibus imposita facta fuerit ad solvendum dictis consulibus vel offitiatibus per ipsos aut maiorem partem ipsorum deputando ad hec silicet ad talem impositam exigendam non obstantibus in predictis vel aliquo predictorum aliquibus capitulis constituti et reformationis que in predictis vel aliquo predictorum contradicerent vel obstarent.

---

(5) V. Rubr. simile Stat. Ed. Friburgo, lib. IV. « Tractatus et materia consulum artium et mercatorum ». Rubr. XXIV: « Qualiter procedatur contra contrahentes in nundinis quorum occasione litteræ communi Florentiæ mitterentur a custodibus ipsarum nundinarum. »

## XVI.
### 1287.

(*Codice Riccardiano, n. 3113*) (6).

**Giuramento per dieci anni all'arte dei mercanti di Calimala.**

Iuro ad sancta dei evangelia quod hinc ad decem annos proxime futuros et completos attendam, observabo, et adimplebo omnia et singula precepta que et quanta et quoties mihi fecerint vel fieri fecerint consules mercatorum Kallismale, pro tempore existentes vel prior eorum aut aliquis eorum vel eorum nuntius aut aliquis pro eis lingua vel scriptura vel alio modo pro facto eorum officii vel ipsius officii occasione, et exaudire, attendere et observare in fraudem non cessabo. Item iuro observare, attendere, facere et adimplere quicquid continetur in Statutis mercantie Kallismale et ut continebitur aut ordinatum fuerit sive ordinabitur hinc ad dictum terminum decem annorum, et quicquid dicti consules vel aliqui consules pro tempore existentes me facere iurare tenentur vel tenebuntur et quod iurabo consules pro tempore existentes eorum sacramento et officium mantenere hinc ad terminum memoratum.

Item iuro consulere consulibus pro tempore existentibus et eis consilium dare quam melius scivero vel cognovero vel danti adsentiam et credentiam tenere et nulli aliquando manifestare quod mihi ab aliquo eorum vel alio pro eis in credentiam dictum vel impositum fuerit.

Hec omnia et singula iuro observare, attendere et facere bona fide sine fraude hinc ad terminum antedictum decem annorum, odio, pretio, amore, premio, damno, et lucro et omni sophismate et cavillatione remotis.

## XVII.
### 1422.

(*Spoglio Strozziano. V. I, pg. 25*).

**Cenni sommari sull'arte di Calimala.**

L'arte de' mercatanti, che già si disse di Callemala, e di Callemala francese, dalla strada dove fu sua residenza.... dove più che in alcun altra havevano traffico i suoi sudditi e sottoposti, quando cominciasse non se ne ha certezza, ma che ella sia antichissima sopra ogni altra di Firenze, n'habbiamo chiarezza dall'essere ella la prima e più stimata, e dal precedere, dopo quella dei Giudici, a tutte le altre. Ma secondo più conniecture e riscontri ebbe il suo principio circa l'anno 1190, e quelli della famiglia Cavalcanti può facilmente credersi che fussino principal causa e del principio e dell'avanzamento suo, perchè i primi matricolati sono i figli de' Cavalcanti. La stanza e residenza sua era in principio nelle case loro, e fino all'anno 123... fu sempre de' consoli uno di detta famiglia, mutandosi però le persone quando gli altri consoli si mutavano:

---

(6) Matricule | artis et universitatis | mercatorum Kallismale | civitatis Florentie | resumpte ex libris originalibus ma | tricularum d. artis et in officio | et archivio eiusdem artis | existentibus | quorum primus liber incipit sub annis | domini 1235 et sequitur usque | ad annum 1404 | alter vero ab anno 1404 usque ad annum 1495 | .

e la più antica memoria che si trovi dell'arte è dell'anno 1192. Il traffico de' suoi sudditi consisteva in far venire d'oltremonti e particolarmente di Francia panni lavorati in quelle parti, i quali di poi di tinta e d'altro migliorati in Firenze per la città e suo dominio, e per altri paesi stranieri, si smaltivano; ma essendo di poi venute in credito le pannina di Firenze, e vivendo del lavoro di esse molte persone, fu l'anno 14..... doppo molte ventilazioni e dispute prohibito dalla Signoria il potersi condurre in Firenze panni forestieri, e così i mercanti di questa arte restarono senza traffico; ma con la mancanza di questo fecioro acquisto di un migliore più salutevole per le anime e più honorevole, perchè si voltarono con ogni diligenza e squisitezza a governare i luoghi pii che per i tempi a dreto gli erano stati commessi ed a volere che la mente di quelli che gli havevano lasciati a dispensare la robba in diverse opere pie ad unguem fusse osservata; che di poi fu causa che molt'altri mossi dalla fede che vedevano negli uomini di detta arte, gliene lasciarono molta più, della quale ancora hoggi favore ne tiene e satisfa agl'obblighi che è tenuta e parte per le guerre e revoluzioni della città è stata forzata vendere.

## XVIII.
### 1592.

*(Codice « Riforma »: Proemio a Cod. Riccar. n. 3113).*

**Notizie sommarie sull'arte dei mercanti di Calimala.**

Infra gli altri esercizi mercantili che anticamente si esercitavano dalle famiglie popolane della città di Firenze, uno et il più orrevole si reputava quello dei mercanti di Calimala francesca, i quali arrecando di Francia panni là fabbricati, li conducevano alla lor perfezione di colori, di cardo, e d'altro, e secondo l'occasione poi li finivano o in pezza o a ritaglio, come meglio veniva lor fatto. Eppercio nella città havevano i lor fondachi e botteghe e manifattori che servivano a cotale esercizio, come hoggi si vede haver l'arte della lana e della seta e l'altre della città, e nell'ordinazioni del popolo hebbe suo corpo sua università suoi magistrati e sua iurisdizione sì come le altre, et in Francia teneva consulo e rendeva ragione. E per l'orrevolezza di quelli che la maneggiavano fu collocata nel primo luogo dei traffichi mercantili appresso l'arte dei Giudici e notai, quale era dichiarata la prima delle sette arti maggiori della città; et erano gli uomini dell'arte nostra in quei tempi in tale stima che la maggior parte delle importanti bisogne publiche si trattavano nella bottegha dei consoli suoi, che così era chiamato il luogo ove si adunavano, non havendo ancora la città publico palagio dove i cittadini si ricogliessero. Et in questo tempo come l'altre arti della città hebbe suoi Statuti, i quali ottimamente provvedevano a quanto faceva di mestiero per mantener la iustizia infra i mercanti, e coloro che con essi contrattavano e lor discepoli e manifattori e per la conservazione della lealtà nell'esercizio. Et essendo ultimamente l'anno 1303 fatta compilazione di essi in lingua latina, fu ridotta l'anno 1339 in volgare fiorentino, con quelle mutazioni che allora parvero necessarie. Ma perchè per l'accrescimento dell'arte della lana trovata più utile per il mantenimento universale di questa città, fu per legge proibito questo traffico, egli del tutto venne meno; ma non per questo mancò questa università conservata da quelle famiglie che per altro tempo vi s'erano esercitate benchè restarono senza manifattori et in gran parte senza occasione di esercitare sua iurisdizione, rimanendole però la cura in parte della zecca ed in tutto dell'oratorio di S. Giovanni e di molti altri luoghi che o dalla republica o dalle particolari persone gli erano stati raccomandati. E quantunque per cagione di queste tali mutazioni fussero in gran parte soverchie le sue leggi, nondimeno si restavano in quei medesimi termini, essendosi solamente provveduto di tempo in tempo a qualche cosa particolare che pareva necessaria senza por mano ad una generale riordinazione di esse, e le provisioni che si erano fatte rimanevano spicciolate e scritte in diversi luoghi, e se ne trovavano molte contrarie infra di loro, e molte per la varietà dei tempi e dei costumi erano inutili, e forse in gran parte per tal cagione s'era interamente smarrito l'uso della iurisdizione.....

XIX.

1592.

(*Codice « Riforma ». Lib. II, R. I*).

### Della chiesa et opera di S. Giovanni.

Quel tempio che dai nostri antichi, non ancora illuminati dalla verace fede di Gesù Christo, era stato secondo la falsa religione dedicato a Marte fu poi da coloro che successero nella santa religione christiana tolto agli errori del paganesimo et dovuto al nome del precursore di Christo acciochè quivi dove ad molta offesa del nome del Dio vero si erano adorati li idoli fusse (mutata conditione) il principio della salute, e che per esso si entrasse nella via della vita, et in essa si facessi progresso, mediante il sagramento santissimo del Battesimo et delli altri che quivi, che all'hora era la chiesa principale della città, si amministravano. Ma fabbricato poi il nuovo tempio, e trasferitavi la sede pontificale pure in questo nostro vi furono sempre tenuti venerabili sacerdoti per le mani dei quali vi s'esercitassi continuamente il culto divino e vi si amministrasse quel tanto necessario sagramento senza il quale invano s'aspira alla salute, et per il mantenimento suo furono assegnate entrate all'opera la quale però sempre è stata membro profano et non ecclesiastico, et da laici governata et perchè ad magior dignità et più sollecita diligenza fusse custodita fu dalla republica fiorentina data in piena cura et amministrazione all'arte nostra, dalla quale è stata secondo la varietà dei tempi et de costumi diversamente maneggiata, essendo che alcuna volta vi s'è tenuta la famiglia tutta così di preti come di laici a tutte le spese dell'arte, altra volta, come di presente si costuma, senza spesar alcuno s'è dato a ciascuno di loro suo salario, et assegnato ad alcuni necessari che continuamente siano presenti, stanza per habitar nelle sue case, acciò più prontamente possano attendere all'ufficio loro commesso, siccome ancora è variato in molte parti il governo della Chiesa, essendo che Ella anticamente havesse il suo prelato sotto nome di piovano, et altra volta fusse sotto il reggimento dell'arciprete fiorentino, et hoggi si ritrovi alla cura di un preposto il quale siccome anchora i XII cappellani che vi si tengono è manuale, et si può mettere e levare a beneplacito di chi ha il governo dell'arte, ad quelli oblighi ed a quella utilità che a suo luogo particolarmente sarà detto. Però rinnovando in caso che bisogni tutti li ordini sopra a ciò fatti per i tempi passati, sia prohibito a ciascuno il trattar l'opera di S. Giovanni o sue cose come cose ecclesiastiche, ma si habbia et si tenga et sia veramente cosa di laici nè si possa per alcun tempo intromettere alcuno nel governo dell'entrate sue et amministrazione delle sue cose che non dipenda dall'arte nostra, et da lui non n'habbia l'autorità secondo la forma dei presenti Statuti et quello che in contrario si facessi sia di niuno valor et non s'attenda et sia come se fatto non fusse.

## XX.

### Elenco dei consoli di Calimala dal 1192 al 1300.⁽ᵃ⁾

Anno
1192. I. s. . . . . . . . . . . . .
    II. s. (1). Giano Cavalcanti.
        Rainerio di Ugone di Bello.
        Ugo Angiolotti.

    . . . . . . . . . . . . . . .
1193. I. s. (2). Giovanni di Boninsegna.
        Ugo Angiolotti.

    . . . . . . . . . . . . . . .
    II. s. (3). Orlando Clavaioli.
        Giannibello Guidalotti.
        Gianni Guidalotti.

1202. I. s. (4). Clarito Pilli.
    . . . . . . . . . . . . . . .
    . . . . . . . . . . . . . . .
    II. s. . . . . . . . . . . . .

Anno
1203. I. s.? (5). Meliore Abbate.
    . . . . . . . . . . . . . . .
    . . . . . . . . . . . . . . .
    II. s. . . . . . . . . . . . .

1204. I. s. . . . . . . . . . . . .
    II. s. (6). Latino Galigai.
        Francesco Chiermontisi.

    . . . . . . . . . . . . . . .
1212. I. s. (7). Giraldo Chiermontisi.
    . . . . . . . . . . . . . . .
    . II. s. . . . . . . . . . . . .

1216. I. s. (8). Guidotto Clarito (9).
        Bonaguisa Uguccioni Occhidiferro.
        Rainerio Rinucci (10).
    . . . . . . . . . . . . . . .

---

(a) Non mi fu possibile di rendere completo tale elenco. La difficile e lunga ricerca dei nomi dei consoli va fatta su molta parte del Diplomatico dei due secoli XII e XIII, oltre che su tutte le carte dell'arte stessa: del resto anche per quella parte, e non piccola, che io ho esaminato, il risultato fu moltissime volte negativo. Ho diviso ciascun anno in due semestri perchè sei mesi appunto duravano in carica i consoli dell'a.

---

(1) *Diplom. Strozziane-Uguccioni.* 1192, dic. 9.
*Spoglio Strozziano.* CC. Magliabech. clas. XXV,
591, vol. 4, pg. 241.
(2) *Dipl. Strozz.-Uguc.* 1193, ottobre 21.
*Sp. Stroz.* id., pg. 242.
(3) Id.
(4) *Arch. capit.* R. 26 a—18, 1202, apr. 7.
(5) Muratori, *Antiq.* IV, pg. 454. Hegel, *Cost. municip. It.*, pg. 525.

(6) *Arch. cap.* R. 26 a—30, 1204, ott. 29.
(7) *Arch. cap.* Reg. 26 a—81, 1212, apr. 2.
(8) *Arch. cap.* Reg. 26 a—89, 1216, febbr. 12.
*Dipl. Stroz-Uguc.* 1216, luglio 2.
*Sp. Stros.* id., pg. 242.
(9) *Arch. cap.* Reg. 26, a—90, 1216, febb. 19.
*Dipl. Strozz.-Uguc.* 1216, ottobre 19.
(10) *Dipl. Strozz.-Uguc.* 1216, ottobre 19.

Anno
1220. I. s. (11). Lamberto Cavalcanti.
Roggerino Salvi.
. . . . . . . . . . .

II. s. . . . . . . . . . . .
1228. I. s. (12). Schiatta Cavalcanti.
Giraldo Chiermontisi.
Bonaiuta Cambiati.
Boninsegna di Ripa.
II. s. . . . . . . . . . . .
1236. I. s.? (13). Bernardo Cavalcanti.
Mainetto Giamboni.
Maffeo Bonassalti.
Jacopo Donati.
II. s. . . . . . . . . . . .
1237. I. s.? (14). Schiatta Cavalcanti.
Mainetto Casa.
Riniero Rinucci.
Maffeo Bardi.
II. s. . . . . . . . . . . .
1238? I. s.? (15). Ruggerino Salvi.
Teclario Janiberto Cavalcanti.
Rainerio Volpi.
Bonifacio Albertini.
II. s. . . . . . . . . . . .
1239. I. s. . . . . . . . . . . .
II. s. (16). Bernardo Cavalcanti.
Gaetano Salvi.
Ugoccione di Giuseppe.
Octovante di Enrico Salamone.
1240. I. s. . . . . . . . . . . .
II. s. (17). Gianni di Ildebrandino Cavalcanti.
Mainetto Giamboni.
Francesco Palmieri.
Mompo di Albert. Mandoli.

Anno
1241. I. s. . . . . . . . . . . .
II. s. (18). Schiatta Cavalcanti.
Rinaldo di Giraldo Chiermontisi.
Chiarissimo Falconerio.
Ottaviano Alberti.
1242. I. s. . . . . . . . . . . .
II. s. (19). Gianni di Jacopo Cavalcanti.
Rainerio Rinucci.
Tedaldino Guidalotti.
Bonifazio di Albertino Mandoli.
1243. I. s. . . . . . . . . . . .
II. s. (20). Tegghiaio di Giamberto Cavalcanti.
Gualterotto Bardi.
Torrigiani Gerardo di Papa.
Diotisalvi Aborenemici.
1244. I. s. . . . . . . . . . . .
II. s. (21). Schiatta Cavalcanti.
Rainerio Frescobaldi.
Albizi Chiarissimo.
Donato Alberti.
1245. I. s. . . . . . . . . . . .
II. s. (22). Jacopo Cavalcanti.
Ricco Bardi.
Jacopo Morandi.
Rogerio Albertini.
1246. I. s. . . . . . . . . . . .
II. s. (23). Amadore Adimari.
Gianni Leti.
Gualterotto Bardi.
Pace Angelotti.
1248. I. s. . . . . . . . . . . .
II. s. (24). Lamberto Cerchi.
Tedaldo di Manno Altoviti.
Compagno dell'Antella.
Jacopo Lamberti.

---

(11) *Sp. Stros.* GG. Magliab., classe XXV, n. 593, pg. 2.
Id. GB., classe XXV, n. 569.
(12) *Dipl. Olivetani di Firenze.* 1228, mag. 16.
(13) *Cod. Riccardiano*, n. 3113, an. 1236.
(14) Id., an. 1237.
(15) Id., an. 1238?
(16) Id., 1239, kal. dic. *Sp. Stros.* EE. Magliabech., classe XXXVII, n. 299. *Dipl. Costello.* 1239, ott. 3.

(17) *Cod. Ricc.* 1240, kal. dec.
(18) Id., 1241, IV kal. dec.
(19) Id., 1242, kal. dec.
(20) Id., 1243, kal. nov.
(21) Id., 1244, kal. dec.
(22) Id., 1245, VII id. nov.
(23) Id., 1246, kal. dec.
(24) Id., 1248, IV non. dec.

Anno
1252. I. s. . . . . . . . . . . .
    II. s. (25). Rainero Frescobaldi.
             Chiarissimo Falconeri.
             Guido Lottieri.
             Barone Restauri.
1254. I. s. (26). Ricco Bardi.
             Rimbertino Bencivenni.
             Torrigiani Ulinieri Cerchi.
             Guerneri di Bene.
    II. s. (27). Ottaviano Alberti.
             Bentivegne Cambio.
             Bonafede Neri.
             Davanzati . . . . . .
1256. I. s. . . . . . . . . . .
    II. s. (28). Albizi Chiarissimo.
             Jacopo della Scala.
             Guidingo. . . . . . .
             . . . . . . . . . . . .
1257. I. s. . . . . . . . . . . .
    II. s. (29). Chiarissimo Falconeri.
             Jacobo Monaldi.
             Guido Monteltani.
             Ridolfo di Rinaldo de' Pulci.
1259. I. s. . . . . . . . . . . .
    II. s. (30). Bonifazio Albertini.
             Guarnerio del Bene.
             Ugo Spina.
             Stoldo Chiarissimo.
1261. I. s.? (31). Pietro Benincasa.
             Barone Restauro.
             Albizi Chiarissimo.
             Burnellini Renaldo.
    II. s. . . . . . . . . . .
1262. I. s. (32). Guidingo Saveristio.
             Perso Manieri.
             Cioni Jacopo.
             Gualt° Rustichelli di Burgo.
    II. s. . . . . . . . . . . .

Anno
1264. I. s. (33). Guidingo Saveriscii.
             Albizi Chiarissimo.
             . . . . . . . . . . .
    II. s. . . . . . . . . . . .
1266. I. s.? (34). Albizi Chiarissimo.
             Guidingo Generisti.
             Gerini del Bene.
             Saracino Paganelli.
    II. s. . . . . . . . . . . .
1268. I. s. . . . . . . . . . . .
    II. s. (35). Barone Ristori.
             Uberto del Pulce.
             Totto Salvi.
             Dietisalvi Boninsegna.
1270. I. s. . . . . . . . . . . .
    II. s. (36). Roba Davanzati.
             Baldovino Davanzati.
             Ugolino Benivieni.
             Dragonetti Bonella.
1273. I. s. . . . . . . . . . . .
    II. s. (37). Rota Ammanatti.
             Richi Bonaguida.
             Toringhelli Ventura.
             Giovanni di Donato Olivieri.
1274. I. s. (38). Ugolino Benivieni.
             Falco dei Falconieri.
             Gianni Manieri.
             Buoso Rinaldi.
    II. s (39). Bindo Visdomini.
             Guido Frescobaldi.
             Franco Rimbertini.
             Bartolo Davini.
1276. I. s. . . . . . . . . . . .
    II. s. (40). Coppo Ciarani.
             Borgognone del Mancino.
             Rucco di Cambio Mozzi.
             Ghino Frescobaldi.

---

(25) *Cod. Ricc.*, 1252, pr. non. dec.
(26) Id., 1253, XV kal. jan
(27) Id., 1254, IV id. nov.
(28) Id., 1256, VIII die dec
(29) Id., 1257, die X dec.
(30) Id., 1259, kal. nov.
(31) Id., 1261 ?
(32) Id., 1262, de mense junii

(33) *Sp. Stroz.* CC... pg. 224.
    *Dipl. Mercatanti*, 1264, mag. 26.
(34) *Cod. Ricc.* cit., an. 1266.
(35) Id., an 1268, IX die nov.
(36) Id , 1270, mense sept.
(37) Id , 1273, de mense nov.
(38) *Sp. Stroz.* CC... pg 247.
(39) Id., pgg. 244, 247. *Cod. Ricc.* cit., 1274, dic. 12.
(40) *Sp. Stroz.* CC . . pg. 247.

Anno

1277. I. s. (41). Davanzati Baldovino,
Giovanni Brodario.
Jacopo Bartolomei.
Michi Baroncelli.
II. s. . . . . . . . . . .
1278. I. s. (42). Coppo Campani.
Guido Falconerii.
Guelfo dei Pulci.
. . . . . . . . . .
II. s. (43). Falchi Cambio.
Catalano Renerio.
Tegghia Amadore.
Rigalotti Vinta.
1279. I. s. (44). Ubro dei Pulci.
Ugolino Benveni.
Crollo dei Bati.
Ubaldino Aldegelli.
II. s. (45). Gianni Manieri.
Rucco Cambio.
Matteo Diomidiedi.
Marco Struffaldi.
1280. I. s. . . . . . . . . . .
II. s. (46). Fuccio Rossi.
Jacopo Rimbertini.
Baldovino Benucci.
Folco Ricoveri.
1281. I. s. (47). Ghino Frescobaldi.
Lapo Amieri.
Guido di Cambio Falconieri.
Albizi del Bene.
II. s. (48). Barone Restauri.
Neri di Jacopo Ardinghelli.
Manfredo Odarighi.
Bartolo di Jacobo dei Bardi.
1282. I. s. . . . . . . . . . .
II. s. (49). Catalano Reneri.
Giovanni Brodari.
Jacopo Bonacci.
Donato Ardinghelli.

Anno

1283. I. s. (50). Baldovino Rinucci.
Cino di Jacopo de' Bardi.
Cione Moltobuoni.
Giovanni Donati.
II. s. . . . . . . . . . .
1285. I. s. (51). Uberto dei Pulci.
Tieri Dietisalvi.
Baldovino Rinucci.
Marco Struffaldi.
II, s. (52). Vanni Ugolino.
Alberto Baldone.
Neri di Jacopo Ardinghelli.
Lapo Davanzati.
1286. I. s. (53). Uberto dei Pulci.
Giovanni Brodai.
Neri Guidinghi.
. . . . . . . . . .
II. s. . . . . . . . . . .
1287. I. s. (54). Bartolo Buere.
Jacopo dei Bonizi.
Manfredo Odarrighi.
Lapo Gherardini.
II. s. (55). Alberto Baldoni.
Guido Pieri.
Lapo di Ugo Spini.
Totto Rinucci.
1289. I. s. (56). Coppi Giuseppe.
Folco Portinari.
Lapo Spini.
Carlotto Aldi.
II. s. . . . . . . . . . .
1291. I. s. (57). Coppi Giuseppe.
Jacopo Bonizi.
Lapo Gherardini.
Giovanni dei Cerchi.
II. s. . . . . . . . . . .

---

(41) *Cod. Ricc.* cit., 1277. de mense junii
(42) *Dipl. Mercatanti* 1278, maggio 9.
(43) *Cod. Ricc.* cit., 1278, de mense dec.
(44) *Dipl. Mercatanti* 1279, marzo 27.
(45) *Cod. Ricc.* cit., 1279, die XII jullii.
(46) Id., 1280, die XII dec.
(47) Id., 1281, die XXVIII apr.
(48) *Sp. Stroz.* CC . . . pg. 247.
(49) *Cod. Ricc.* cit., 1282, die XXIII dec.

(50) *Cod. Ricc.*, 1283, die XXIV maji.
(51) Id., 1284, die XVI jan.
(52) Id., 1285, die XXIV dec.
(53) *Sp Stroz.* CC . . . pg. 247.
    *Dipl. Mercatanti.* 1286, mag. 18.
(54) *Cod. Ricc.* cit., 1287, die XX junii.
(55) *Sp. Stroz.* CC . . . pg. 245.
(56) *Cod. Ricc.* cit, 1288, X jan.
(57) Id., 1291. die XXXI martii.

Anno
1292. I. s. (58). Ubaldino Ardinghelli.
　　　　　　　　Bernardo Manfredi.
　　　　　　　　Ugolino Campi.
　　　　　　　　Alberto del Giudice.
　　　II. s. (59). Jacopino Alfani.
　　　　　　　　Branca de la Scala.
　　　　　　　　Cambino Falconeri.
　　　　　　　　Neri Cambio.
1293. I. s. (60). Tieri Dietisalvi.
　　　　　　　　Giuseppe Coppi.
　　　　　　　　Pacino Peruzzi.
　　　　　　　　Giovanni Donati.
　　　II. s. (61). Lapo Rinuccini.
　　　　　　　　Vanni Ugolino.
　　　　　　　　Ceffo Boninsegna.
　　　　　　　　Guido Guglialferri.
1294. I. s. . . . . . . . . . . .
　　　II. s. (62). Lapo Guazzi.
　　　　　　　　Catalano Cosa.
　　　　　　　　Manfredo Odarighi.
　　　　　　　　Neri Carini.
1295. I. s. . . . . . . . . . . .
　　　II. s. (63). Gheri Paganetti.
　　　　　　　　Neri Guidingo.
　　　　　　　　Alberto del Giudice.
　　　　　　　　Dardelli Giovanni.

Anno
1296. I. s. (64). Lippo Falchi.
　　　　　　　　Tieri Dietisalvi.
　　　　　　　　Ugo Aldobrandini.
　　　　　　　　Boninsegna Angiolini.
　　　II. s. . . . . . . . . . . .
1297. I. s. (65). Catalano Cosa.
　　　　　　　　Coppi Giuseppe.
　　　　　　　　Ricchi Salvaterra.
　　　　　　　　Lapo Ugolini.
　　　II. s. (66). Neri Ardinghelli.
　　　　　　　　Benuccio Senni del Bene.
　　　　　　　　Borghino Lottieri.
　　　　　　　　Davizino Rinieri.
1298. I. s. . . . . . . . . . . .
　　　II. s. (67). Bartolo Buere.
　　　　　　　　Lippo Rinucci.
　　　　　　　　Fei Bonfantino.
　　　　　　　　Coppi Artinisio.
1299. I. s. (68). Villano Stoldi (69).
　　　　　　　　Nigi Dietisalvi (69).
　　　　　　　　Cino Colti (69).
　　　　　　　　Boninsegna Angiolini.
　　　II. s. (70). Baldovino Rinucci.
　　　　　　　　Borghino Lotterii.
　　　　　　　　Davicino Ranerii.
　　　　　　　　. . . . . . . . . .

---

(58) *Cod. Ricc.*, 1292, VII junii.
(59) Id., 1292, III octobr.
(60) Id., 1293, XX junii.
(61) Id., 1293, IX jul.
(62) Id., 1294, XVIII dec.
(63) Id., 1295 XXIV nov.

(64) *Cod. Ricc.*, 1296, XXIII apr.
(65) Id., 1297, XXVI martii.
(66) Id., 1297, XXX jul.
(67) Id., 1298, XVII sett.
(68) Id., 1299, IV febb.
(69) *Sp. Stros.* CC . . . pg. 247.
(70) *Dipl. Mercatanti.* 1299, agosto 3.

## XXI.

## Elenco di famiglie appartenenti all'arte di Calimala [1]

31. Alberti. 1401-1535.
40. Allamanni. 1422-1515.
71! Acciaiuoli. 1428-1529.
35. Antella. 1422-1519.
108. Altoviti. 1414-1534.
26. Alessandri. 1423-1524.
24. Albizi. 1439-1502.
8. Adimari 1432-1527.
14. Amadori. 1429-1530.
23. Agli. 1426-1518.
5. Arrighi. 1431-1490.
6. Arnolfi. 1423-1521.
5. Amidei. 1444-1482.
6. Antinori. 1459-1513.
37. Boninsengni 1416-1518.
17. Buondelmonti. 1425-1526.
29. Bini. 1413-1524.
    Bangnesi. 1442-1532.
15. Baldesi. 1413-1541.
12. Baldovini. 1444-1535.
28. Billotti. 1421-1536.
11. Boncani. 1419-1501.
2. Bucegli. 1425-?
1. Baroncegli. 1425-?
4. Benini. 1432-1509.
1. Berti. ?-?
2. Borghesi. ?-?
36. Bardi. 1428-1516.

11. Biancardi. 1415-1496.
4. Bandini. 1495-1516.
2. Barbadori. 1416-1499.
61. Chapponi. 1423-1524.
45. Chanigiani. 1404-1538.
17. Chavalcanti. 1402-1524.
16. Cerretani. 1408-1513.
36. Chastellani. 1417-1533.
17. Corsi. 1426-1518.
7. Corbizi. 1433-1482.
2. Charnesecchi. 1461-?
5. Cerchi. 1450-1508.
2. Corsini. 1482-?
10. Chaccini. 1457-1517.
2. Chovoni. 1462-1477.
3. Campelli. 1461-1496.
    Della Fonte. 1466-1520.
1. Da Montaguto. 1488-?
1. Calandri. 1501-?
4. Davizzi. 1419-1483.
26. Del Bene. 1417-1514.
1. Davanzati. 1463-?
12. Dietisalvi. 1458-1511.
3. Del Nero. 1447-1596.
1. Del Benino. ?-?
4. Da Uzzano. 1476-1488.
5. Falchonieri. 1476-1507.
9. Folchi. 1433-1529.

---

(1) Arch. di St. mercat. di Calimala, n. 13. Specchietto. « *Questo libro è dell'arte dei mercatanti della ciptà di Firenze nel quale si scriveranno tucti gli huomini della predecta arte con le loro età casato per casato.* » (Cod. sec. XVI-XVII).

La cifra araba che precede il nome indica il numero degli inscritti nel periodo di tempo limitato dalle due date che seguono il nome. Nessun famiglia va oltre il sec. XV: quindi questo elenco è relativamente tardo

13. Frescobaldi. 1440-1500.
45. Ghualterotti. 1431-1531.
32. Ghiacceto. 1404-1527.
23. Gianfigliazzi. 1427-1532.
72. Ghuidetti. 1406-1530.
8. Ginori. 1451-1546.
1. Greci. 1404-?
6. Ghaddi. 1443-1499.
20. Ghuicciardini. 1421-1525.
20. Guingni. 1443-1520.
3. Guadangni. 1452-1454.
14. Ganni. 1419-1523.
7. Infanghati. 1473-1529.
3. Lapaccini. 1457-1494.
2. Lorini. ?-?
3. Lamberteschi. ?-?
20. Medici. 1448-1531.
75. Martegli. 1400-1536.
8. Moregli. 1429-1500.
12. Machiavegli. 1436-1506.
10. Mannini. 1459-1536.
1. Manovellozi. 1434-?
12. Mannegli. 1471-1517.
6. Maghalotti. 1469-1517.
1. Marini. ?-?
15. Martini. 1462-1514.
59. Nasi. 1421-1531.
47. Nerli. 1427-1525.
5. Nerini. 1427-1478.
4. Nobili. 1467-1469.
10. Orlandini. 1453-1526.
30. Pazzi. 1437-1525.
33. Pitti. 1401-1511.
9. Palarconi. 1428-1500.
18. Peruzzi. 1435-1514.
4. Pepi. 1460-1476.
16. Pancatichi. 1443-1534.
2. Portinari. ?-?
2. Pandolfini. 1454-1507.

1. Pucci. ?-?
1. Pareti. 1459-?
7. Quaratesi. 1409-1512.
33. Ridolfi. 1430-1605.
12. Ricci. 1418-1526.
47. Richasoli. 1417-1524.
4. Richoveri. 1443-1491.
13. Raugi. 1475-1529.
2. Rossi. 1434-1502.
2. Risaliti. 1421-?
9. Rabatta. 1420-1515.
55. Soderini. 1403-1525.
107. Strozzi. 1404-1543.
8. Stufa. 1412-1499.
27. Spinegli. 1425-1527.
33. Soldani. 1416-1513.
1. Sommaia. 1428-?
17. Sassolini. 1496-1520.
4. Spini. 1401-1461.
13. Spina. 1430-1534.
8. Scholari. 1453-1518.
1. Sernigi. 1452-?
1. Serincori. 1492-?
7. Seristori. 1470-1523.
45. Tornabuoni. 1416-1527.
42. Tedaldi. 1423-1538.
21. Tanagli. 1424-1502.
36. Tosinghi e Tosa. 1445-1507.
1. Tani. 1414-?
37. Vettori. 1409-1526.
9. Valori. 1438-1516.
14. Ugholini. 1436-1515.
35. Villani. 1424-1523.
14. Ubertini. 1417-1517.
8. Verrazzani. 1428-1515.
4. Ubaldini. 1471-1501.
4. Venturi. 1457-1500.
26. Uguccioni Lapi. 1428-1527.

**Nota.** — A pag. 32 dell'introduzione, parlando dei notai dell'arte, ho trascurato di dire che essi, secondo lo statuto, sono due, ed attendono separatamente l'uno agli affari civili, l'altro ai criminali. Aggiungo qui che si può ragionevolmente pensare che queste diverse attribuzioni si fossero già riunite in una persona sola prima del sec. XIV, poichè questo fatto avviene poi di frequente in seguito, come si ricava dalle aggiunte che succedono fino al 1309 allo Statuto del 1301.

# INDICE

|  | Pag. |
|---|---|
| I. — Descrizione del codice | 1 |
| II. — Progressivo svolgimento dello Statuto | 6 |
| III. — Prime testimonianze sull'esistenza dell'arte | 16 |
| IV. — Cronologia dello Statuto | 19 |
| V. — Sintesi delle disposizioni Statutarie e degli ordinamenti dell'arte di Calimala: | |
| 1) Attribuzioni degli ufficiali | 22 |
| 2) Rapporti reciproci dei mercanti | 40 |
| 3) Giurisdizione dell'arte sopra: | |
| a) S. Giovanni Battista | 55 |
| b) Ospedale di S. Eusebio | 58 |
| c) S. Miniato al Monte | 61 |

Statuto dell'arte di Calimala dell'anno 1301 . . . . . . . . 67

Documenti:

| I. — 1192. dicembre 9. | Vendita di poderi ai Consoli dei Mercanti come procuratori dell'ospedale di S. Eusebio | 173 |
| II. — 1193. ottobre 21. | Donazione di poderi ai consoli di Calimala come procuratori dell'ospedale di S. Eusebio | ivi |
| III. — 1202. aprile 7. | Giuramento del Castello di Semifonte al Comune di Firenze, per la conservazione della concordia stipulata | 174 |
| IV. — 1204. ottobre 29. | Giuramento del conte Guido Borgognone e figli e uomini del comune di Capraia per l'osservanza dei patti conchiusi col comune di Firenze | ivi |
| V. — 1212. aprile 2. | Atti e capitoli relativi a' creditori, fatti tra' consoli di Prato e i consoli dei soldati e dei mercanti di Firenze | 175 |
| VI. — 1216. febbraio 19. | Patto di concordia tra il comune di Bologna e quello di Firenze | ivi |
| VII. — 1216. luglio 2. | Vendita di poderi ai consoli di Calimala come procuratori dell'ospedale di S. Eusebio | ivi |
| VIII. — 1216. ottobre 19. | Vendita di poderi ai consoli di Calimala come procuratori dell'ospedale di S. Eusebio | 176 |

|  |  | Pag. |
|---|---|---|
| — 1228. maggio 16. | — Compromesso per controversia sorta tra l'abate ed il Monastero di S. Miniato da una parte e i consoli di Calimala dall'altra . . . | 176 |
| — 1279. marzo 1. | — Il Senato Romano scrive al comune di Firenze, perchè sia permesso ad un mercante di Roma tingere panni in Firenze, non ostante il divieto imposto dallo Statuto di Calimala . . . | 178 |
| — 1281. giugno 21. | — Costituzione di società mercantile per la vendita di panni | 179 |
| — 1297. settembre 13. | — Lettera del comune di Firenze al comune di Lucca, in favore di certo Vermilio, mercante Fiorentino . . . . . . . | 180 |
| — 1300. febbraio 22. | — Alcune società dell'arte di Calimala costituiscono un procuratore comune. . . . | 181 |
| — 1324. | — Rubrica dello Statuto del Podestà . . . | 182 |
| — 1324. | — Rubrica dello Statuto del Podestà . . . | 183 |
| — 1237. | — Giuramento per dieci anni all'arte dei mercanti di Calimala . . . . . | 184 |
| — 1422. | — Cenni sommari sull'arte di Calimala . . | ivi |
| — 1592. | — Notizie sommarie sull'arte dei mercanti di C. | 185 |
| — 1592. | — Della chiesa ed opera di S. Giovanni . . | 186 |
| — Elenco dei consoli di Calimala dal 1192 al 1300 . . . . . | | 187 |
| — Elenco di famiglie appartenenti all'arte di Calimala . . . . | | 192 |

## Principali Pubblicazioni Storiche ed Archeologiche
### edite dalla Libreria FRATELLI BOCCA - Torino

|  | L. | C. |
|---|---|---|
| **Adinolfi** (P.). Roma nell'età di mezzo. — Roma, 1881-82, 2 vol. in-8°, con incisioni nel testo | 16 | — |
| **Armerista** delle famiglie nobili e titolate della Monarchia di Savoia raccolte dal conte *Alessandro Franchi-Verney della Valletta*. — Torino, 1874, 1 vol. in-4° | 25 | — |
| **Atti** della Società di archeologia e belle arti per la provincia di Torino. Vol. 1° a 4° | 75 | — |
| **Autografi** di principi sovrani di Casa Savoia (1387-1859), pubblicati da *P. Vayra*. — Torino, 1883, in-4° legato | 25 | — |
| **Bertanza** (E.). Alcune osservazioni circa le *Ere storiche principali*, di A. ROLANDO ed il moderno indirizzo degli studi cronologici. — Torino, 1885, in-8° | 1 | — |
| **Bianchetti** (E.). L'Ossola inferiore. Notizie storiche e documenti. — Torino, 1878, 2 vol. in-8° | 16 | — |
| **Bianchi** (N.). Carlo Matteucci e l'Italia del suo tempo. Narrazione corredata di documenti inediti. — Torino, 1874, 1 vol. in-8°, di pag. 600 circa con ritratto | 6 | — |
| — Storia della Monarchia piemontese dal 1773 sino al 1861, 4 vol. in-8° | 38 | — |
| — Le materie politiche relative all'estero degli archivi di Stato piemontesi. — Modena, 1875, 1 vol. in-8° | 12 | — |
| — Memorie e lettere inedite di Santorre Santa Rosa con appendice di lettere di Gian Carlo Sismondi. — Torino, 1876, 1 vol in-8° | 3 | — |
| **Biblioteca** storica italiana. Catalogo a prezzi netti di una numerosa collezione di opere antiche e moderne relative alla storia generale e particolare d'Italia. — Torino, 1881, in-8". | 8 | — |
| La stessa, formato in 4" | 15 | — |
| **Biblioteca** storica italiana pubblicata per cura della R. Deputazione di storia patria. | | |
| Vol. I. **Manno** (A.). L'opera cinquantenaria della R. Deputazione di storia patria di Torino. — 1 vol. in-8° | 14 | — |
| Vol. II. **Porro** (G.). Catalogo dei codici manoscritti della Trivulziana. — 1 vol. in-8° | 16 | — |
| Vol. III. **Manno** (A.) e **Promis** (V.). Bibliografia storica degli Stati della Monarchia di Savoia. — Vol. I. | 14 | — |
| **Bibliotechina grassoccia**: Capricci e curiosità letterarie inedite o rare, edita da Orlando F. e Baccini G. Vendibili separatamente: | | |
| N. 1. Vita di Ferdinando II di Toscana. Lo sconcio sposalizio e Fortini Pietro. Novella. — In-12° | 3 | — |
| N. 2. Vita di Giovan Gastone I di Toscana con la lista dei provvisionati di camera detti i ruspanti. — In-12° | 3 | 50 |
| N. 3. Vita di Cosimo III sesto Granduca di Toscana. Vita del Principe Francesco Maria già Cardinale di Santa Chiesa. Vita del gran Principe Ferdinando di Toscana. — In-12" | 3 | — |
| N. 4. Vita di tre Principesse di Casa Medici. Tre facezie del Pievano Arlotto. Il vecchio preferito. Scherzo comico di A. Coltellini. — In-12° | 3 | — |
| N. 5, 6 e 7. Il parentado per la Principessa Eleonora de' Medici e il principe Don Vincenzo Gonzaga e i cimenti a cui fu costretto il detto principe per attestare come egli fosse abile alla generazione. — Tre fascicoli in-12° | 9 | — |
| **Bruzza** (L.). Iscrizioni antiche Vercellesi raccolte ed illustrate. — Torino, 1875, 1 vol. gr. in-8" con figure nel testo | 20 | — |
| **Buffa di Perrero**. Carlo Emanuele III di Savoia a difesa delle Alpi nella campagna del 1744. Studio storico militare. — Un vol. in-8° con 5 carte. | 6 | — |

                                                                                                    L. C.

**Cais de Pierlas** (E.). Documentes inédits sur les Grimaldi et Monaco et
  leurs relations avec les ducs de Savoie, suivis des Statuts de Menton. —
  Turin 1885, 1 vol. in-8°  . . . . . . . . . . . . . . . . . . . . . . . . . . 5 —
**Calisse** (C.). Il governo dei Bisantini in Italia. Dissertazione premiata dalla
  R. Università di Roma. — Torino, 1885, in-8° . . . . . . . . . . . . . . . . 1 50
**Carutti** (D.). Storia della diplomazia della Corte di Savoia dal 1494 al 1778.
  Torino, 1875-80, 4 vol. in-8° . . . . . . . . . . . . . . . . . . . . . . . . 32 —
**Cenni storici** sulla R. Università di Torino. Origini, vicende e condizioni
  attuali dell'Università. Notizie sommarie sugli Istituti scientifici. Pubblica-
  zioni degli attuali membri del corpo accademico. — Torino, 1873, 1 vol.
  in-4° (Edizione di pochi esemplari). . . . . . . . . . . . . . . . . . . . . 10 —
**Ciceronis** (M. T.). Autobiographia ex Tullii scriptis collegit proemio notis
  illustravit *Salvator Martini*. — Torino, 1885, 1 vol. in-8° . . . . . . . . 4 —
**Citadella** (L. Napoleone). Saggio di albero genealogico e di memorie su la
  famiglia Borgia, specialmente in relazione a Ferrara. — Torino, 1872, in-8° 3 —
— La stampa in Ferrara. Memoria. — Torino, 1873, in-8° . . . . . . . . . . . 1 60
  Edizione di soli 100 esemplari.
**Colombo** (G.). Documenti e notizie intorno gli artisti vercellesi. — Vercelli,
  1883, in-8° . . . . . . . . . . . . . . . . . . . . . . . . . . . . . . . . . 8 —
— Vita ed opere di Gaudenzio Ferrari, Pittore, con documenti inediti. Torino,
  1881, 1 vol. in-8° con ritratto . . . . . . . . . . . . . . . . . . . . . . . 7 —
**Curiosità e ricerche** di Storia subalpina, edite per cura di una società
  di studiosi di patrie memorie. — Torino, 1874-83, 5 vol. in-8°. Rimangono
  più pochi esemplari della collezione completa che si vendono al prezzo di 130 —
    Le dispense disponibili si vendono separatamente a . . . . . . . . . . . . 5 —
**D'Ayala** (M.). *Memorie di Mariano d'Ayala e del suo tempo* (1808-1877),
  scritte dal figlio Michelangelo. — Roma, 1886, un vol. in-12° . . . . . . . 5 —
— Vite degli italiani benemeriti della libertà e della patria. — Roma, 1883,
  1 vol. in-8° . . . . . . . . . . . . . . . . . . . . . . . . . . . . . . . . 8 —
**D'Azeglio** (C.). Souvenirs historiques de 1831 à 1861. — Turin, 1884, 1 vol.
  in-8° (avec portrait) . . . . . . . . . . . . . . . . . . . . . . . . . . . . 8 —
**Fabretti** (A.). Corpus inscriptionum italicarum antiquioris aevi ordine geo-
  graphico digestum et Glossarium italicum, in quo omnia vocabula continentur
  ex umbricis, sabinis, oscis, volscis, etruscis aliisque monumentis quae su-
  persunt collecta et cum interpretationibus variorum explicantur. — Augustae
  Taurinorum, 1867, 1 vol. in-4° . . . . . . . . . . . . . . . . . . . . . . . 91 20
— Primo Supplemento alla raccolta delle antichissime iscrizioni italiche con
  l'aggiunta di alcune osservazioni paleografiche e grammaticali. Parte I.
  contenente 9 tavole. — Torino, 1872, 1 vol. in-4° . . . . . . . . . . . . . 12 —
— Parte II, fascicolo 1°, *Osservazioni paleografiche*. — Torino, 1874, 1 vol. in-4° 5 50
— Secondo Supplemento. — Torino, 1874, 1 vol. in-8° . . . . . . . . . . . . . 2 75
— Terzo Supplemento. — Torino, 1878, 1 vol. in-4° . . . . . . . . . . . . . . 18 —
— Raccolta numismatica del R. Museo di Antichità di Torino. Monete consolari.
  — Torino, 1876, 1 vol. in-8° . . . . . . . . . . . . . . . . . . . . . . . . 12 50
**Fea** (P.). *Alessandro Farnese Duca di Parma*, narrazione storica e militare,
  scritta colla scorta di documenti inediti e corredata di due carte topogra-
  fiche. — Torino, 1886, 1 vol. in-8° . . . . . . . . . . . . . . . . . . . . . 8 —
**Ferrero** (E.). Dei Libertini. Dissertazione. — Torino, 1877, 1 vol. in-8° . 3 —
— L'ordinamento delle armate romane. Ricerche. — Torino, 1878, 1 vol. in-4° 20 —
— Lettres de Henriette-Marie de France reine d'Angleterre à sa sœur Christine
  duchesse de Savoie. — Turin, 1881, 1 vol. in-8° . . . . . . . . . . . . . . 4 —
**Franchi-Verney della Valletta** (A.). Armerista delle famiglie nobili
  e titolate della Monarchia di Savoia. — Torino, 1874, 1 vol. in-4°, *splen-
  dida edizione*, con tre tavole di stemmi in cromolitografia . . . . . . . . 25 —
**Gentile** (I.). Il conflitto di Giulio Cesare col Senato. — Torino, 1885, in-8° 2 —
**Ghiron e Ambrosi**. Roma nella storia dell'unità italiana. - 1886, 1 vol. in-12° 4 —
**Gregorovius** (F.). Le tombe dei Papi. Prima traduzione italiana. — Roma,
  1879, in-12° . . . . . . . . . . . . . . . . . . . . . . . . . . . . . . . . 3 —
— Urbano VIII e la sua opposizione alla Spagna ed all'imperatore. Episodio
  della guerra dei trent'anni. — Roma, 1879, in-12" . . . . . . . . . . . . . 3 —

CPSIA information can be obtained
at www.ICGtesting.com
Printed in the USA
LVHW110709210122
708964LV00006B/47